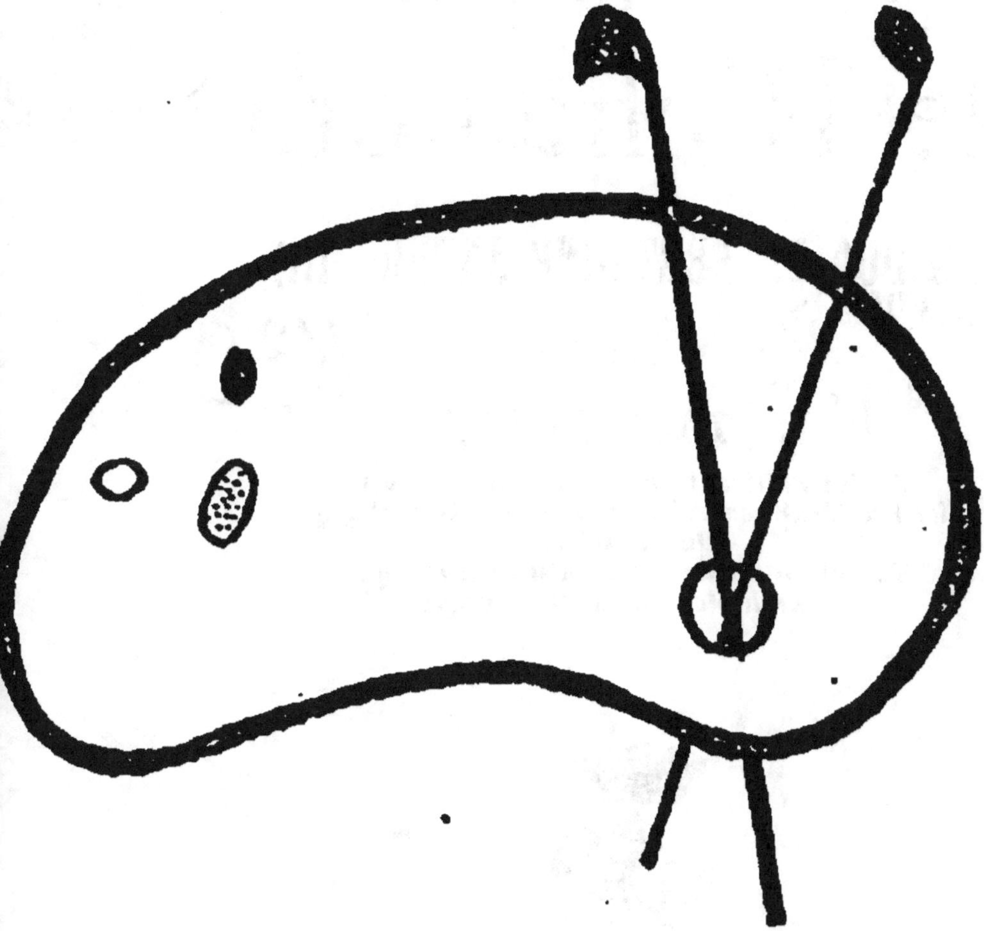

DEBUT D'UNE SERIE DE DOCUMENTS
EN COULEUR

Le Connétable de Richemont

(LE DUC DE BRETAGNE ARTHUR III)

PAR

J. TRÉVÉDY

Ancien Président du Tribunal de Quimper,
Vice-Président honoraire de la Société Archéologique
du Finistère,
Vice-Président de la Commission Historique
et Archéologique de la Mayenne.

VANNES	RENNES
Vᵛᵉ LAFOLYE & FILS	PLIHON & HERVÉ
2, Place des Lices	Rue Motte-Fablet

1900

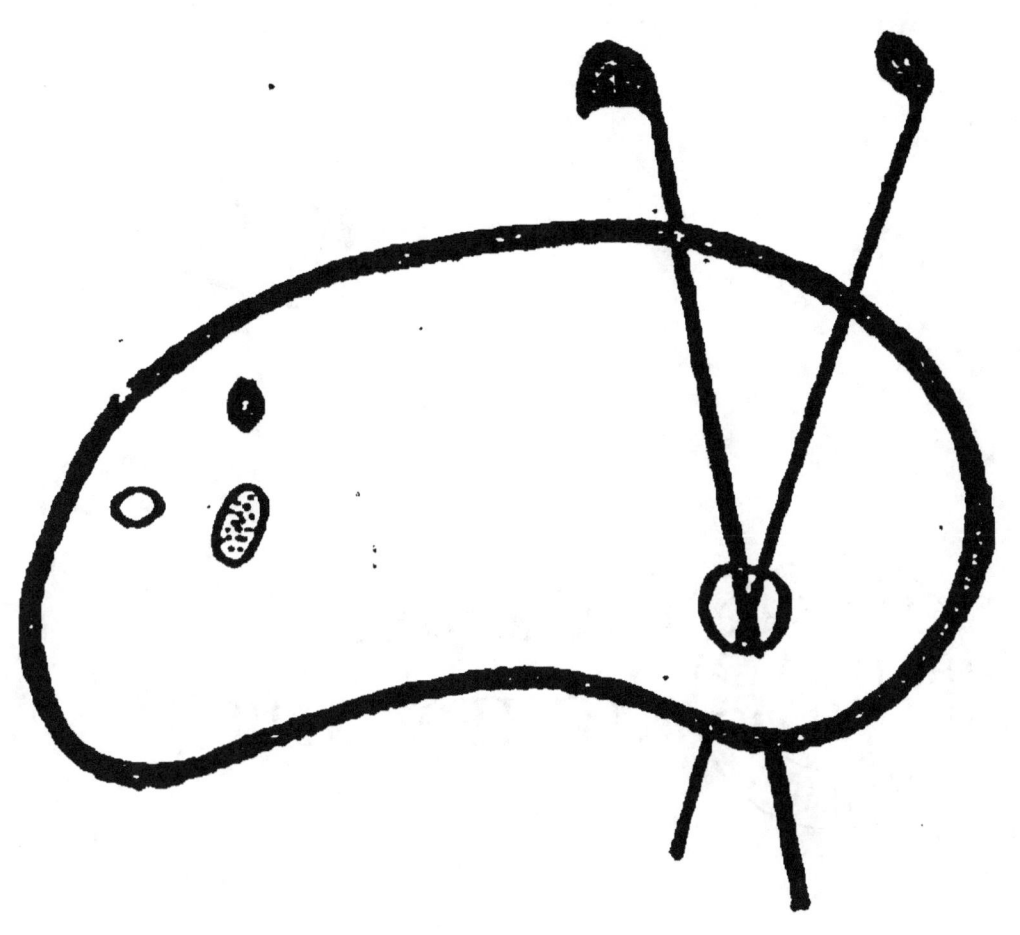

FIN D'UNE SERIE DE DOCUMENTS
EN COULEUR

LE CONNÉTABLE DE RICHEMONT

Le Connétable
de Richemont

(LE DUC DE BRETAGNE ARTHUR III)

PAR

J. TRÉVÉDY

Ancien Président du Tribunal de Quimper,
Vice-Président honoraire de la Société Archéologique
du Finistère,
Vice-Président de la Commission Historique
et Archéologique de la Mayenne.

VANNES	RENNES
Vve LAFOLYE & Fils	PLIHON. & HERVÉ
2, Place des Lices	Rue Motte-Fablet

1900

Tiré à cent exemplaires.

L'auteur des pages qui suivent n'écrit pas une *histoire* de Richemont, mais une simple *notice*. L'histoire a été écrite et d'une manière définitive[1].

En second lieu, Breton écrivant pour des Bretons, l'auteur entrera dans quelques détails sur certains points de l'histoire de Bretagne. Il y a là un défaut de plan ; mais l'auteur ne fait pas *œuvre d'art*.

Enfin, à la suite de cette notice, un *Appendice* contiendra des *notes et éclaircissements* qui ne pouvaient trouver place au pied des pages du texte.

---

[1] *Le connétable de Richemont* (Artur de Bretagne), par M. Cosneau, professeur agrégé d'histoire au Lycée Henri IV, docteur ès-lettres. Paris. Librairie Hachette. 1886.
Ce savant livre, fruit de recherches que sans exagération on peut dire *immenses*, devrait être dans toutes les bibliothèques de Bretagne.

LE CONNÉTABLE DE RICHEMONT

CHAPITRE PREMIER

Débuts de Richemont. — Bataille d'Azincourt
(1393-1415).

Arthur de Bretagne, dit comte de Richemont, grand fief du comte d'York[1], naquit au château de Succinio, commune de Sarzeau, le 25 août 1393. Il était fils du duc Jean IV et de Jeanne de Navarre, le frère cadet de Jean V, et l'aîné de deux frères, Gilles qui allait mourir jeune, et Richard qui fut père du duc François II. Il avait trois sœurs, Marie, Blanche et Marguerite[2].

Arthur était dans sa septième année, lorsque mourut son père (2 novembre 1399).

Le 22 mars 1401, Jean V, bien qu'il n'eût que douze ans, fut couronné à Rennes ; le lendemain,

---

[1] — Sur le comté de Richemont et ses vicissitudes, je prends la liberté de renvoyer à mon étude : *Les Seigneuries du duc de Bretagne hors de Bretagne*, p. 72 à 132. Ci-dessous *Appendice*, n° 1.

[2] *Appendice*, n° 3, *in fine*.

le connétable de Clisson l'arma chevalier devant le grand autel de la cathédrale ; et aussitôt le jeune duc, faisant acte de chevalier, arma ses deux frères Arthur et Gilles. Nous le verrons plus loin, Arthur ne se contentera pas de cette vaine cérémonie[1].

L'année suivante, Jeanne de Navarre accordait sa main au roi d'Angleterre Henri IV (18 mars 1402) ; et elle se préparait à quitter la Bretagne (13 janvier 1403). Elle choisit pour régent du duché et pour tuteur des enfants qu'elle abandonnait Philippe le Hardi, duc de Bourgogne, frère de sa mère[2]. Le duc vint en Bretagne (septembre 1404), accepta la régence et la garde des enfants ; et, malgré l'opposition des seigneurs bretons qu'un ordre du roi fit cesser, emmena à Paris le duc Jean et ses frères Arthur et Gilles ; ces derniers attachés, semble-t-il, sur leurs chevaux que des écuyers tenaient par la bride[3].

Jean V allait rester à la cour de France auprès de sa jeune fiancée Jeanne, fille de Charles VI ; ses deux frères suivirent le duc de Bourgogne en Flandre. Quinze mois plus tard, en août 1404, le duc Philippe mourait ; et Arthur, bien

---

[1] *Appendice* n° 2.

[2] *Appendice* n° 3.

[3] « Ils étaient si petits qu'ils ne pouvaient se tenir à cheval ; on les y mit pourtant et des officiers conduisirent les chevaux par la bride. » Lobineau, *Hist.* p. 502.

qu'âgé de dix ans seulement, chevauchait auprès de ses cousins de Bourgogne, suivant le cercueil de son grand-oncle de Bruxelles à Dijon.

Après la mort du duc de Bourgogne, Arthur et Gilles vinrent à la cour de France où ils furent remis aux mains de leur grand-oncle maternel Jean, duc de Berry. Celui-ci était chargé de l'éducation du dauphin Louis, duc de Guyenne; et il élevait dans sa maison Charles de Bourbon, comte de Clermont, et Bernard d'Armagnac, comte de Pardiac. Le duc eut pour ses neveux bretons des soins paternels, et mit tout en œuvre pour les éloigner à jamais de la cause anglaise et en même temps les préserver de l'influence bourguignonne.

A la cour de Bourgogne, Arthur était lié d'amitié avec le fils de Jean sans Peur, Philippe, dit alors comte de Charolais, qui sera le duc Philippe le Bon, son cadet seulement de trois ans, et avec sa sœur Marguerite. Philippe deviendra duc de Bourgogne après la mort de son père (1419); Marguerite épousera le dauphin et devenue veuve (1415) elle donnera sa main (1423) à Richemont, bientôt connétable. A la cour de France, le dauphin a fait amitié avec Arthur et Gilles; et celui-ci, après le départ de son frère, sera, jusqu'à sa mort prématurée, le compagnon le plus cher et le conseil le plus écouté du dauphin (juillet 1412).

Le comte de Clermont, qui sera duc de Bourbon (1434) deviendra beau-frère de Richemont[1] ; le comte de Pardiac, plus tard comte de la Marche, restera son plus fidèle ami.

Nous verrons que les liaisons formées par Richemont aux cours de Bourgogne et de France ne seront pas inutiles à la cause française.

Jean V devenu majeur avait fait hommage au roi et avait été ramené en Bretagne par le duc Philippe, dès le mois de février 1404. Arthur ne tarda pas à revenir près de son frère.

Nous le trouvons en Bretagne en 1406. Il n'est plus l'enfant dont le cheval doit être tenu en main. Il a treize ans, il a profité des leçons de Péronit, cet écuyer de Navarre dont, après de longues années, le rude connétable ne parlera qu'avec une sorte d'attendrissement[2].

Des historiens veulent que, cette année même, Richemont ait « fait ses premières armes » à Saint-Brieuc en châtiant des émeutiers. On ne comprend guère un enfant de treize ans méritant déjà le surnom de *justicier* : nous aimons mieux voir le futur connétable gagner ses éperons dans une autre occasion.

.

L'assassinat du duc d'Orléans (23 novembre 1407) a divisé la famille de France. En 1410, le

[1] En ce sens qu'ils épousèrent les deux sœurs, Marguerite et Agnès de Bourgogne.
[2] *Histoire d'Arthur III, duc de Bretagne, comte de Richemont*, par Guillaume Gruel, souvent témoin des faits qu'il conte. — T. III, p. 185. (Collection Michaud).

duc de Berry prend les armes contre son neveu Jean sans Peur. Son but avoué c'est de venger la mort de son neveu d'Orléans ; mais le duc, dernier survivant des frères de Charles V, croit avoir autant que son neveu de Bourgogne des titres au gouvernement ; et ne prétend-il pas soustraire le roi à l'influence tyrannique de Jean sans Peur ?... Le roi et le dauphin, auquel Gilles de Bretagne reste fidèle, font cause commune avec les *Bourguignons*. Richemont attaché au duc de Berry est *Armagnac*.

Tiraillé en sens contraire par ses frères, le duc de Bretagne voudrait rester neutre. Toutefois, sans se déclarer, il permet à Richemont de recruter en Bretagne. Richemont part de Vannes emmenant « au moins 6000 hommes[1]. » Puisse-t-il dans la mêlée ne pas rencontrer devant lui son jeune frère !... Mais l'arrivée de ce renfort hâte la conclusion d'une paix... qui ne sera pas de longue durée.

L'année suivante, la guerre recommence. Le duc de Bourgogne tient Paris avec une armée de 60000 hommes. Les Armagnacs prétendent bloquer la ville. Richemont s'empare de Saint-Denis, le 11 octobre.

Voilà le vrai début du futur connétable.

Au même temps, le pont de Saint-Cloud est surpris. Mais, dans la nuit du 8 au 9 novembre, Jean sans Peur à la tête de 20000 hommes sur-

---

[1] Monstrelet. Lobineau. *Hist.* 519. — N'y a-t-il pas exagération ou erreur de copiste ? Ce nombre semble bien élevé.

prend à son tour les Armagnacs à Saint-Cloud ; il en massacre un grand nombre, et leur armée se disperse.

Richemont revient enrôler en Bretagne. Il assemble « une belle compagnie » de 1600 chevaliers et écuyers bretons, parmi lesquels des seigneurs déjà connus dans la guerre, comme le vicomte de la Bellière et Armel de Châteaugiron.

Est-ce sa qualité de frère du duc qui vaut à Richemont l'honneur de les commander ? Non : Ils ont confiance en lui, et c'est par affection qu'ils s'enrôlent volontairement sous ses ordres[1].

Au printemps suivant (1412) Richemont part de Vannes. Il marche vers le Berry pour faire lever le siège que le roi et Jean sans Peur ont mis devant Bourges. Mais en route son beau-frère d'Alençon[2] le détourne vers la Normandie.

Le duc de Berry (il va s'en repentir!) n'a-t-il pas sollicité le secours du roi d'Angleterre ! Trop heureux d'être introduit en France par les Français, Henri IV lui a promis 8000 hommes aux ordres de son frère le duc de Clarence. Il faut aller les recevoir au débarquement.

En les attendant, d'Alençon et Richemont prennent Sillé-le-Guillaume, Laigle et quelques places, puis ils vont au devant des Anglais et

[1] Gruel. p. 186.
[2] Jean IV, premier duc d'Alençon, dit le *Sage*, époux (1396, date des fiançailles) de Marie, sœur de Richemont, tué à Azincourt. Il fut père de Jean dit le *Beau*, que nous trouverons plus tard.

les mènent vers Bourges. Au bruit de leur approche, le roi et le duc de Bourgogne, dont l'armée est rongée par des maladies contagieuses, se décident à lever le siège (15 juillet).

La paix est conclue et rend inutile aux Armagnacs la présence des Anglais. Mais Clarence prétend rester dans le Poitou pour y faire vivre son armée « comme Anglais vivent en France », c'est-à-dire « en ravageurs et en gloutons[1]. » Et il réclame son salaire, car les Anglais vendent leurs services « et (ils s'en vantent!) imitent les usuriers[2]. » Pour se débarrasser de leurs rapaces alliés, les Armagnacs allaient entrer en campagne contre eux, lorsque la mort de Henri IV (22 mars 1413) décide Clarence au départ.

Le 12 juillet, Gilles de Bretagne avait succombé à la contagion. Faible et versatile, le dauphin avait besoin d'un conseiller. Il fallait à cet adolescent de dix-sept ans, non un mentor à barbe grise dont la gravité l'eût effrayé, mais un jeune homme plus avisé, plus résolu que lui, connu de lui, et, s'il se pouvait, ami d'enfance comme était Gilles de Bretagne. Le duc de Berry choisit Richemont.

[1] Ces mots sont d'un calviniste qui combattait auprès des auxiliaires anglais dans l'armée royale durant les guerres de la Ligue en Bretagne. *Mémoires de Montmartin.* Morice. *Hist.* II p. CCXCI et suivantes.

[2] « Que d'autres donnent leurs services, nous, nous les vendons. Ils imitent Dieu, nous imitons les usuriers. » Le comte d'Essex à Antonio Pérès. — Mignet, *Philippe II et Antonio Pérès.* p. 241.

Les circonstances étaient favorables : le roi et le dauphin s'éloignant de Jean sans Peur revenaient aux Armagnacs ; et, sans avoir à changer de parti, Richemont de rebelle allait devenir fidèle à la cause royale. Il reçut du dauphin le meilleur accueil ; et, dès le premier jour, il semble avoir hérité de la confiance que le prince avait accordée à Gilles.

En janvier 1414, le roi retenait Richemont à son service avec cent hommes d'armes et cent cinquante de trait. Deux mois plus tard, Jean sans Peur est déclaré ennemi public et la guerre va commencer. Richemont, lieutenant du dauphin, a sous ses ordres 3000 hommes d'armes avec 1500 hommes de trait ; et reçoit « des gages » de 1000 livres par mois[1].

Avec le dauphin, il va bloquer Compiègne qui capitule (7 mai) ; puis ensemble ils assiègent Soissons. C'est là que, le 25 mai, Richemont et Tanneguy du Chastel sont armés chevaliers[2].

Après la prise de Soissons, l'armée marcha sur Arras ; elle en commençait le siège lorsque la paix fut conclue (4 septembre).

Richemont revient à Paris avec le roi et le dauphin qui le retient à son service et ne néglige aucun moyen de l'attacher à la cause royale. Ainsi le dauphin vient de recevoir du roi la ba-

---

[1] Morice, *Pr.* II, 902-904.
[2] Lobineau. *Hist.* p. 526. — C'est ce fait qui autorise à dire que Richemont ne se contenta pas du titre de chevalier reçu en mars 1401. — Ci-dessus. p. 4.

ronnie de Parthenay et d'autres belles seigneuries du Poitou, au nombre desquelles Châtelaillon, confisquées sur Jean Larchevêque, sénéchal destitué du Poitou[1], resté fidèle à Jean sans Peur. Il s'en dépouille (4 mai 1415) en faveur de Richemont. Il est vrai que cette donation n'a pas assuré la possession au donataire. Jean Larchevêque, n'accepte pas la décision royale : comptant sur l'appui du duc de Bourgogne et les secours d'amis, il recourt aux armes.

En août, le roi nomme Richemont « capitaine général » et le charge de prendre en son nom les seigneuries confisquées. Richemont s'empare de plusieurs places et il pousse le siège de Parthenay, lorsque des lettres du dauphin le rappellent[2]. Sur l'heure, il lève le siège au succès duquel il est personnellement intéressé : et il part... Le jeune roi d'Angleterre, Henri V, est entré en France !

L'appel aux armes contre le roi d'Angleterre plaçait Arthur de Bretagne dans une situation singulière. Vassal du roi d'Angleterre, comme comte de Richemont, il est vassal du roi de France comme seigneur de Parthenay. Il doit le service de guerre à chacun de ses suzerains. S'il manque à son devoir envers le roi de France, la saisie de Parthenay sera son châtiment ; mais il n'a pas la possession de Par-

[1] *Appendice* n° 4.
[2] Il avait au siège 813 hommes d'armes sous des capitaines bretons. (Morice, *Pr.* II. 921).

thenay et la saisie ne lui enlèvera rien. Il n'a pas non plus la possession de Richemont depuis longtemps saisi; mais Henri V peut la lui rendre[1]. Le combattre n'est-ce pas renoncer pour toujours à ce beau comté? D'autre part Jeanne de Navarre est restée en Angleterre; jusqu'ici le roi l'a traitée avec égards; mais ne la punira-t-il pas de la présence de son fils dans l'armée française?

Ces considérations n'arrêtent pas Richemont. — En octobre, il arrive à Rouen amenant au dauphin une belle compagnie comprenant notamment cinq ou six cents chevaliers ou écuyers bretons, sous les ordres du sire de Combour.

Pendant que son frère se hâte vers Rouen, Jean V, sortant enfin de la neutralité, part de Dol à la tête de 10.000 hommes.

Arthur allait avoir vingt-deux-ans ; et il n'avait vu la guerre que dans les querelles privées qui déchiraient la maison royale et la France. Mais voici venir l'étranger.

∴

A peine monté sur le trône, et pour inaugurer son règne, Henri V prépare une expédition en France. Il ne déclare pas la guerre, mais il met

---

[1] Arthur a-t-il jamais eu la possession du comté dont il prenait le titre ? — M. Cosneau répond négativement, (p. 477-78. *Appendice* IV). Nous entrons dans quelques détails sur ce point, *Appendice*, n° 1 sur le comté de Richemont.

à la paix des conditions inacceptables ; c'est d'abord la couronne de France[1] : c'est ensuite la cession de plus de la moitié du royaume ; enfin la main de la princesse Catherine, fille du roi, alors dans sa quatorzième année : sa beauté précoce a charmé le jeune roi d'Angleterre ; mais il n'entend pas recevoir sans dot « la dame de ses pensées. » D'autorité, il fixe la dot de Catherine à deux millions, puis seulement un million de couronnes. Pour avoir la paix, le duc de Berry offre au nom de Charles VI l'Aquitaine avec la princesse et une dot de 800.000 couronnes[2].

On ne put s'entendre, et les ambassadeurs d'Angleterre quittèrent Paris le 15 mars 1415.

Dès ce jour la guerre était certaine. En France — comme il est arrivé depuis — on ne sut pas s'y préparer ; et, quand, au mois d'août, la flotte anglaise se montrera en vue des côtes normandes, on sera pris au dépourvu.

Henri V avait réuni six mille hommes d'armes et vingt quatre mille archers[3] ; et le 14 août, il touchait auprès d'Harfleur, à l'embouchure de la Seine, sur la rive droite. Il débarqua son

---

[1] *Appendice* n° 5.

[2] *La couronne était de 2 livres.* Or la livre du XVe siècle 1re moitié répond à 40 fr. 25 de notre monnaie. Comptez. 2 millions de couronnes = 4 millions de livres + 40.25 = 171 millions de francs. — 1 million de couronnes = 85.500.000 fr. 800.000 couronnes = 68.400.000 francs.

[3] Guizot. *Hist. de France.* II. 256.

armée sans coup férir ; commença le siège d'Harfleur qui n'étant pas secouru capitula après un mois d'une résistance héroïque (22 septembre) ; et se mit en marche sur Calais pour y passer l'hiver.

A Rouen sont réunis le roi, le dauphin, le connétable d'Albret, le maréchal de Boucicaut, les ducs de Berry, d'Orléans, de Bourbon[1], d'Alençon, Richemont ; le duc de Bretagne va venir ; et on délibère encore quand il aurait fallu agir et depuis longtemps.

Quand il avait seize ans, le duc de Berry combattit à Poitiers et fut fait prisonnier avec son père. Il s'oppose à une rencontre en plaine et parvient à retenir à Rouen le roi et le dauphin « pour ne pas perdre à la fois, dit-il, la bataille et le roi. » Le dauphin nomme Richemont son lieutenant et lui confie son enseigne.

L'armée se met en marche sous les ordres du connétable ; mais son commandement est nominal et il n'obtiendra par l'obéissance. — Il s'agit de devancer l'ennemi sur la Somme pour défendre le passage. Mais, quand l'armée atteint Abbeville, Henri V, bien qu'il ait fait un long détour[2], marche à dix lieues au delà ; il a passé la rivière sur des ponts qui, malgré l'ordre de

---

[1] Charles d'Orléans, fils de Louis, assassiné en 1407. — Le duc de Bourbon, père du comte de Clermont. Ci-dessus p. 5-6.

[2] *Appendice* n° 5.

Charles VI, n'ont pas été rompus! Il ne reste plus qu'à défendre la route de Calais.

La maladie a réduit l'armée anglaise à moins de 9000 combattants[1]. L'armée française est de plus du double, et elle peut recevoir des renforts.

Le duc de Bourgogne demande à combattre accompagné comme il convient au plus puissant vassal de France. Le duc d'Orléans le repousse. Le duc de Bretagne a fait diligence. Le 24 octobre, il est à Amiens. Ses messagers viennent demander qu'on l'attende seulement deux jours ; le 27, il sera en ligne avec ses 10.000 Bretons. Richemont joint ses supplications à celles de son frère. Qu'on attende deux jours, et devant ce renfort l'armée anglaise quittera le champ de bataille[2] ; coupée de Calais, elle devra repasser la Somme ; manquant de vivres et rongée par la maladie, il lui faudra battre en retraite en pays ennemi, harcelée, écrasée par une armée supérieure en nombre.

Le connétable veut attendre le duc de Bretagne : les jeunes ducs prétendent à l'honneur de la victoire pour eux seuls. Peut être dès ce jour, comme nous le verrons plus tard, les Français veulent-ils ne rien devoir aux Bretons ?

---

[1] La contagion s'était mise dans l'armée pendant la traversée. Le roi avait renvoyé en Angleterre des navires chargés de malades; il avait laissé garnison à Harfleur. Guizot. *Hist. de France*. II. 256.

[2] *Appendice*, n° 7.

Quoi qu'il en soit, l'occasion d'anéantir l'armée anglaise est perdue !

Le 25 octobre, la bataille s'engage près d'Azincourt[1]. Richemont est à l'avant-garde que commande le connétable.... On sait le reste. Le soir, parmi les morts, on relevait le connétable, le duc de Brabant, le comte de Nevers, frères de Jean sans Peur, le duc d'Alençon, beau-frère de Richemont, frappé au moment où sa hache abattait la couronne surmontant le casque du roi.

Les ducs d'Orléans, de Bourbon, le comte de Vendôme, le maréchal Boucicaut, Charles d'Artois, comte d'Eu, étaient prisonniers. Bourbon va mourir en Angleterre (1434), Orléans ne recouvrera la liberté qu'en 1440, après vingt-cinq années. Est-ce un trop sévère châtiment de leur folle et criminelle obstination[2]?

Les cinq ou six cents chevaliers et écuyers bretons étaient presque tous morts, « si défigurés de coups » que quinze seulement purent être reconnus. Richemont blessé fut relevé sous trois ou quatre de ces preux, sanglant et

---

[1] Les cartes de France moderne ne marquent pas *Azincourt*. On ne trouve pas ce nom même sur la grande carte en quatre feuilles dite : pour le service du génie militaire ! Il faut chercher Azincourt dans le Pas-de-Calais, arr. de Saint-Pol, canton du Parcq, à douze kilomètres au nord d'Hesdin.

[2] Les cours de littérature rappellent tous la captivité de Charles d'Orléans, mais aucun ne mentionne sa folle conduite à Azincourt. Pour eux, les gracieux vers du poète innocentent-ils le chef de guerre ?...

en tel état, que seul le sanglier peint sur son écu le fit reconnaître.

Quelle joie pour le roi et le peuple d'Angleterre ! Merlin n'a-t-il pas prédit qu'un prince du nom d'Arthur, né en Armorique, et portant pour armes un sanglier, doit reconquérir l'Angleterre, en chasser les Anglais et repeupler l'île de Bretons[1] ?... L'application de cette prophétie à Richemont va empêcher le roi d'Angleterre de l'admettre à rançon.

Henri V partit en hâte emmenant ses prisonniers et sans enterrer les morts. Philippe de Bourgogne, l'ami de Richemont, se chargea de ce pieux devoir. Il n'était pas à la bataille : sur l'ordre de son père, son gouverneur l'avait retenu, comme en prison, dans le château d'Aire, à quelques lieues d'Azincourt. Il vint rendre les derniers honneurs à ses oncles ; et, appelant les prêtres du voisinage pour bénir ces immenses funérailles, il fit inhumer les morts au nombre de près de six mille. Noble jeune homme, il pleurait de n'avoir pas pris part au combat, dût-il y périr[2] !

[1] Le Baud, p. 451.
[2] Guizot. *Hist. d'Angleterre.* I. 259-60.

CHAPITRE II

Captivité en Angleterre.

(1415-1422).

Aux premiers jours de novembre (1415) Henri V et ses prisonniers arrivèrent à Londres.

C'est là que Richemont retrouva sa mère. Jeanne de Navarre voulut voir si, après treize années, son fils la reconnaîtrait : se confondant parmi ses dames d'honneur, elle en fit asseoir une sur son propre siège. Richemont alla s'agenouiller devant cette dame la prenant pour la reine ; il fallut que sa mère se nommât en attirant son fils dans ses bras[1].

Jeanne de Navarre pleurait la mort de son gendre le duc d'Alençon, et la captivité de son fils ; elle eut bientôt d'autres sujets de tristesses. Richemont en combattant à Azincourt, Jean V en amenant une armée bretonne au roi de France, avaient irrité le roi Henri ; et sa colère va retomber sur la reine et sur Richemont.

Celui-ci fut séparé de ses compagnons de captivité, et ne put voir librement sa mère ; enfin, au milieu de 1418, il fut enfermé dans

[1] Gruel, p. 188.

le château de Fotheringay, où, le siècle suivant, Marie Stuart allait languir dix-huit années avant de tomber sous la hache.

Pourtant, au mois d'août 1419, Richemont obtint la permission de passer, sans doute sous bonne garde, en France. Il espérait y traiter de sa rançon avec le roi lui-même; et il avait à régler d'autres intérêts. Après une absence de moins de quatre années, que de changements il trouva en France !

Le duc de Guyenne était mort, le 18 décembre 1415, laissant le titre de dauphin à son frère Jean, duc de Touraine, qui le garda seulement seize mois, jusqu'à sa mort (5 avril 1417[1]). Le titre échut alors à Charles, comte de Ponthieu, qui fut le roi Charles VII.

Dans cet intervalle, le 15 juin 1416, le vieux duc de Berry était mort. Le nouveau dauphin était dans sa quinzième année, il avait besoin d'un conseil, il le trouva dans sa belle-mère Yolande d'Aragon, duchesse douairière d'Anjou, plus connue sous le titre un peu imaginaire de reine de Sicile[2].

En ce qui le concernait personnellement, Richemont avait pendant son absence subi un grave préjudice.

Après son départ pour l'Angleterre, la guerre entreprise à propos de Parthenay avait continué:

---

[1] *Appendice*, nº 8.
[2] *Appendice*, nº 9.

mais mollement conduite. Or Jean Larchevêque était efficacement soutenu par le duc de Bourgogne. Le 12 août 1416, le dauphin Jean avait été contraint de rendre à Larchevêque toutes ses seigneuries saisies. L'année suivante, le duc Jean V, au nom de son frère, avait ratifié ces arrangements avec le dauphin Charles (7 juillet); et il avait été heureux, par l'entremise de la reine de Sicile, de recouvrer pour Richemont la seigneurie de Châtelaillon. — Richemont lui-même ne put rien obtenir de plus.

Il rentra en Angleterre vers la fin de 1419, sans que le roi consentît à recevoir sa rançon !

Henri V était à ce moment en fâcheuses dispositions. Devenue suspecte de sorcellerie, comme autrefois son père Charles le Mauvais, Jeanne de Navarre était même accusée de maléfices contre le roi; privée de ses biens elle venait d'être emprisonnée; et Richemont, comme s'il eût été complice de ces prétendus maléfices, fut détenu à la tour de Londres.

*
* *

La fin de cette année 1419 et l'année 1420 furent fatales à la France et à la Bretagne.

L'armée anglaise avançait en France. Le mal de Charles VI empirait. Le roi, Paris et le pouvoir étaient aux mains du duc de Bourgogne. Le dauphin sauvé de Paris par Tanneguy du

Chastel se déclarait régent, et allait essayer d'un rapprochement avec Jean sans Peur qui semblait s'y prêter.

Le dauphin proposa une entrevue sur le pont de Montereau pour le 10 septembre 1419 ; beaucoup espéraient que de cette conférence sortirait l'union de toute la famille de France contre l'envahisseur. Jean sans Peur arriva sans armes à la tente du dauphin : il se présenta respectueusement et fut bien accueilli : l'instant d'après il tombait percé de coups. Le meurtre du duc qualifié assassinat fut imputé au dauphin et à Tanneguy du Chastel.

Funeste événement qui allait attacher la Bourgogne à l'Angleterre pour plus de quinze années! Le nouveau duc de Bourgogne, Philippe, avait épousé Michelle, sœur du dauphin et de la duchesse de Bretagne ; mais, outré de colère, oubliant qu'il était de la maison de France, il va faire alliance avec le roi d'Angleterre.

Abandonné de tous, le dauphin recourut au duc de Bretagne qui promit un secours. Mais, à la réflexion, Jean V craignit en soutenant son beau-frère d'être entraîné dans sa chute, et ne tint pas sa promesse.

Irrité de cet abandon, le dauphin, malgré Tanneguy du Chastel, encouragea l'ambitieux ressentiment des Penthièvre. Marguerite de Clisson leur mère avait fait la paix avec Jean V (1410) ; mais elle n'attendait qu'une occasion de ressaisir par tous moyens l'héritage de Bretagne ; et elle embrassa l'entreprise avec son ardeur habituelle.

Le 12 février 1420, Olivier, comte de Penthièvre, et son jeune frère Charles, sire d'Avaugour[1], disant agir au nom du dauphin, arrêtaient traîtreusement le duc avec son frère Richard et quelques officiers. Sans perdre un moment, ils rendaient compte au dauphin, et celui-ci, dès le 16 mars, par une lettre écrite de Carcassonne, ratifiait ce qui avait été fait, déclarait prendre Jean et Richard « pour ses prisonniers », et recommandait de les bien garder[2].

La duchesse Jeanne de France n'était pas seulement la femme pieuse et douce qui, à Vannes, s'était faite la garde-malade de saint Vincent Ferrier pour ne le quitter qu'après sa mort (5 avril 1419), et qui fut la première institutrice de Françoise d'Amboise[3]. Vraie fille de France, elle avait une de ces âmes viriles que le danger ne trouble pas.

Elle écrit à son frère et lui pose cette ques-

---

[1] *Appendice*, nº 10.
[2] Lire cette longue lettre dans M. Cosneau. (Appendice, XIV, p. 491), c'est un long réquisitoire contre Jean V. — La suscription imprimée porte à « Jean comte de Penthièvre. » Il faut lire *Olivier*. Jean, son frère cadet, était alors seigneur de Laigle, et ne devint comte de Penthièvre qu'après la mort d'Olivier sans hoirs. (1431).
[3] Albert Le Grand, *Vies des Saints de Bretagne*. — Saint Vincent Ferrier, p. 231, et la B. Françoise d'Amboise p. 548. Ed. de Kerdanet.

tion embarrassante : « Est-il vrai que les Penthièvre aient agi par vos ordres ? » et, aidée par Tanneguy du Chastel, elle obtient que le dauphin n'enverra pas de troupes combattre contre elle... car la duchesse prépare la guerre.

A la première nouvelle de l'attentat, ses émissaires ont couru par toute la Bretagne appelant la noblesse et les villes aux Etats ; et, le 23 février, dix jours après l'arrestation des princes, les États s'ouvrent à Vannes. La duchesse y paraît les larmes aux yeux tenant par la main ses deux fils François et Pierre dont l'aîné avait dix ans. Les barons et les seigneurs au nombre de cent quarante-cinq jurent tous d'armer pour « le recouvrement du duc » ; et les bourgeois des villes se mettront de la partie[1].

Deux chefs de guerre sont nommés : Alain VI, vicomte de Rohan, pour la Haute-Bretagne, son fils Alain, comte de Porhoët et gendre du duc, pour la Basse. Le premier est le beau-frère de Marguerite de Clisson pour avoir épousé sa sœur Béatrix, le second est son neveu. La parenté des deux chefs avec les Penthièvre aurait-elle fait craindre (bien à tort) quelque mollesse dans la guerre à leur faire ?

Quoi qu'il en soit, les seigneurs et la duchesse croient avoir besoin d'un chef dont l'autorité soit acceptée par tous. Ils envoient ambassade

---

[1] Jean V accorda à des bourgeois « pour avoir servi en armes » exemption de fouages et même la noblesse. Actes de Jean V. 1442, 1626, 1778.

sur ambassade au roi Henri V pour lui demander l'élargissement de son prisonnier[1].

Bien plus, la duchesse elle-même, si sincèrement dévouée à la cause française, s'est humiliée jusqu'à écrire au roi en guerre avec le dauphin. Dès le 26 mars, Henri V lui envoyait ses condoléances et lui permettait d'attendre un secours ; le 5 avril, la duchesse dans les termes les plus touchants demandait au roi de lui « prester son beau frère Richemont pour un temps[2]. »

Arthur lui-même écrivait au roi (12 avril) une lettre pleine de supplications qu'il signait « votre humble parent et prisonnier[3]. » Et le lendemain, il écrivait au dauphin pour le supplier de punir les Penthièvre, « s'ils étaient en son pouvoir. » Il n'avait pas lu la lettre écrite de Carcassonne...

On peut croire que Henri V avait vu sans trop de peine l'arrestation de Jean V ; mais il avait intérêt à se le concilier ; d'ailleurs pour lui combattre les Penthièvre c'était combattre le dauphin ; il envoya donc quelques secours en hommes ; mais il retint Richemont, et c'est seu-

[1] Ambassade au roi d'Angleterre, 15 juin 1420. — (Morice, Pr. 1021-1022).

[2] La duchesse au roi, 5 avril. Morice, Pr. 1016-1017. — C'est cette lettre qui réfère la réponse du roi du 26 mars. Autre lettre de la duchesse du 29 mai, (Morice. Pr. 1019-1020).

[3] V. ces lettres, (Morice. Pr. II, 1017-1018. — La lettre du 13 intitulé à tort du même au même (au roi d'Angleterre) est adressée en réalité au dauphin. — Elles portent la date de Madelay, lieu que je n'ai pas trouvé.

lement le 12 juillet qu'il nommera des mandataires pour discuter les conditions de l'élargissement de son prisonnier[1]. Au même moment, le dauphin, voyant la partie des Penthièvre perdue, envoyait à la duchesse pour l'assurer de « l'affection qu'il avait à la délivrance du duc[2]. »

Le mandat du roi était inutile, et la bonne volonté du dauphin était tardive. Assiégée dans Chantoceaux, Marguerite de Clisson avait été contrainte d'accepter une capitulation dont la première condition était la mise en liberté de Jean V (5 juillet).

La félonie des Penthièvre avait montré avec éclat l'union des diverses classes entre elles et avec le duc représentant de la nationalité bretonne[3]. Jean V sortait de prison plus puissant qu'au jour où il fut arrêté. Le roi d'Angleterre et le dauphin vont se disputer le duc de Bretagne.

．．．

Pendant la captivité de Jean V, de graves événements s'étaient accomplis.

Le duc de Bourgogne, tout entier à sa vengeance et abusant de la faiblesse de Charles VI,

---

[1] Morice. *Pr.* II, 1025.
[2] Lettres des ambassadeurs de Bretagne au roi d'Angleterre. Corbeil 9 juillet, (Morice. *Pr.* II. 1024).
[3] M. de la Borderie. *La Bretagne aux derniers siècles du moyen-âge*, p. 108-109.

l'avait jeté dans les bras des Anglais et avait négocié le traité de Troyes (21 mai 1420). Le roi donnait sa fille Catherine au roi d'Angleterre, et reconnaissait son gendre pour héritier de la couronne à l'exclusion du dauphin. Le mariage de Catherine avait été célébré en juin. La situation du dauphin semblait désespérée; et il demandait secours à Jean V, comme si le duc avait déjà oublié les ordres donnés aux Penthièvre !

Jean V devait des remerciements à Henri V pour le secours que le roi avait donné à la duchesse, il alla les porter en personne. Le roi avait le plus grand intérêt à obtenir l'adhésion de Jean V au traité de Troyes ; il accueillit le duc avec empressement ; celui-ci ne manqua pas d'intercéder en faveur de son frère : sans l'admettre à rançon, le roi accorda à Richemont la permission de passer en France et d'y séjourner jusqu'à la saint Michel 1422 (29 septembre).

Ce congé fut accordé aux conditions suivantes qui furent signées à Corbeil, le 2 juillet :

Richemont jurera sur les saints évangiles et sur l'honneur de se représenter à Londres «comme prisonnier» le 29 septembre 1422, devant le roi, son successeur, son lieutenant, le chancelier ou le maire de Londres ; — il n'entreprendra rien contre le roi d'Angleterre, le duc de Bourgogne et ses adhérents ; — il ne fera pas alliance avec « celui qui se dit dauphin de Viennois » — De plus il fut convenu que le comté de

Montfort-l'Amaury serait remis au roi comme garantie de ces conditions[1].

Vers le milieu d'octobre, Richemont était en France. Il suivi le roi à Melun et à Paris. Après quoi, il lui fut permis de passer en Normandie sous la garde du comte de Suffolk, quand il eut juré de ne pas sortir de la province, c'est-à-dire de ne pas mettre le pied en Bretagne, sans la permission du roi. Suffolk voulut-il éprouver la loyauté de son prisonnier? On le dirait quand on le voit l'amener à Pontorson que le pont du Couesnon seul sépare de la Bretagne, et sortir avec lui hors des murailles.

Apprenant la venue de Richemont, des Bretons viennent le voir en grand nombre. Un jour le comte et son prisonnier tirent à l'arc dans la campagne. Les Bretons se sentant en force proposent à Richemont de l'enlever ; mais le preux chevalier, esclave de sa parole, repousse la proposition. Touché de sa loyauté, Suffolk autorisa son prisonnier à voir Jean V sur le pont du Couësnon. On peut supposer ce que fut cette entrevue. Les deux frères pleurèrent « bien fort » ensemble en s'entretenant de leur mère persécutée à cause d'eux[2].

Quand ils se séparèrent, le duc revint en Bretagne pour régler l'affaire des Penthièvre. Il

---

[1] *Appendice*, n° 11.
[2] Gruel, p. 189. L'entrevue de Pontorson ne peut être du 8 octobre. (*Itinéraire* de Jean V). A cette date, Richemont n'était pas encore en France. M. Cosneau, p. 58.

leur offrit le pardon à la condition de le demander en séance aux États convoqués à Vannes en septembre ; mais, malgré leur promesse, ils ne comparurent pas et furent condamnés aux États de Vannes de février 1421.

Ramené au roi d'Angleterre, Richemont fut accueilli avec une faveur qui aurait dû lui être suspecte et dont le roi entend bien recevoir le prix. Henri V lui donna le comté d'Ivry en Normandie, présent fatal puisqu'il fait du comte l'homme lige du roi, et l'oblige au service de guerre contre tous, y compris le duc de Bretagne ! Il est vrai que quelques jours après le roi le dispense de servir contre son frère[1]. En même temps il lui promet la liberté sans rançon, si, jusqu'au 29 septembre 1422, il tient strictement les conditions du traité (17 janvier 1421).

Presque au même temps, le duc Jean V, écoutant enfin les appels du dauphin, allait le saluer à Sablé et faisait alliance avec lui (8 mai 1421). Le duc désavouait le traité de Troyes et promettait de servir le dauphin contre le roi d'Angleterre et son allié de Bourgogne. Le dauphin désavouait la félonie des Ponthièvre et promettait de défendre le duc contre Olivier et Charles de Blois, leur mère, leurs adhérents et complices[2].

[1] Mais « il ne devra pas lui porter aide et secours *même de conseil* en temps de guerre. » Lettre de Henri V. (Morice. Pr. II. 1101).
[2] *Appendice*, n° 12.

Ces complices dont le duc demandait le renvoi de la cour étaient Jean Louvet, sgr de Mirandol, dit le président de Provence, Pierre Frottier, premier écuyer et grand maître, Guillaume d'Avaugour[1], et enfin Tanneguy du Chastel, ancien prévôt de Paris auquel le duc avait confiance ; mais que le duc de Bourgogne signalait comme un des meurtriers de son père.

Les Etats s'empressèrent de ratifier ce traité que scellèrent deux alliances entre les maisons de France et de Bretagne. Le dauphin donnait sa cousine Marguerite d'Orléans à Richard de Bretagne, qu'il traitait en ami et qu'il avait fait comte d'Etampes ; et Jeanne d'Orléans était accordée au jeune duc d'Alençon[2]. La paix semble ainsi bien assurée.

A ce moment intervient Richemont. Henri V a su le traité de Sablé, et le prochain départ de Richard ; il a su aussi que très maladroitement le dauphin n'exécute pas le traité puisqu'il garde auprès de lui les Penthièvre et leurs amis. Envoyé par Henri V, Richemont vient avec Suffolk trouver son frère à Vannes pour le déterminer à quitter le dauphin. Le duc ne promet rien ; les Etats réunis à Rennes témoignent leur mécontentement de la mauvaise foi du dauphin ;

---

[1] *Appendice*, n° 10 (note sur Avaugour).

[2] Marguerite d'Orléans, fille du duc Louis, assassiné en 1407, et sœur du prisonnier d'Azincourt. Jeanne d'Orléans, fille de celui-ci. — *Appendice* n° 13.

mais ils repoussent l'alliance avec le roi d'Angleterre.

Mais Richemont resta en Bretagne. Il séjourna plusieurs mois à Rennes, où il traça une nouvelle ligne de remparts qui dédoublait l'ancienne enceinte, et allait abriter une population plus nombreuse[1]. Au mois d'octobre, il retourna à Vannes : il irrita de nouveau le duc contre le dauphin qui s'obstinait à garder les Penthièvre. Le duc ne pouvait avoir beaucoup de scrupule à rompre un traité que le dauphin avait violé dès le premier jour. Mais comment se rapprocher de Henri V sans adhérer au traité de Troyes ? Jean V hésita... puis se laissa convaincre par son frère ; et celui-ci repartit en hâte porter au roi la bonne nouvelle (octobre 1421.)

Richemont trouva le roi d'Angleterre au siège de Meaux ; il y resta jusqu'à la capitulation, au mois de mai 1422. Le roi vint alors à Paris. Il y fit une entrée solennelle Des fêtes somptueuses suivirent où parut Richemont. Le roi ne négligeait aucun moyen de rendre impossible le rapprochement des deux princes bretons et du dauphin.

Cependant Jean V ne signait pas le traité de

---

[1] C'est la seconde enceinte longeant au sud la Vilaine, qui servait de fossé. La partie de la ville au sud de la rivière appelée depuis la *ville nouvelle* n'a été close que par le duc François I*er*, constructeur des murs que nous avons vus, et dont la place est occupée par le boulevard dit aujourd'hui de *la Liberté*.

Troyes ; les Bretons refusaient leur adhésion ; enfin les ambassadeurs du duc partirent le 26 juin. Pendant qu'ils étaient en route, Henri V mourait au bois de Vincennes (31 août) laissant le trône à un enfant de neuf mois. Son oncle le duc de Bedford prit la régence et fit proclamer Henri VI roi d'Angleterre et de France. Le duc de Glocester, frère cadet de Bedford, prit la régence d'Angleterre.

Le 8 octobre suivant, les ambassadeurs bretons signaient le traité, en vertu de la procuration de Jean V que les Etats de Bretagne ne ratifiaient pas. Charles VI était présent et reniait de nouveau le dauphin. Cet acte fut le testament du malheureux roi. Treize jours après, il était mort (21 octobre); et le dauphin prenait le titre de roi au château de Mehun-sur-Yèvre.

Mais le *roi de Bourges* sera un jour Charles VII *le Victorieux*. Jeanne d'Arc est née ; avant trois ans, elle aura entendu ses *voix*[1], et Richemont sera connétable de France.

.˙.

Ici arrêtons nous un moment. La conduite de Richemont pendant sa captivité a encouru un double reproche. Une explication est nécessaire.

A cette date du 8 octobre 1422, Richemont aurait dû être de retour en Angleterre.

---

[1] Dans l'été de 1425, « quand elle avait passé douze ans. » Cf. le très curieux livre du savant Siméon Luce, *Jeanne d'Arc à Domrémy*, 1887, p. 134.

Aux premiers jours de septembre, il était dans sa seigneurie du Gâvre[1], se disposant à partir pour s'embarquer au Hâvre. C'est là qu'il apprit la mort de Henri V : « Dieu sait s'il fut joyeux ! dit naïvement son biographe. Cette fois, il fut quitte car nul n'avait plus rien à lui demander. » Chartier, l'historiographe de Charles VII, dit de même sans observation : « Et pour ce que le roi d'Angleterre auquel il avait fait certaines promesses était mort, il lui semblait que plus n'était tenu à son successeur. »

Devons-nous croire que Richemont gardait moins fidèlement sa parole au roi mort qu'au roi vivant ? Ou bien pouvait-il se croire libre en vertu de la parole du roi lui promettant la liberté comme prix de la fidèle exécution du traité de Corbeil ?

Quoi qu'il en soit, le duc de Bedfort ne protesta pas contre la détermination de Richemont. Il aurait craint en mécontentant celui-ci d'aliéner le duc. Jean V n'avait pas encore signé le traité de Troyes que la Bretagne repoussait, et la mort du roi pouvait changer ses dispositions.

Mais cette explication ne nous satisfait pas : en effet une des conditions imposées à Richemont c'était de se présenter comme prisonnier, le 29 septembre 1422, à Londres devant le roi, son successeur ou les personnages nommés plus haut. L'obligation persistait après la mort du roi

[1] *Appendice*, n° 15.

si expressément prévue. Avant l'accomplissement de cette dernière condition, comment Richemont pouvait-il se targuer de la promesse de liberté attachée à l'exécution *entière* du traité ?

Pour l'honneur de Richemont, nous voulons croire à une concession du roi d'Angleterre dérogeant au traité de Corbeil ou à la promesse conditionnelle de liberté; et combien cette concession est vraisemblable! Le roi avait accordé plus d'une faveur à Richemont avant d'en avoir obtenu aucun service : cette concession nouvelle n'aura-t-elle pas payé la signature promise par Jean V au pied du traité de Troyes?

Remarquons-le, d'ailleurs, s'il n'avait pu invoquer une dérogation aux conventions antérieures, Richemont n'aurait pas manqué de parole seulement au roi, mais à Dieu. N'avait-il pas juré ce traité « sur les saints Évangiles en les touchant? » Or les hommes de ce temps, Richemont en particulier, adoraient le Dieu de l'Evangile; et il savait bien que la moindre infraction au traité ainsi garanti était non seulement un manquement aux lois de la chevalerie, mais la violation d'un serment.

Richemont a encouru un autre reproche : il s'est livré au roi d'Angleterre, il a servi contre la France, il a déterminé son frère Jean V à signer le traité de Troyes. N'est-ce pas, dit-on, trahir la France ?

— On ne trahit que sa patrie. Or étant breton, Richemont n'était pas Français, puisque la Bretagne n'a été réunie à la France que sur la demande des Etats assemblés à Vannes, le 4 août 1532[1]. Qu'un conflit éclate un jour entre la Bretagne et la France, comme *sujet*, c'est pour la Bretagne que Richemont devra combattre.

— Mais il est seigneur de Châtelaillon en Poitou : à ce titre vassal de France, il doit le service militaire en France ! — Oui ; mais il est aussi seigneur du Gâvre en Bretagne et il doit au même titre le service en Bretagne. Il faut qu'il renonce à l'un ou à l'autre service. La saisie d'une de ses seigneuries sera son châtiment, et il sera libre envers le saisissant. Telle est la règle féodale.

Donc, au point de vue *féodal*, Richemont était libre de choisir entre la France et la Bretagne. Au point de vue *national*, il se devait à la Bretagne ; et il l'eût trahie, si, en cas de conflit, il eût servi la France.

De même en servant l'Angleterre il ne trahissait pas la France, il ne faisait que rompre son lien *féodal* envers la France.

Mais pourquoi Richemont s'est-il, à ce moment, rangé au parti anglais ? — En voici trois raisons, dont une seule suffirait à expliquer sa conduite.

1° Comme le duc, il pouvait craindre la colère

[1] Edit de Nantes, août 1532. Morice. *Pr.* III, p. 997 et suiv. On enseigne aujourd'hui que la Bretagne a été réunie à la France en 1499 ! Voir explications sur ce point, *Appendice*, n° 15.

du roi pour sa mère restée comme une sorte d'otage en Angleterre[1].

2° Il était irrité (et très justement !) contre le dauphin qui avait traîtreusement fait arrêter ses deux frères; et qui, violant la parole solennellement donnée à Sablé, s'obstinait à protéger les Penthièvre, même quand ils avaient injurieusement refusé le pardon de Jean V.

3° Enfin Richemont désirait ardemment sa liberté. L'inaction et la réclusion lui pesaient comme à tout prisonnier. Ajoutons que depuis des années, il caressait la pensée d'une alliance avec sa cousine Marguerite de Bourgogne, veuve du duc de Guyenne. En 1421, il s'en était ouvert au duc Philippe qui avait encouragé ses espérances. Le duc avait même emmené en Bourgogne Raoul Gruel, écuyer tranchant de Richemont et son confident, pour faire une première démarche près de la duchesse de Guyenne. Celle-ci avait répondu qu'elle « n'épouserait jamais un prisonnier du roi d'Angleterre ; mais que s'il était libre, elle suivrait l'avis de ses amis[2]... » C'était presque promettre sa main à Richemont libre, et l'encourager à poursuivre son élargissement définitif.

Ne disons donc pas que Richemont a trahi ses devoirs envers la France. Restons dans la vérité

---

[1] Nul doute sur ce point. Ainsi la promesse faite par Jean V de signer le traité de Troyes valut à sa mère la restitution de ses biens (13 juin 1422), et quelques égards.

[2] Lobineau, *Hist.*, p. 559-560.

et la justice en disant avec son biographe le mieux informé : « On regrette de voir, dans cette crise suprême, le captif d'Azincourt prendre le parti de l'Angleterre triomphante contre la France abattue[1]. »

[1] M. Cosneau, p. 60.

CHAPITRE III

Richemont connétable.

1422-1425.

Avant la mort de Charles VI, le pape Martin V avait envoyé deux légats en France pour travailler à la paix entre l'Angleterre et la France. Bedfort et Philippe le Bon crurent ne pouvoir rien faire sans le duc de Bretagne ; et Philippe souhaitait un rapprochement plus intime entre la Bourgogne et la Bretagne : il en trouvait la garantie dans l'union de sa sœur avec Richemont ; il désirait vivement ce mariage ; il savait que sa sœur y consentirait le jour où Richemont serait libre ; il espérait que la présence de celui-ci ferait cesser les hésitations de sa sœur, si Bedfort ne se décidait pas enfin à lui accorder sa libération.

Voilà pourquoi, en même temps que Jean V recevait l'invitation de venir à Amiens pour s'entretenir de la paix, il reçut un avis de Philippe le priant de venir « parler du mariage de M*** de Guyenne. »

Jean V consulta les Etats ouverts à Dinan. Il leur fit connaître le motif de son voyage et les interrogea de nouveau sur le traité de Troyes. Encore une fois les Etats refusèrent de suivre le duc dans son évolution vers le parti anglais ; mais ils consentirent à une alliance avec le duc de Bourgogne pour le rétablissement de la paix (31 décembre 1422). Toutefois, ils témoignaient quelque crainte de la longue absence de Jean V; ils conseillaient d'envoyer Richemont seul à Amiens[1] ; mais celui-ci, désireux de complaire en même temps à Philippe et à Bedfort, pour obtenir de l'un son mariage et de l'autre sa libération, détermina le départ de son frère.

Les deux frères se mirent en route après le 20 mars 1423. Munis d'un sauf-conduit de Bedford, ils prirent par la Normandie ; le 8 avril, ils étaient à Rouen, et, le 12, à Amiens. Ils trouvèrent le duc de Bourgogne seul ; et ils purent s'entendre sur plus d'un point avant l'arrivée de Bedfort, « dont on se serait bien passé[2]. »

Celui-ci survint quelques jours après, et, le 17 avril, furent signés trois traités : le premier établissait une triple alliance entre le régent et les deux ducs ; le second était convenu entre le régent et Jean V, pour les secours mutuels à fournir ; le troisième donnait la main de Mme de Guyenne à Richemont et la main de sa sœur cadette, Anne, au duc de Bedfort[3].

---

[1] *Appendice*, n° 16.

[2] *Itinéraire de Jean V*. — Il ne partit que le 20 mars au plus tôt, puisque ce jour, il signe un acte à Dinan. 8 avril, Rouen ; 12 avril, Amiens ; le 23 avril, il est à Rouen. On ne le retrouve en Bretagne que le 8 juin.

La réflexion finale est de Gruel, p. 190. Il se trompe : on ne pouvait *se passer* de Bedfort.

[3] Morice donne deux des traités. *Pr.* II. 1135-38.

Le lendemain, 18 avril, un traité est signé entre les ducs de Bourgogne et de Bretagne dans la prévision d'une réconciliation entre Charles VII et Philippe le Bon. Ce traité répondait aux secrètes préoccupations des deux signataires.

Des trois alliés de la veille, le régent seul était satisfait. Philippe se plaignait des graves ennuis que lui causait le duc de Glocester, et accusait Bedfort de n'avoir pas su ou voulu les lui épargner[1]. Jean V s'indignait pour Richemont qui, devenant beau-frère de la duchesse de Bedfort, n'avait pas obtenu du régent le prix qu'il croyait dû à ses bons offices, sa libération définitive. Jean V s'indignait pour lui-même que le régent gardât son frère prisonnier, comme une sorte d'otage de la fidélité du duc de Bretagne.

Au mois de juin, le duc était de retour. Richemont resta plusieurs mois en Bourgogne, ne quittant presque pas son beau-frère redevenu l'ami d'enfance. On peut croire que leurs mutuelles récriminations ne purent que refroidir leur zèle au service du régent.

Enfin le double mariage fut célébré à Dijon, le 10 octobre 1423.

En épousant Arthur de Bretagne, Marguerite lui faisait beaucoup d'honneur. Femme du dauphin, elle avait eu en perspective le titre de

[1] *Appendice*, n° 17.

reine ; et, comme en souvenir, elle va continuer à se nommer « Mme de Guyenne. » Philippe, son frère unique, n'avait pas d'enfant de Michelle de France qu'il venait de perdre (1422) ; et Marguerite était héritière présomptive des vastes États de Bourgogne.

Privé du comté de Richemont donné à Bedfort par Henri V, Arthur était réduit, comme cadet, au partage que Jean V lui avait assigné. A la seigneurie du Gâvre, Jean V avait ajouté des seigneuries confisquées sur les Penthièvre : savoir le comté de Goello, la Roche-Derrien et Châteaulin sur Trieux[1]. Le duc évaluait le revenu de ces terres à 3000 livres ; et s'engageait à fournir, trois ans plus tard, un revenu de 5000 livres sur le comté de Montfort. C'était plus de 320.000 francs de notre monnaie. C'était peu auprès des *espérances* de Marguerite.

Si nous avons insisté sur cette inégalité de situation, c'est qu'elle aura pour la cause française une heureuse conséquence. Richemont va tenir à honneur de monter en dignité pour s'égaler à Mme de Guyenne ; et celle-ci sera ambitieuse pour l'époux qu'elle a « voulu[2] ». La reine de Sicile va s'offrir à servir cette double ambition.

Les cours de Bourgogne et d'Anjou sont en

---

[1] *Appendice*, n° 18.

[2] « ... Quand je voulus épouser le comte de Richemont... » Testament de Mme de Guyenne, M. Cosneau, p. 73, note 2.

mésintelligence depuis longtemps[1] ; l'accord entre les deux dames va aider au rapprochement des cours, et par là même à la politique de la reine : ramener le duc de Bourgogne au roi avec l'appui des ducs de Bretagne et de Savoie. La reine a besoin d'un intermédiaire : elle choisit Richemont, et le choix est heureux. Cousin, ami, beau-frère du duc Philippe, frère du duc de Bretagne, neveu du duc de Savoie, beau-frère de la sœur du roi, il est déjà l'obligé de la reine de Sicile qui lui fit recouvrer Châtelaillon[2]. La reine restera l'âme de cette conjuration patriotique ; mais Richemont sera son agent fidèle et dévoué.

.•.

A peine les fêtes des mariages étaient-elles finies et Bedfort parti, que le duc de Bourgogne et Richemont virent arriver deux envoyés de leur oncle Amédée (VIII) duc de Savoie[3]. Petit-fils du duc de Berry par sa mère, Amédée avait le cœur français ; pour la seconde fois il suppliait son neveu de Bourgogne de faire la paix avec Charles VII, et il le priait de venir le

---

[1] *Appendice*, n° 19.
[2] Ci-dessus p. 20.
[3] Amédée VII, petit-fils du duc de Berry par sa mère, Bonne de Berry, était cousin issu de germains de Philippe Le Bon et de Richemont ; mais il avait épousé Marie, sœur de Jean sans Peur, et était ainsi oncle par alliance de Philippe et de Richemont.

voir à Châlons-sur-Saône. Le duc partit, emmenant Richemont (décembre 1423).

Au retour, celui-ci, après quelques jours passés à Montbard avec sa femme, revint aussitôt en Bretagne rendre compte à son frère.

Le duc savait tout ! La reine de Sicile était venue le trouver à Nantes ; et entre eux ils avaient arrêté le plan d'une convention de paix entre le roi et le duc de Bourgogne, paix dont la reine de Sicile et Jean V devaient être les médiateurs et Amédée de Savoie le conservateur (mai 1424). Aussitôt Richemont courut à Paris informer le duc de Bourgogne.

Mais Bedfort avait su et les conférences de Châlons, et les projets arrêtés à Nantes, et les allées et venues de Richemont. Il dissimula vis-à-vis de Philippe dont il avait besoin ; mais il garda moins de ménagements envers Richemont.

Des routiers licenciés par Charles VII ravageaient les alentours de Paris. Emu des plaintes des Parisiens et impatient du repos, Richemont demanda à Bedfort l'autorisation d'en purger le pays avec quelques compagnies anglaises auxquelles il joindrait une troupe de Bretons. Bedfort refusa brusquement la demande présentée peut-être d'une manière un peu impérieuse. — Richemont mécontent quitta Paris pour revenir en Bretagne ; mais il alla s'embarquer furtivement en Flandre pour prendre terre à Saint-Malo. La mer lui semblait plus sûre que la Normandie, tant il avait confiance au beau-frère de sa femme allié du duc son frère! Il trouva Jean V très mal satisfait du régent.

Reconnaissons-le, si le régent n'avait qu'une confiance limitée dans la fidélité de son allié Jean V, il n'avait pas tort. Que d'infractions à l'alliance Jean V avait commises !

Avant la signature du traité de Troyes, le breton Tanneguy du Chastel, ayant le titre de maréchal du roi, était venu recruter en Bretagne ; et il y a toute apparence qu'après la signature du traité (8 octobre) il continuait ses enrôlements, sans que le duc parût y prendre garde[1].

Nous avons vu les Etats de Dinan repousser l'alliance anglaise pour s'en tenir à l'alliance bourguignonne en vue de la paix. Des Bretons se crurent par là même autorisés à combattre les alliés du duc. En 1423, les Anglais assiègent le Mont-Saint-Michel, le seul poste militaire de Basse-Normandie qui ne soit pas en leur possession. Au premier cri d'alarme, l'évêque de Saint-Malo, Guillaume de Montfort[2], équipe une flotille que montent des seigneurs et chevaliers du voisinage ; ils infligent aux Anglais une sanglante défaite ; et le siège est levé. Le duc ne met pas obstacle à cette prise d'armes et il pardonne aux Malouins leur victoire sur ses alliés[3].

[1] Morice. *Pr.* II, 1120 et suiv.
[2] *Appendice.* n° 20.
[3] Lobineau, *Hist.* p. 563.

Enfin, en février 1424, quatre mille Écossais aux ordres d'Archibald Douglas et de Stuart, comte de Buchan, débarquent à Saint-Malo ; et, sans que le duc y mette obstacle, ils traversent le pays pour aller rejoindre Charles VII[1]. Ce contingent fait plus de la moitié de l'armée royale ; et le roi est si heureux de le recevoir qu'il fait Douglas duc de Touraine et le comte de Buchan, connétable[2].

Toutefois Jean V ne se déclarait pas contre l'Anglais : une maladroite vengeance de Bedfort le détermina.

Le régent nourrissait un vif ressentiment contre la reine de Sicile à propos des conférences de Nantes, et contre les dames de Laval. Jeanne de Laval-Châtillon, cousine de Jean V et de Richemont, était Bretonne. Veuve de Guy XII, elle gardait avec un légitime orgueil le titre de veuve de du Guesclin. Sa fille Anne, dame de Laval et baronne de Vitré, était digne de sa mère pour son dévoûment à la cause française[3]. A l'automne de 1423, leurs

---

[1] Lobineau, *Hist.* 563 et 564. — L'historien dit à ce propos : « Le duc établit une espèce de neutralité. » Mais la *neutralité* n'est plus l'*alliance*.

[2] Le comte de Buchan servait le dauphin puis le roi Charles VII depuis 1420. Victorieux à Baugé (22 mars 1421, blessé à Crévant, juillet 1423, il fut fait connétable le 24 avril 1424, † à Verneuil, 17 août suivant.

[3] Béatrix, sœur germaine de Jean, comte de Montfort avait épousé Guy X dont elle eut Guy XI mort sans hoirs et Guy XII. — Jean IV et Guy XII étaient cousins-germains. Jeanne,

hommes, sous les ordres de leur petit-fils et fils André — un héros de treize ans, qui sera un jour le maréchal de Lohéac, — avaient contribué à la défaite d'un parti anglais à la Broussinière (26 septembre). Elles avaient refusé le serment au roi d'Angleterre; et déclarées rebelles elles avaient vu leurs seigneuries saisies[1].

Le 21 juin 1424, en représailles des conférences de Nantes et de la victoire de la Broussinière, Bedfort se fit attribuer, disons mieux, s'attribua le duché d'Anjou et le comté du Maine[2].

Le duc d'Anjou Louis III, alors en Italie, était fiancé à Isabelle, fille aînée de Jean V; et la sœur cadette d'Isabelle, Marguerite, était fiancée à Guy, héritier présomptif de la seigneurie de Laval qui comprenait tout le bas Maine. Yolande avait à défendre les domaines de son fils, et Jean V ne voyait pas sans colère saisir les biens de ses deux futurs gendres. Bedfort avait donc rapproché son douteux allié de la reine de Sicile, juste au moment où

veuve de du Guesclin, était par son mariage avec Guy XII tante à la mode de Bretagne de Jean V et de Richemont: et ils étaient avec Anne, sa fille, au degré de cousins issus de germains.

[1] Le 1ᵉʳ mars 1427 (1428 n. s.) Bedfort écrit que la seigneurie est saisie depuis longtemps par la rébellion des seigneurs et dames de Laval. » *Anne de Laval et Guy Turpin*, par l'abbé Ledru, p. 93, note 3.

[2] L'acte publié par M. Cosneau, p. 79, note 1... porte que c'est « sur la demande du duc de Bourgogne et du grand conseil... » que l'Anjou et le Maine sont donnés à Bedfort.

la reine avait besoin du duc de Bretagne pour l'exécution d'un grand projet !

..

Chose à peine croyable : La France envahie avait été sans connétable pendant près de six années ! Enfin, le 24 avril 1424, le roi nomma le comte de Buchan que nous avons vu traverser la Bretagne en février précédent avec une armée écossaise[1]. Moins de quatre mois plus tard (le 17 août 1424) le comte était tué à la funeste journée de Verneuil.

Or la reine de Sicile prétendait lui donner pour successeur Arthur de Richemont. Le roi agréa la proposition et aussitôt la reine écrivit à Jean V pour qu'il consentît à la nomination de son frère et qu'il l'envoyât saluer le roi. Le duc hésitait ; il redoutait pour son frère les amis de Penthièvre qui étaient à la cour. Il venait, après deux années, d'apprendre une étrange nouvelle. Depuis le pardon offert par lui aux Penthièvre et leur condamnation, Jean de Blois, seigneur de Laigle, frère cadet d'Olivier de Blois, était entré en Bretagne, au printemps de 1422, suivi d'une troupe armée, pour at-

---

[1] Le connétable Bernard d'Armagnac avait été massacré le 12 juin 1418, il ne fut remplacé que par le comte de Buchan. Car on ne peut compter comme connétable Charles Ier, duc de Lorraine, nommé irrégulièrement par Isabelle de Bavière et qui n'exerça pas ses fonctions. P. Anselme (*Hist. général.*) I, 334.

teindre le duc à Beauport. Il prétendait faire plus et mieux que son frère aîné : au lieu de l'emprisonner, il l'eût mis à mort[1]. Jean V n'avait échappé au danger que par un heureux hasard ; et il ne voulait pas y exposer son frère.

Pour déterminer le duc, le roi lui envoya une ambassade, dont le chef (le croira-t-on ?) était Louvet, président de Provence, le plus détesté par Jean V de tous les amis des Penthièvre. Lui-même avait sollicité cette mission pour essayer de faire sa paix avec le duc. Jean V lui ordonna de sortir du duché. Il fallut que la reine de Sicile et Tanneguy du Chastel vinssent en Bretagne pour rétablir les négociations. Le duc consulta les Etats. Ils furent d'avis que Richemont allât saluer le roi, si le duc de Bourgogne agréait cette démarche. Philippe irrité contre le duc de Glocester donna son adhésion ; mais, avant que Richemont se mit en route, les Etats d'accord avec le duc exigèrent des sûretés et des otages qui répondraient de lui : précautions inutiles, il faut le croire, mais très injurieuses et auxquelles Charles VII consentit[2].

[1] Lobineau place ce fait à *la fin de 1420.* L'itinéraire de Jean V ne permet pas d'admettre cette date : il faut dire avec M. de la Borderie *au carême de 1422.* Le duc ne fut informé de cette affaire sur laquelle «il nomme des commissaires » qu'en janvier 1424. — Beauport, abbaye près de Paimpol (arrondissement de Saint-Brieuc).

[2] Lobineau, *Hist.* p. 564. Dunois., gendre de Louvet, fut un des otages donnés au duc, et Chinon fut une des villes données en gage.

L'entrevue fut fixée à Angers où résidait la reine de Sicile, et le roi arrivant en cette ville fut reçu dans l'abbaye de Saint-Aubin[1].

Le 20 novembre 1424, Richemont passant la Maine entrait dans Angers par la voie qu'avaient suivie les légions romaines ; sa route était par les rues aujourd'hui rajeunies qui du pont montent au manoir des ducs d'Anjou (maintenant le palais épiscopal) et à l'abbaye de Saint-Aubin ; et les bourgeois virent passer le cadet de Bretagne suivi de deux cents hommes au nombre desquels sept bannerets, entr'autres le maréchal et l'amiral de Bretagne, onze chevaliers et près de cent quatre-vingts écuyers[2].

Le roi reçut Richemont dans le jardin de l'abbaye, lui fit bon accueil, écouta ses excuses en ce qui touchait ses complaisances pour le roi Henri V, et lui offrit la charge de connétable. Après quelques objections cérémonieuses, Richemont accepta ; mais à une condition : c'est que sa nomination fût agréée par les ducs de Bourgogne et de Savoie. Le roi n'eut garde de rejeter cette condition.

[1] Une partie de l'enclos et des anciens édifices est aujourd'hui l'hôtel de la Préfecture. Visitez l'ancien cloître, vous admirerez les fines sculptures débarrassées d'un grossier plâtras ; et vous saurez de quoi le *vandalisme* est capable.

[2] La voie romaine venant d'Armorique passait la Maine au pont du Centre actuel, et traversait le site d'Angers par la place qu'occupent les rues *Bourgeoise*, *Montée Saint-Maurice*, *l'Aiguille*, *Saint-Julien*, *Hanneloup*... pour aller vers la Loire aux Ponts de Cé.

Deux jours après, Charles VII partait, enlevé par son entourage qui déjà redoutait l'influence du futur connétable. Richemont allait aussitôt rejoindre M⁻⁻ de Guyenne en Bourgogne pour la conduire au mariage de son frère Philippe avec Bonne d'Artois (30 novembre). Celle-ci était sœur du comte d'Eu, le compagnon de captivité de Richemont. Lui-même avait négocié ce mariage qui plaçait auprès du duc une femme toute dévouée au roi, mais qui allait trop tôt mourir.

Philippe donna son adhésion à Richemont, et l'emmena à une conférence convoquée à Mâcon par le duc de Savoie. Là étaient les ambassadeurs de Charles VII, et les envoyés de Jean V. Amédée donna son agrément à Richemont. Mais les envoyés du roi auxquels se joignait Richemont ne purent obtenir de Philippe que cette réponse : « Pas de réconciliation tant que les meurtriers de mon père seront auprès du roi ! » (5 décembre).

Pourtant Richemont ne se décourageant pas obtint une seconde conférence à Montluel en Bresse : il y emmena les envoyés du roi et du duc de Bourgogne; mais, quelques instances qu'il fît, la paix avec la Bourgogne ne fut pas signée (janvier 1425).

Vers la fin de février, Richemont est de retour auprès du roi à Chinon. Il rapporte l'agrément des ducs de Savoie et de Bourgogne; et rien, pense-t-il, ne s'oppose plus à sa nomination. Il a compté sans l'obstination des favoris et sans la faiblesse du roi.

Il faut que Richemont signe cet engagement : « Il aimera et soutiendra les serviteurs du Roy, assavoir messire Tanneguy du Chastel, Louvet le président de Provence, le sire de Giac, Guillaume d'Avaugour et Pierre Frotier[1], et ne fera... fera faire ou consentira chose au dommage de leurs personnes, de leurs biens et estats (situations, charges);.. il ne consentira pas à leur éloignement et au despointement de leurs estats, pour quelque paix, traitée ou à traiter. »

Cette dernière promesse a rapport aux négociations suivies actuellement avec les ducs de Bourgogne et de Bretagne.

Et Richemont, principal négociateur de la paix entre le roi, les ducs de Savoie, de Bretagne et de Bourgogne, signe cet engagement, quand il sait que l'éloignement de ces conseillers du roi semble nécessaire à la reine de Sicile, est voulu par le duc de Savoie, réclamé par Jean V aux termes du traité de Sablé, exigé par Philippe le Bon comme condition de sa paix avec le roi ! Et cet engagement, Richemont, breton, chevalier et chrétien le garantit par ce serment :

« (Il) jure et promet au roy sur les saints évangiles de Dieu, par le baptesme qu'il ap-

---

[1] M. Cosneau. *Appendice*. XX, p. 503-504. Les conseillers sont es mêmes qu'en 1420, (ci-dessus, p. 29) plus le sire de Giac. —

porta des saints fonts, par sa part de paradis et sur son honneur ».

On a dit : « Quand il prenait ces engagements si solennels, Richemont savait bien qu'il ne les tiendrait pas.... Si légitime que fût son ambition (de réconcilier le duc de Bourgogne pour sauver la France) il est regrettable qu'il n'ait pu satisfaire cette ambition qu'aux dépens de sa loyauté[1] ».

Et l'auteur que je cite voit dans ce serment « une transaction des moins honorables... un marché humiliant ».

Nous sommes plus sévère et nous oserons dire : Richemont était très décidé à ne pas tenir ce serment dont l'exécution eût rendu la paix impossible. Dans cet engagement il y a bien plus qu'une transaction fâcheuse, qu'un marché honteux : il y a un faux serment prémédité ; un crime que n'innocentera pas le but à atteindre ! ....Mais Richemont est-il coupable de ce crime ?

— Eh non ! Cet acte d'engagement n'est pas le seul.

Lisez tout entier l'acte signé de Richemont[2] : à la suite de la phrase qui précède, vous trouverez ces mots :

« Et pareillement (les conseillers du roi nommés plus haut) feront serment de vouloir le bien du duc de Bretagne et de le pourchasser (pour-

---

[1] M. Cosneau, p. 90.
[2] M. Cosneau. *Appendice* XX, p. 502-504.

suivre) à leur pouvoir, comme ils feraient le bien du roi; et, avec ce, le bien du comte de Richemont, ainsi qu'il leur promet. » Nous n'avons pas l'acte de ce second serment ; mais il a dû être passé.

Soumettez ces deux actes à un jurisconsulte, il dira : « Voilà deux parties qui s'engagent : leurs obligations sont réciproques : l'obligation d'une des parties est la *cause* de l'obligation de l'autre ; donc, si une des parties manque à son obligation, l'obligation de l'autre devient sans *cause*, c'est-à-dire nulle ».

Il y a plus. Le roi lui-même « promit et jura à Richemont d'envoyer hors du royaume (pas seulement de la cour) tous ceux qui avaient été causes de la mort du duc de Bourgogne et consentans de la prise du duc de Bretagne[1]. »

Mais Richemont a promis de *soutenir* les conseillers du roi. Si le roi les chasse, devra-t-il, pour tenir son serment, se rendre rebelle au roi en les défendant? Assurément ce n'est pas ainsi que le roi entend le serment de Richemont. Donc le roi, s'il tient son serment (et Richemont doit y compter) rendra *illusoire* le serment de Richemont.

Dans la pensée du roi, comme dans celle de

---

[1] Gruel, p. 191. — M. Cosneau ne semble pas convaincu de la promesse du roi, qu'il cite seulement en note (p. 89 note 2). — Lobineau ne parle pas de la promesse de Richemont qu'il n'aura pas sue. Il admet (*Hist.* p. 565) sans hésitation la promesse du roi, qui nous semble très vraisemblable.

Richemont, le serment prêté par celui-ci n'est donc qu'une satisfaction arrachée par ses conseillers à la faiblesse du roi, une feinte, une comédie.

Se prêter à cette comédie c'était une faute sans doute; mais qui à cette époque devait sembler moins coupable qu'elle n'est à nos yeux ; et quelle distance entre cette irrévérence envers le serment et le faux serment prémédité !

Après tous ces engagements, le 7 mars 1425, dans la plaine de Chinon, Richemont ceignit enfin l'épée de connétable, que deux Bretons ont déjà glorieusement tenue, et qui dans sa main sera plus utile à la France qu'elle ne fut jamais.

***

Voilà donc, grâce à la reine de Sicile, Richemont investi de la plus haute autorité. Il est le second personnage de France, le premier après le roi ! A l'armée, même quand le roi s'y trouve, le connétable a le commandement : c'est lui qui « ordonne les chevauchées et batailles » c'est-à-dire les mouvements et les dispositions. Rien ne se décide sans son avis.

Richemont est dans sa trente-deuxième année: c'est l'âge qui unit l'activité de la jeunesse à la sagesse de la maturité. Heureuses années qui passent trop vite ! Heureux ceux qui peuvent en user pour accomplir la tâche qu'ils ont embrassée !

Richemont aura-t-il ce bonheur ? Oui, si le roi tient sa parole, s'il chasse ses favoris ! Le duc de Bretagne lui sera fidèle, le duc de Bourgogne, qui est de la maison de France, redeviendra français. Or les deux ducs ne sont pas des « petits compagnons. » Dans la campagne d'Azincourt, Jean V a levé une armée de plus de 10,000 hommes; Philippe de Bourgogne peut en assembler encore plus. En même temps que duc et comte de Bourgogne, il est comte des Flandres, d'Artois, de Réthel, de Nevers[1]; ses États confinent à la France royale depuis les bords du Rhône et de la Haute-Loire jusqu'à l'embouchure de la Somme.

Un roi dans la situation de Charles VII ne peut avoir un si puissant vassal pour adversaire, ni même le voir neutre : de toute nécessité il le lui faut pour allié.

---

[1] *La* comté de Bourgogne, dite depuis Franche-Comté, était distincte du duché faisant la Bourgogne proprement dite. *La* comté de Bourgogne, les Flandres et Nevers avaient été réunis au duché entre les mains de Philippe le Hardi et de Marguerite, fille et unique héritière de Louis de Mâle (1384), grand'mère de Philippe le Bon.

CHAPITRE IV

DÉBUTS DU CONNÉTABLE.

(1425-1427.)

Sans perdre un jour, le connétable se mit à l'œuvre. L'armée royale a été réduite de 7.000 hommes à la journée de Verneuil. Ce qui en reste est composé de divers éléments qui n'inspirent pas une égale confiance, notamment des « routiers » avides de pillage et impatients de toute discipline. Il faut donc recruter et réorganiser l'armée. Richemont part en hâte pour recruter en Bretagne. Avant de partir, il a ordonné un rassemblement général de toutes les troupes à Selles en Berry. A son retour, il ira les passer en revue ; il licenciera les hommes sur lesquels il ne peut compter et mènera les autres à l'ennemi.

L'occasion est favorable : en ce moment même, Philippe le Bon appelait le duc de Glocester en duel (3 mars) ; la guerre commençait entre eux dans le Hainaut[1] ; et Bedfort s'occupant de les pacifier suspendait tout mouvement en avant.

Richemont a obtenu du roi commission d'entretenir à sa solde 2.000 hommes d'armes et

---

[1] Ci-dessus, p. 39.

1.000 de trait[1] ; et cette troupe qu'il aura constamment sous la main et qui formera le noyau de la nouvelle armée, il va la composer de Bretons. Le connétable traverse la Bretagne comme en triomphe, et commence ses enrôlements.

Mais ses levées d'hommes sont si nombreuses que le duc craint « d'affaiblir le pays »; et, pour en assurer la défense, il crée les milices paroissiales, nommées plus tard les *Bons-corps*, dont le dévoûment à notre dernier duc sauvegardera quelques années de plus l'indépendance de la Bretagne[2].

Pendant que ses officiers enrôlent, Richemont rapproche encore son frère du duc de Bourgogne ; et un nouveau traité d'alliance est signé le 25 mars[3]. Le duc de Bretagne s'engage « à défendre les terres et seigneuries de son très cher et aimé frère[4] », au moment où le duc de Glocester envahit le Hainaut.

Tout marchait à souhait quand Richemont reçoit de fâcheuses nouvelles.

* * *

A peine avait-il quitté la cour que les ennemis de Bourgogne sont redevenus les maîtres. Les

[1] Morice, *Pr.* II, 1164-66.
[2] *Appendice*, n° 21.
[3] Morice, *Pr.* II, 1168-69.
[4] Ils étaient frères en tant qu'époux des deux sœurs Jeanne et Michelle de France.

officiers du roi favorables à la réconciliation avec le duc Philippe, comme le comte de Pardiac, l'ami de Richemont, étaient écartés. L'évêque de Clermont, chancelier, était remplacé. Frottier devenait sénéchal de Poitou et capitaine de Poitiers.

Le devoir de sa charge rappelait le connétable auprès du roi. Ces nouvelles hâtèrent son départ ; il se mit en route suivi de ses Bretons. En arrivant, il apprend que Louvet l'accuse d'être le principal obstacle à la paix ; il ose appeler à lui « les routiers » que menacent les mesures projetées ; il excite le roi à marcher avec eux contre le connétable ; et il médite de le faire assassiner.

Voilà comment Louvet tient son serment ! Le connétable n'est-il pas délié de son serment de « défendre Louvet », quand celui l'a mis en état de légitime défense contre lui-même ?

En approchant de Bourges, le connétable apprend que le roi en est parti ; il entre en ville acclamé par les bourgeois qui prennent parti contre Louvet. Les villes du voisinage se déclarent aussi pour le connétable qui voit venir à lui la noblesse de Berry, Poitou, Auvergne, et les Bretons aux ordres de son frère Richard, l'ami du roi, et de son beau-frère le comte de Porhoët. Jean V lui-même annonce son arrivée avec une nouvelle troupe. Le duc, le connétable, la reine de Sicile écrivent aux « bonnes villes » pour leur expliquer qu'il s'agit « de chasser le président de Provence de la compagnie du roi, » afin d'assurer la paix.

C'est alors que, toujours dévoué au roi, Tanneguy du Chastel s'entend avec la reine de Sicile et le connétable ; et, tout en protestant de son innocence du meurtre de Jean-sans-Peur, il s'éloigne de la cour ; il entraîne Frottier et d'Avaugour. Enfin se voyant abandonné de tous, le président de Provence se retire dans le Dauphiné (juin 1425). Le sire de Giac, qui n'était pas à Montereau et que Richemont ne compte pas parmi les amis des Penthièvre, reste à la cour. Il va sans tarder prendre auprès du roi la place que tenait du Chastel ; mais son influence s'exercera en un autre sens.

Quelques jours après, le roi revenait à Bourges, reniait ses anciens conseillers et déclarait qu'il suivrait désormais les conseils du connétable et de Jean V. Cette déclaration dictée sans doute par la reine de Sicile et le connétable anima le roi d'un vif ressentiment contre celui-ci. Le roi partit sans l'emmener ; mais la reine de Sicile apaisa Charles VII ; et Richemont reçu par lui à Poitiers put faire rendre l'office de chancelier à l'évêque de Clermont, en même temps qu'il faisait nommer chambellan son beau-frère comte de Porhoët.

*
* *

Pendant ces divisions intestines qui durèrent trois longs mois, les Anglais avaient mis le temps à profit. Ils avaient envahi le Maine dont Bebfort venait de prendre le titre ; ils avaient emporté les places autour du Mans ; et ils assiégeaient cette ville.

Jean V avança l'argent dont on manquait, et son frère Richard amena des troupes Bretonnes au connétable ; mais il était trop tard : le Mans avait capitulé le 10 juillet ; et, libres de ce côté, les Anglais s'emparaient des places du Bas-Maine ; de là ils surveillaient et ils menaçaient la Bretagne et l'Anjou.

Richemont et la reine de Sicile saisirent cette occasion de supplier Jean V de revenir au roi. Charles VII lui-même appelait son beau-frère en lui envoyant dire que les amis des Penthièvre n'étaient plus à la cour. La reine de Sicile représentait au duc que les domaines de ses futurs gendres, Louis d'Anjou et le sire de Laval, étaient envahis... n'allait-il pas les défendre ? La présence à l'armée royale de ses frères et de tant de Bretons le compromettait aux yeux des Anglais... maîtres du Bas-Maine ne seraient-ils pas tentés d'entrer en Bretagne ?

Le duc très perplexe — et il avait de quoi — consulta les Etats assemblés à Nantes : il furent d'avis que le duc allât faire hommage au roi[1]. Jean V partit et joignit le roi à Saumur. Là étaient la reine de Sicile, Mᵐᵉ de Guyenne,

---

[1] Lobineau. *Hist.*, p. 566. — Si les Etats n'admettaient pas l'*alliance* avec le roi, le duc allait dépasser leur pensée.

nombre de princes du sang et de grands seigneurs.

C'est devant eux et avec eux que le roi s'engagea à soutenir le duc de Bretagne contre les Anglais et ses ennemis de Penthièvre, et à laisser au duc le gouvernement financier des provinces de Languedoïl. De son côté, le duc s'engageait à « aider le roi à chasser l'Anglais du royaume, et à servir d'intermédiaire pour la paix entre le roi et Bedfort ». Ces conventions arrêtées, le duc rendit hommage, biffant ainsi sa signature au pied du traité de Troyes. Le traité de Saumur fut donc une alliance au moins défensive (7 octobre 1425.)[1]

Un peu après, Bedfort parvenait à négocier une trêve entre son frère Glocester et son beau-frère de Bourgogne, flattait l'orgueil de celui-ci et se l'attachait plus étroitement.

Cependant Richemont, la reine de Sicile, Jean V envoyaient ambassade sur ambassade au duc de Bourgogne : ils lui annonçaient le départ des conseillers du roi, le traité de Saumur, le désir du roi de se réconcilier avec lui.[2] Le duc ne voulut pas s'engager, et il fallut se con-

---

[1] Morice, *Pr.* II, 1180-1183.

[2] Morice, *Pr.* II, 995. — Cette pièce non datée n'est pas à sa place : elle aurait dû être placée entre le traité de Saumur (1180-1183). — et le *mémoire* envoyé par un hérault au duc de Bourgogne daté du 25 décembre 1425. (1183-1186.)

[3] *Appendice*, n° 22.

tenter de prolongations de trêve entre la France et la Bourgogne.

Vers le même temps, le duc envoyait au régent des propositions de paix au nom de Charles VII; mais, d'après le régent, la première des conditions devait être la reconnaissance de Henri VI comme roi de France ! L'accueil fait à ses envoyés effraya le duc : il craignit une invasion anglaise; et il suppliait son allié Philippe de « signifier au régent qu'il défendrait son allié le duc de Bretagne[1]. » — Mais c'était trop demander.

⁂

La reine de Sicile conseillait de commencer la guerre ; elle rappelait son fils d'Italie et rassemblait des troupes. Le connétable était impatient d'entrer en campagne. Il avait résolu de passer en Normandie. Il se flattait qu'une victoire soulèverait cette province encore mal soumise.

Dès la fin de 1425, Olivier de Mauny, qui, en 1420, avait été emprisonné avec Jean V, était entré en Normandie avec le sire de Coëtquen; mais ils se heurtèrent à un poste mieux défendu qu'ils n'avaient compté, ils furent défaits et Mauny fut fait prisonnier[2].

En représailles, le duc de Suffolk entra en Bre-

[1] Morice, *Pr.* II, 1183-1186.
[2] *Appendice*, n° 23.

tagne avec 1200 hommes. Il connaissait la Bretagne pour y avoir séjourné avec Richemont prisonnier. Comme pour défier Jean V, il s'avança en ravageant jusqu'aux portes de Rennes, se retira chargé de butin, prit en passant Pontorson, et rentrant en Normandie répara les fortifications de Saint-James-de-Beuvron où il mit garnison.

A ces nouvelles, le connétable accourut. Il donna rendez vous à l'armée bretonne à Antrain où le rejoignirent nombre de chevaliers français. L'armée reprit Pontorson et se hâta d'aller assiéger Saint-James.

Le temps était précieux. Les Anglais attachaient une grande importance à cette place bien fortifiée qui leur ouvrait une porte sur la Bretagne. Or Suffolk se tenant à Avranches, à quatre lieues seulement, pouvait survenir ; même Salisbury, qui assiégeait la Ferté-Bernard, dans le Haut-Maine, se disposait à rejoindre Suffolk. Un autre motif d'agir avec célérité c'est que l'argent de la solde n'arrivait pas, et les troupes se débandaient. Le connétable résolut de brusquer l'affaire.

Après une semaine, deux brèches furent reconnues praticables ; l'assaut présentait quelque chance fâcheuse avec des troupes peu aguerries ; il fut pourtant résolu. Une double attaque était vivement menée d'un côté par les Bretons, de l'autre par les Français sous les ordres du connétable. Tout à coup du haut des murailles les assiégés voient venir à eux du côté d'Avranches une troupe armée : il la prennent pour le secours qu'ils attendaient et se mettent à crier : « Suffolk ! Salisbury ! » Troublés par ces cris, se croyant attaqués par derrière, les Bretons poussant les mêmes cris abandonnent le fossé pour regagner leur camp. Profitant du désordre les assiégés sortent, les criblent de coups et les poussent dans un étang où un grand nombre périt. L'assaut des Français continuait ; mais averti de ce qui se passait le connétable dut battre en retraite et rentrer au camp. Or la troupe que les assiégés avaient prise pour un secours leur venant d'Avranches était « une grande compagnie de gendarmes bretons » que le connétable avait envoyée surveiller la route d'Avranches et qui revenait n'ayant pas rencontré d'ennemis !

Pendant la nuit, nouvelle panique : le feu est mis aux baraquements ; Richemont et son frère Richard montent à cheval ; ils essaient, mais inutilement, de rallier les troupes et de sauver au moins l'artillerie. Entraîné dans la déroute, le connétable poussé à bas de son cheval court risque d'être foulé aux pieds. Il ne peut rallier les fuyards qu'à Antrain.

L'artillerie, les bagages, quatorze étendards, une bannière restaient aux mains des Anglais. Le début du connétable était un désastre (6 mars 1426).

On accusait hautement le chancelier de Bretagne, Jean de Malestroit, évêque de Nantes, d'avoir retardé l'envoi de la solde et par là causé la défection. Le connétable voyait en lui un traître. Retournant à la cour il saisit le chancelier à Nantes et l'emmena à Chinon où le roi le fit emprisonner. Mais il fut bientôt relâché. S'était-il disculpé ? Dut-il sa liberté à l'influence de sa puissante famille ? Fut-elle le prix de la promesse qu'il avait faite de ramener Philippe de Bourgogne au roi ? En ce cas, le chancelier avait trop présumé de lui-même : peu après, le duc de Bretagne l'envoya à son allié Philippe ; et il revint sans avoir rien obtenu.

Deux jours après la levée du siège, Suffolk arrivait devant Saint-James, entrait en Bretagne et s'avançait jusqu'à Dol où il prétendait s'établir. Le duc se vit contraint de demander une trêve de trois mois qu'il paya comptant 4500 livres plus de 200,000 francs de notre monnaie. En juin, à l'expiration de la trêve, Suffolk passera de nouveau le Couësnon pour faire une autre course en Bretagne[1].

Il importait d'opposer une place à Saint-James. C'est pourquoi le connétable et le duc profitèrent de la trêve pour faire fortifier Pontorson. Vers le mois de septembre, les travaux étaient suffisamment avancés ; Richemont remit Pontorson au sire de Rostrenen qui allait devenir son lieutenant ; et il retourna auprès du roi.

[1] Lobineau, *Hist.*, p. 568.

∴

Pendant ce temps, le connétable avait continué ses négociations avec son beau-frère de Bourgogne ; mais par malheur il avait à lutter contre le mauvais vouloir du sire de Giac. On accusait le favori de s'opposer à la réconciliation du roi et du duc Philippe ; et en même temps de détourner à son profit une partie des sommes souvent insuffisantes destinées à la guerre. Richemont résolut de mettre un terme à ces manœuvres.

En janvier 1427, à Isoudun, le connétable fit arrêter Giac par plusieurs officiers au nombre desquels Georges de la Trémoille, et fit commencer l'instruction de son procès. L'accusé avoua tous les faits qui lui étaient imputés et il donna la preuve de ses exactions, en offrant pour prix de sa mise en liberté 100,000 écus comptant, plus de quatre millions de notre monnaie. Condamné à mort, il fut jeté à la rivière (février 1427.)

Le roi s'indigna avec trop de raison de cette arrestation violente faite sans son consentement et de cette justice expéditive ; mais la reine de Sicile parvint à l'apaiser ; et peu de temps après, Camus de Beaulieu, simple écuyer commandant une compagnie des gardes du corps, avait remplacé le sire de Giac dans la faveur royale.

A ce moment le connétable fut tout à coup rappelé en Bretagne.

.˙.

Bedfort avait rétabli la paix entre Glocester et le duc de Bourgogne ; il rentrait en France avec de nouvelles forces ; et il allait reprendre la guerre en ordonnant le siège de Pontorson.

Peu auparavant, comme il repoussait victorieusement une attaque des Anglais d'Avranches, Rostrenen emporté par son ardeur jusqu'aux portes de la place avait été fait prisonnier ; Richemont le remplaça par Bertrand de Dinan, sire de Châteaubriant, que vinrent rejoindre ses frères et d'autres chevaliers. Jean V eut la pensée de rendre Pontorson ; mais le capitaine déclara qu'ayant reçu la place du connétable, il la garderait pour lui. Il permit à une compagnie écossaise de quitter la garnison et les Bretons restèrent seuls.

Revenu en hâte, Richemont obtint du duc la convocation du ban et de l'arrière-ban à Dinan ; mais, pour la première fois rebelle aux conseils et sourd aux prières de son frère, Jean V refusa d'aller plus loin. A l'entendre, « Pontorson ne valait pas qu'il aventurât sa noblesse.[1] » Mauvaise raison que la noblesse bretonne n'admettait pas. Le connétable pouvait compter sur

[1] Le duc avait une autre raison qu'il n'osait dire mais que nous dirons plus loin.

elle ; il avait rassemblé quelques troupes en Anjou ; pourtant il se retira : il craignit, on peut le croire, de mécontenter son frère et d'attirer une armée anglaise sur la Bretagne. Laissés sans secours et vaincus par la famine les défenseurs de Pontorson capitulèrent (8 mai 1427).

C'était un second échec pour le connétable.

.·.

Cependant Camus de Beaulieu « faisait encore pis que Giac.[1] » Fier de son titre nouveau de premier écuyer, il écartait du roi tous ceux dont il redoutait l'influence. Le connétable, la reine de Sicile, le maréchal de Boussac étaient peu disposés à supporter cette situation. Le maréchal résolut de la faire cesser. Un jour de juin 1427, le favori se promenait dans la prairie au pied du château de Chinon, des hommes armés se jetèrent sur lui et le tuèrent à coups d'épée. D'une fenêtre du château le roi avait été témoin de cet assassinat. Les recherches qu'il ordonna aussitôt demeurèrent sans résultat.

Les chroniqueurs du temps attribuent ce crime surtout à Boussac : ils le mentionnent du reste comme le fait le plus simple, sans l'expression d'un blâme. Au XVe siècle, le meurtre n'inspirait pas la réprobation qu'il soulève aujourd'hui : mais ici il semble que les chroniqueurs prennent parti contre le mort.

[1] Gruel, p. 191.

Ce fut alors que Richemont recommanda au roi Georges de la Trémoille. Charles VII le repoussait. Mais le connétable, d'accord sans doute avec la reine de Sicile, insista vivement. La Trémoille leur paraissait utile aux négociations avec le duc de Bourgogne : Jean son frère, était premier maître d'hôtel de Philippe : une fois déjà, Richemont avait envoyé la Trémoille en Bourgogne et il en avait été satisfait : « C'était, disait-il, un homme puissant, et qui rendrait de bons services. » Le roi finit par se rendre en disant au connétable : « Beau cousin, vous me le baillez ; mais je le connais mieux que vous ; vous vous en repentirez[1]. » Prophétiques paroles dont la faiblesse du roi allait pour le malheur de la France assurer la réalisation !

Cela se passait aux derniers jours de juin ou aux premiers de juillet ; et, dans ce même mois, le roi enlevait le gouvernement du Berry à son connétable, pour le donner à la Trémoille. C'était une déclaration de guerre. Dès ce moment la cour se partagea entre les deux. Le favori rallia les intrigants les ambitieux convoitant les faveurs royales dont il était le dispensateur ; le connétable eut pour lui sa fidèle alliée la reine de Sicile et des grands seigneurs comme les comtes de Clermont, de la Marche, d'Armagnac et son ami le comte de Pardiac... Mais,

---

[1] Gruel, p. 194.

pendant qu'avec leur aide il se préparait à lutter contre la Trémoille, le devoir de sa charge l'appela ailleurs.

Montargis faisait partie du douaire de Mme de Guyenne. Cette place coupait les communications des Anglais de Paris avec la Loire, et de ce côté couvrait Orléans. Prévoyant le mouvement de l'ennemi vers Orléans le connétable avait, dès 1425, fortifié Montargis[1].

Au mois de juillet 1427, ses prévisions se réalisèrent : le siège mis devant Montargis fut poussé avec vigueur, et déjà la garnison et les habitants étaient presque réduits à la famine. Le connétable rassemble quelques compagnies avec Dunois, Xaintrailles, Lahire. Mais les hommes qui ne sont pas payés refusent de marcher. Il engage à un banquier de Bourges une couronne enrichie de pierreries évaluée 10,000 (écus plus de 400,000 fr. de notre monnaie.) Il achète ainsi l'obéissance ; en même temps il se pourvoit de vivres, qu'il veut lui-même faire entrer en ville. Mais les capitaines et les seigneurs qui l'entourent s'écrient que « ce n'est pas le fait d'un homme de si grande maison et connétable d'aller avitailler une place[2]. » Il cède à ces observations et charge Dunois et Lahire d'accomplir la besogne. Ceux-ci outrepassent leurs instructions et font bien mieux que ravitailler

---

[1] Morice, *Pr.* II, 1183. Lettre de Jean de Tournemine, capitaine de Montargis, 25 octobre 1425.

[2] Gruel, p. 195.

Montargis. Ils surprennent les assiégeants ; avec l'aide de la garnison et des habitants, ils les mettent en pleine déroute ; et les Anglais battent en retraite abandonnant approvisionnements, bagages et artillerie (5 septembre 1427.)

Ce succès inattendu était la première victoire remportée depuis le début du règne.

Dans cette heureuse semaine des places étaient reprises dans l'Orléanais et le Haut Maine ; un parti anglais était battu dans le Bas-Maine ; et, le 9 septembre, l'héroïque capitaine du Mont-Saint-Michel, Louis d'Estouteville, dans une sortie victorieuse, tuait deux mille hommes aux assiégeants.

Richemont se réjouissait du succès de tant d'efforts, lorsqu'il fut atterré des nouvelles venues de Bretagne.

.•.

Depuis plusieurs mois, Jean V négociait avec Bedfort ; et c'est sans doute cette raison qui l'empêcha de défendre Pontorson[1]. Il avait plus d'un motif de tenter un rapprochement. Il savait qu'Olivier de Blois et son frère, Jean, seigneur de Laigle, étaient allés voir le régent en Angleterre.[2] Il se demandait non sans inquiétude si le régent n'allait pas soutenir leurs prétentions anciennes et exciter ainsi une guerre dans le

---

[1] Ci-dessus, p. 66.
[2] V. sauf-conduit. Morice, *Pr.* II, 1136.

duché. Il redoutait l'invasion en même temps par la Normandie, par le Maine et même par la mer. Une flotte anglaise ne s'était-elle pas tenue devant Brest au mois d'août[1] ? Après de longues hésitations, craignant une déclaration de guerre[2], Jean V avait pris son parti : il avait offert à Bedfort de signer de nouveau le traité de Troyes (3 juillet). Bedfort avait accepté ces ouvertures ; mais il ne se contentait pas, comme en 1422, de l'adhésion du duc tout seul : il exigeait l'adhésion des États de Bretagne

Les États furent convoqués à Nantes ; ils auraient, comme en 1422, repoussé une alliance offensive et défensive avec l'Angleterre ; ils se résignèrent à une simple adhésion, (c'était déjà trop) au traité de Troyes (8 septembre[3].) Il est permis de croire que le duc pesa sur leur décision ; les jours suivants, le vicomte de Rohan et son fils le comte de Porhoët, beau-frère de Richemont et chambellan de Charles VII[4], protestèrent contre leurs propres signatures ; et le vaillant évêque de Saint-Malo, Guillaume de Monfort, désavoua l'adhésion donnée par son mandataire[5]. Les dames de Laval et leurs fils et petits-fils, sous la main des Anglais qui envahis-

[1] Lobineau, *Hist.*, p. 572.
[2] Morice, *Pr.* II, 1196. Déclaration de guerre... (au moins projetée). et ordre de la publier.
[3] Procès-verbal des États. Morice. *Pr.* II, 1200-?.
[4] *Appendice*, n° 24.
[5] Ci-dessus, p. 13, et *Appendice*, n° 20.

saient leurs domaines, eurent l'honneur de repousser ces compromissions ; et leur cousin Gilles, seigneur de Retz, fit de même[1].

Du reste Jean V ne s'engageait pas à soutenir l'Angleterre contre la France ; il promettait seulement de garder la neutralité, sans interdire à ses sujets de guerroyer hors de Bretagne ; et plusieurs membres des Etats allèrent continuer la lutte en France[2]. Singulière situation !

A ce moment même, et comme pour justifier le duc de Bretagne, la Trémoille appelait à la cour Jean de Blois qui avait autrefois tenté d'assassiner Jean V, et il allait le faire entrer dans le conseil du roi[3] ! Quelle plus sanglante injure pouvait il faire au duc et au connétable ?

A la fin de septembre, le connétable vint dans le Bas-Maine pour en chasser un corps anglais aux ordres de Bedfort lui-même qui avait pris quelques places des dames de Laval et menaçait Laval. A son approche l'armée anglaise abandonnant le siège de la Gravelle rentra en Normandie.

Dès les premiers jours d'août, le connétable avait fait alliance avec le comte de Clermont : chacun promettant « de garder, soutenir et

---

[1] Lettre de Charles VII, 2 juin 1428. M. Cosneau. *Appendice*, L. p. 531.

[2] M. de la Borderie, *La Bretagne aux derniers siècles du Moyen-âge*, p. 117.

[3] Ci-dessus, p. 17. — Jean de Blois siège au conseil, le 2 décembre 1427. M. Cosneau, p. 154, note 5.

défendre la personne, le bien et l'honneur de l'autre[1]. » Comme il revenait vers le roi, le connétable apprit à Loudun que les comtes de Clermont et de la Marche lui donnaient rendez-vous à Châtellerault. Mais la Trémoille a su ce rendez-vous, et soupçonnant quelque projet d'entente contre lui, il obtient du roi l'ordre aux capitaines de places de fermer leurs portes devant le connétable et ses amis. Le connétable n'en veut rien croire et suit sa route; mais arrivant devant Châtellerault, il lui faut bien se rendre à l'évidence : il trouve les portes closes.

Le lendemain, lui-même, Clermont et la Marche réunis virent venir à eux le maréchal de Boussac. Des envoyés de la Trémoille vinrent leur représenter le danger qu'ils faisaient courir à l'État; eux-mêmes, ne pouvant approcher le roi, lui envoyèrent des députés qui ne purent parvenir jusqu'à lui. On ne pouvait s'entendre : c'était la guerre... Mais le connétable ne pouvait combattre la Trémoille sans paraître rebelle au roi : il prit son parti, laissant sa femme à Chinon, il alla s'enfermer à Parthenay.

Nous l'avons vu, cette seigneurie confisquée autrefois sur Jean Larchevêque, avait été donnée à Richemont; mais il n'avait pu s'en mettre en possession et avait dû l'abandonner[2]. Or, par lettres du 24 octobre 1425, Jean Larchevêque la

---

[1] V. Cette alliance, Morice, *Pr.* II, 1199. Sur les comtes de Clermont, de la Marche et de Pardiac. *Appendice*, n° 25.
[2] Ci-dessus, p. 20.

lui avait léguée ; et avant de mourir, au commencement de 1427, assemblant ses vassaux et ses capitaines, il leur avait fait jurer fidélité et obéissance à Richemont.

Ils allaient tenir leur parole au disgracié qui va faire à Parthenay une trop longue résidence.

CHAPITRE V

Exil. - Bataille de Patay. — Nouvel exil.

(1427-1433).

La retraite du connétable à Parthenay n'interrompit ni ses négociations avec les ducs de Bourgogne et de Savoie, ni les persécutions de la Trémoille. Ainsi, pendant que Richemont obtenait une nouvelle trêve entre la France et la Bourgogne, la Trémoille le faisait harceler dans Parthenay par ses amis et ses vassaux du Poitou, surtout par Jean de Blois, seigneur de Laigle.

Irrité de la venue à la cour de Jean de Blois qu'il nommait « son mortel ennemi », Jean V envoya son frère Richard à Richemont. Richard se ligua avec la reine de Sicile, les comtes de la Marche, de Clermont et de Pardiac qui rassemblaient des troupes ; et il détermina Jean V à envoyer des secours ; mais, pour ne pas mécontenter Bedfort, le duc eut bien soin de stipuler que ses hommes ne combattraient que contre « le seigneur de Laigle et ses adhérents. » Les seigneurs ligués pouvaient sans peine admettre cette condition : la Trémoille n'était-il pas « adhérent » de Jean de Blois ?

Mais le connétable était résolu à se tenir sur la défensive. Ne pouvant avoir accès auprès du roi, il essaya avec ses amis de faire un appel aux « bonnes villes » comme en 1425, lors de la lutte contre Louvet. Mais cette fois les villes ne se prononcèrent pas ou répondirent qu'elles n'obéiraient qu'aux ordres du roi. La reine de Sicile jugea prudent d'attendre un temps plus favorable ; les alliés se séparèrent et Richemont rentra à Parthenay.

Disposant des libéralités royales, la Trémoille sut se concilier des auxiliaires puissants au nombre desquels le neveu chéri de Richemont, le duc d'Alençon, auquel il fallait tant d'argent pour payer sa rançon[1]. La Trémoille représentait le connétable comme rebelle au roi ; mais, pour prouver l'accusation, il fallait le déterminer à prendre les armes : la Trémoille va s'employer à cette œuvre néfaste.

Nous avons vu que partant pour Parthenay Richemont avait laissé Mme de Guyenne à Chinon. Des officiers royaux se saisirent de la ville (12 mars 1428 ;) Mme de Guyenne fut arrêté dans sa maison ; et le roi prétendit ne lui rendre la liberté qu'à la condition qu'elle ne rejoignît pas son mari. Il finit pourtant par la laisser aller. Comme en réponse à cette nouvelle injure, Richemont en ce moment même obtenait de Philippe le Bon ce que la Trémoille n'aurait

---

[1] *Appendice*, n° 26.

pas obtenu : une prolongation de trêve jusqu'au 1er novembre 1431.

C'est alors que Richemont et ses alliés demandèrent et finirent par obtenir du roi la convocation des Etats généraux qui devaient être réunis le 18 juillet 1428 ;... mais qui ne furent pas convoqués.

Pour en finir, les princes résolurent de s'emparer de Bourges. Les habitants et les officiers royaux ouvrirent la ville ; mais le capitaine se retira dans la grosse tour qu'assiégèrent les comtes de Clermont et Pardiac. Il appelèrent à eux le connétable qui se mit en route ; mais, pour ne pas combattre les troupes royales qu'il allait trouver sur la route du Berry, il fit un long détour jusque vers le Limousin.

En son absence, les deux comtes écoutèrent les propositions de la Trémoïlle : « l'absolution » c'est-à-dire l'oubli pour eux, leurs adhérents et le connétable, et la convocation des Etats généraux, qui furent en effet convoqués aussitôt pour le 10 septembre à Tours, puis transférés à Chinon.

Les Etats s'empressèrent de voter un subside de guerre de 500,000 livres, plus de vingt millions de monnaie actuelle ; et supplièrent le roi de faire la paix avec le duc de Bourgogne, et de rappeler le connétable. Le roi promit tout ; mais la Trémoïlle sut empêcher l'exécution de ses promesses.

Pendant que la cour de France favorisant ces dissensions faisait le jeu des Anglais, ceux-ci avançaient ; et, au moment où se tenaient les Etats généraux, ils mettaient le siège devant Orléans (octobre 1428.)

En ce moment encore le connétable recrutait en Bretagne : il prétend mener à la guerre sainte la Bretagne, le Bas-Maine et l'Anjou.

Il a écrit à ses cousines de Laval d'envoyer leurs fils à l'armée. Leur refus obstiné d'adhérer avec Jean V au traité de Troyes vient d'attirer l'armée Anglaise sur leurs domaines. Le 19 mars 1428, leur ville a été prise ; et, pour obtenir la vie sauve à André de Lohéac et à la garnison, elles ont dû payer une rançon de plus de deux millions de notre monnaie ; elles sont réfugiées à Vitré ; mais, pour ces femmes héroïques, le grand intérêt n'est pas de rentrer dans leurs domaines[1], c'est de contribuer à faire lever le siège d'Orléans. Elles font partir en hâte leurs deux fils aînés Guy, comte du Gâvre, et André sire de Lohéac, pour rejoindre leur cousin d'Alençon qui commande l'armée royale.

Fait prisonnier à Verneuil, le jeune duc d'Alençon a repoussé comme une injure l'offre de sa liberté sans rançon, à la seule condition de

---

[1] Laval ne fut repris que le 29 septembre 1429, grâce au dévoûment du meunier Jehan Foucquet.

servir dans les rangs Anglais. Après trois ans de captivité, le régent lui a fait payer ce refus et son affranchissement d'une somme énorme[1] et le duc a été contraint de vendre entre autres seigneuries sa belle baronnie de Fougères. Seul des Valois, il a cru, dès le premier jour à la mission de Jeanne d'Arc ; il veut combattre auprès d'elle. Jeanne reconnaissante le traite comme un frère ; avec une familiarité ingénue, elle le nomme « mon beau duc » ; et à Jargeau elle lui sauvera la vie.

Après la délivrance d'Orléans (7 mai 1429) le roi avait donné au duc d'Alençon le titre de lieutenant général, et l'avait mis avec Jeanne d'Arc à la tête de l'armée.

Vers la fin du siège d'Orléans, les troupes du connétable sont prêtes ; et, au signal donné par lui, les Bretons se mettent en marche sous les ordres des sires de Châteaubriant[2], Rieux, Beaumanoir, Rostronen, pour aller rejoindre l'armée royale. Le connétable lui-même sort de Parthenay.

Avec les garnisons de Duretal, Sablé, la Flèche, qu'il va recueillir en route, son armée sera de 400 lances, au moins 2,400 hommes, plus 800 archers, environ 3000 hommes. Outre les chefs que j'ai nommés. il emmène un capitaine breton de grande renommée Tugdual de Kermoysan, dit en France *Le Bourgeois*[3].

[1] Ci dessus. p 76 et *Appendice*. n° 24.
[2] *Appendice*, n° 28.
[3] *Appendice*, n° 29.

Il marche en hâte espérant faire lever le siège. Chose à peine croyable : la Trémoille ne veut pas que le connétable rende ce service à la France ! Le roi envoie un Breton, le sire de la Jaille, pour arrêter sa marche. Leur rencontre se fait à Loudun. « Monseigneur, dit le messager du roi, le roi vous ordonne de vous retourner ; si vous passez outre, il vous combattra. » A quoi le connétable répond sans s'émouvoir : « Ce que j'en fais est pour le bien du royaume et du roi : et je verrai volontiers qui me voudra combattre. » Alors la Jaille oubliant en homme de cœur son rôle de porte parole du roi : « Monseigneur, à mon avis vous faites très bien. » Devant Orléans, autour de Jeanne d'Arc, la venue du connétable est attendue comme une espérance. Le siège levé quand Jeanne et le duc d'Alençon préparent leur entrée en campagne, le 8 juin, Guy de Laval écrit à « ses redoutées dames et mères » : « Le connétable arrive avec six cents hommes d'armes et quatre cents hommes de trait... Le roi n'eut jamais si grande compagnie qu'on espère être ici[1]. »

Deux jours après la date de cette lettre, Jeanne d'Arc et d'Alençon sont en marche sur Beaugency qu'ils vont assiéger.

A Amboise, le connétable apprend la levée du siège d'Orléans, la marche en avant de l'armée royale, le siège Beaugency ; et il se hâte vers cette place. Comme il approchait, la ville se rendait ; et le château seul tenait encore.

Richemont dépêche Rostrenen et Kermoysan « pour demander son logis »; mais ceux-ci reviennent annonçant que Jeanne va venir le recevoir à coups d'épée : — « Eh ! bien, répond le connétable, s'ils viennent, on les verra; » — et il marche en avant.

Jeanne avait à ce moment auprès d'elle entre autres officiers le duc d'Alençon, les frères de Laval, le maréchal de Retz, Dunois, Lahire.

C'est l'ordre de la Trémoille que l'armée royale combatte le connétable, dût-elle abandonner le siège du château. Jeanne, d'Alençon sont déjà en marche malgré les protestations de Lahire et d'autres.

Pendant ces discussions le connétable avançait;... il arrive « en bel ordre; » d'Alençon, les deux Laval, Retz, Dunois n'y tiennent plus : ils l'accueillent en grande joie; la Pucelle est entraînée; elle descend de cheval, le connétable aussi ; et Jeanne, s'approchant avec respect, lui embrasse les genoux. Alors Richemont : « Jeanne, on m'a dit que vous me voulez combattre. Je ne sais si vous êtes de par Dieu ou non. Si vous êtes de par Dieu, je ne vous crains rien, car Dieu sait mon bon vouloir. Si vous êtes de par le diable, je vous crains encore moins. » (16 juin).

Le lendemain, à la nouvelle de l'arrivée du connétable et de son armée qui dédouble l'armée royale, les Anglais rendent le château de Beaugenci; en même temps ils abandonnent Meun ; et ils se retirent sans être inquiétés.

Après leur jonction les deux armées n'étaient pas fondues en une seule dans la main d'un chef unique qui aurait dû être le connétable. Jeanne et d'Alençon continuaient à commander les Français, Richemont commandait les Bretons. Jeanne ni Richemont ne se souciaient d'engager une bataille rangée. Les souvenirs de Crécy, Poitiers, Azincourt, Verneuil hantaient les esprits comme des fantômes. Les deux armées étaient le dernier espoir de la France ; et l'hésitation des chefs s'expliquait trop bien. D'ailleurs l'un d'eux eût-il été d'avis de risquer la partie, il ne pouvait rien sans l'autre.

D'un mot un Breton fit cesser toute hésitation. Le sire de Rostrenen, lieutenant du connétable, s'adressant à lui : « Monseigneur, faites donc lever et marcher votre bannière : tout le monde la suivra. » Tout le monde.... les Bretons qui obéiront à leur chef, et l'armée française que l'exemple des Bretons entraînera.

La bannière du connétable se met en marche et les Bretons la suivent.

Dans l'armée française on hésite et on délibère. Mais tout à coup *ses voix* ont parlé à Jeanne..... Voyez-la « armée tout en blanc »[1], poussant son cheval au devant des compagnies : « Il fera bon, s'écrie-t-elle joyeuse, avoir de bons chevaux ! Avez-vous de bons éperons ? Il faut chevaucher hardiment : nos éperons nous ser-

---

[1] Lettre de Laval. Ci-dessus. p. 80 et *Appendice* n° 30.

viront fort. En nom Dieu, il faut combattre ; quand les Anglais seraient pendus aux nues, nous les aurons.... Mon conseil me l'a dit : ils sont à nous¹... »

Sur l'ordre de Richemont les mieux montés des Bretons étaient partis en avant. Lui-même les eut bientôt rejoints. Après une poursuite de cinq lieues, ils attaquèrent brusquement sans laisser aux Anglais le temps de se mettre en ligne. Le gros de l'armée française survint pour achever la défaite. Après deux heures, presque tous les chefs anglais étaient morts ou prisonniers avec l'illustre Talbot.... « Après laquelle bonne besogne, qui fut environ deux heures après midi, tous les capitaines se rassemblèrent ensemble en regrâciant dévotement et humblement leur créateur². »

La route de Reims était ouverte ; les Français avaient repris confiance dans les combats en plaine, et les Anglais sentaient faiblir leur présomptueuse audace.

Richemont voulait poursuivre l'armée Anglaise pour la détruire ; mais il fallait un ordre du roi ; il alla l'attendre à Beaugency. L'armée victorieuse fit son entrée à Orléans. Jeanne

---

¹ Guizot. *Hist de France*. II. 312.

² Monstrelet. *Chron.* Ed. de la Soc. de l'Hist. de France. T. IV — 330. — L'église de Patay où les capitaines allèrent rendre grâce existe encore avec son ancien autel. Correspondant. T. 89. 2ᵉ série, p. 762. *Champ de bataille de Loigny*.

d'Arc, d'Alençon avec d'autres grands seigneurs
supplièrent le roi de permettre au connétable
de rester à l'armée. En réponse, Richemont
reçut l'ordre de retourner à Parthenay. Le connétable envoya à la Trémoille les sires de Beaumanoir et de Rostrenen pour le fléchir. Le rude
guerrier, pour obtenir la permission de servir la
France, alla jusqu'à s'humilier devant le favori :
il consentait à baiser ses genoux !

Tout fut inutile : les envoyés de Richemont
lui rapportèrent cette réponse : « Le roi aimerait
mieux n'être pas sacré que de vous voir à son
sacre. Rentrez à Parthenay. » L'épée du connétable qui doit marcher devant le roi ne sera pas
portée par le connétable !

Richemont obéit, la mort dans l'âme. Le long
de la route les villes se fermèrent devant le
vainqueur de Patay, comme elles se seraient
fermées devant les Anglais ; et, ajouté tristement son biographe, « ils lui firent tout le pis
qu'ils purent, pour ce que (parce que) il avait
fait tout le mieux qu'il avait pu[1]. »

Pour vaincre, il a désobéi au roi, le roi punit la
désobéissance sans tenir compte de la victoire !
Cette nouvelle disgrâce durera quatre années.

.·.

Richemont ne fut pas longtemps en repos à
Parthenay. Il fit en Normandie une expédition

[1] Gruel; 193.

sans doute concertée avec le duc d'Alençon : habile diversion qui contraignit Bedfort à diviser ses forces. Des places étaient reprises en Normandie; Cherbourg et Rouen s'agitaient: Bedfort était assez inquiet de cette province pour y revenir de sa personne. Or, en ce moment il savait que les Français avaient des intelligences dans Paris ; et au retour du sacre, Jeanne d'Arc entrait à Saint-Denis et menaçait Paris.

On peut dire que les ordres venus de la cour sauvèrent les Anglais d'une situation critique.

Le 8 septembre, Jeanne d'Arc assaille Paris. La Trémoille ordonne la retraite au moment où Jeanne blessée, mais se croyant assurée du succès, veut tenter un dernier assaut. Quelques jours après, comme elle voulait aller combattre avec le connétable en Normandie, un ordre du roi la ramenait vers la Loire.

A ce moment, le duc de Bourgogne sollicité par Richemont semblait s'éloigner des Anglais. Bedfort le ramena, en lui donnant le titre de lieutenant-général de Henri VI et le gouvernement de Paris et des provinces soumises moins pourtant la Normandie que Bedfort se réserva.

Comme Richemont retournait à Parthenay, il manqua, dit-on, d'être assassiné par un émissaire de la Trémoille.

Richemont travaillait alors à rapprocher son frère et la reine de Sicile. Nous avons dit que Jean V avait fiancé sa fille aînée Isabelle à Louis d'Anjou, et sa cadette, Marguerite, à Guy de

Laval. Marguerite mourut ; Jean V, aimant mieux pour sa fille un beau comté voisin de Bretagne qu'un lointain royaume à conquérir, obtint l'annulation des fiançailles d'Isabelle ; qu'il allait donner en mariage au comte de Laval[1]. La reine de Sicile irritée songeait à faire entrer une armée en Bretagne. Jean V appela Richemont qui se rendit auprès de la reine avec son frère Richard. Elle résista longtemps ; mais finit par s'apaiser, quand Jean V lui fit offrir pour époux de sa fille Yolande François, comte de Montfort, héritier du duché[2].

En 1430, la Trémoille ayant échoué dans ses négociations avec le duc de Bourgogne se retourna vers Jean V. Bientôt Champtocé vit arriver une ambassade du roi. C'était la Trémoille lui-même qui venait essayer un rapprochement entre le roi et le duc. Richemont s'y prêtait de grand cœur ; Jeanne d'Arc avait été prise à Compiègne, le 23 mai 1430 ; et son absence à la tête de l'armée était pour le connétable un nouveau motif d'aspirer à reprendre son commandement.

L'essai ne réussit pas ; au retour, la Trémoille fit enlever à Mme de Guyenne Dun-le-roi qui était de son douaire, et fit arrêter trois amis de Richemont entr'autres Louis d'Amboise, sire de Thouars. Accusés d'avoir tenté, en octobre 1430,

---

[1] *Appendice*, n° 31.

[2] Contrat de mariage, 14 mars 1432. — *Actes et mandements de Jean V*, n° 1910.

d'enlever la Trémoille, ils furent condamnés à mort; deux furent aussitôt exécutés (8 mai 1431); Louis d'Amboise obtint grâce de la vie ; mais il fut emprisonné dans son château d'Amboise ; et ses biens confisqués furent partagés entre la Trémoille et son frère.

Ces violences exercées contre les amis de Richemont ranimèrent la guerre entre la Trémoille et le connétable ; et à ce moment une nouvelle cause d'inimitié survint entr'eux. Le connétable allait faire son neveu Pierre (qui sera le duc Pierre II) héritier de ses biens ; et il avait demandé pour lui la main de Françoise, fille aînée de Louis d'Amboise et très riche héritière. La Trémoille la convoite pour son fils ; et, comme s'il eût prétendu la conquérir par les armes, il fait assiéger Thouars. La dame de Thouars s'échappant de sa ville se refugie à Parthenay auprès de son cousin le connétable, elle implore son secours, lui promet sa fille pour le prince Pierre, et Richemont va la conduire avec sa fille à la cour de Bretagne.

Cependant la guerre avait continué en Poitou ; et, revenant de Bretagne, Richemont eut à reprendre quelques-unes de ses places et de celles du sire de Thouars. Pour complaire à la Trémoille le roi a opposé ses troupes au connétable. C'est ainsi que celui qui devrait commander l'armée royale devant les Anglais est réduit à lutter contre les Français pour une querelle privée ! Et à ce moment même Jeanne d'Arc abandonnée monte sur le bûcher (30 mai 1431).

La Trémoille allait créer d'autres embarras au connétable. Le duc d'Alençon attaché par l'intérêt au ministre réclamait de son oncle Jean V 30,000 écus (plus d'un million et demi de notre monnaie) restant dus sur la dot de sa mère. Le duc avait laissé passer le terme convenu. Pour le contraindre à s'exécuter, d'Alençon imagina de se saisir d'un otage. Il enleva Jean de Malestroit, l'évêque de Nantes, et le retint prisonnier dans son château de Pouancé (20 septembre), où il s'enferma lui-même avec sa mère, sa sœur et sa femme Marie d'Orléans qui allait le rendre père.

Jean V se détermina à faire assiéger Pouancé; et, pour obtenir un secours de Bedfort, il s'engagea (chose à peine croyable) à lui remettre Pouancé « à titre d'héritage. » A ce prix, le secours fut accordé (décembre 1431.) En même temps le duc appelait à lui Richemont. Celui-ci partit avec la pensée non de combattre son neveu avec les Anglais; mais de négocier un accommodement.

Sorti de la place pour chercher du secours, d'Alençon s'engagea à ne pas faire la paix avec son oncle de Bretagne sans l'assentiment de Charles VII, et obtint de lui deux mille hommes commandés par Dunois; mais il ne put faire lever le siège, et la brèche fut ouverte.

* Ci-dessus, p. 76 et *Appendice*, n° 27.

Le connétable obtint pour sa sœur et sa nièce que l'assaut ne serait pas donné ; puis il négocia un traité qui fut signé le 19 février 1432 ; le 22, le siège était levé[1].

.·.

Pendant que l'armée royale était ainsi employée à la guerre civile, le roi Henri VI était couronné en grande pompe à Notre Dame de Paris comme roi de France (19 décembre 1431) ; et « plus n'était nouvelles du Roy de France que s'il eût été à Rome ou à Jérusalem ; » et sur ces entrefaites, le régent et le duc de Bourgogne élaboraient un projet qui pouvait être désastreux pour la France[2].

Il s'agissait de s'attacher plus étroitement le duc de Bretagne en lui donnant le Poitou ; et en même temps d'obtenir de Richemont qu'il résignât son titre de connétable de Charles VII pour devenir connétable sous Henri VI. Bedfort et Philippe espéraient le déterminer en lui donnant le duché de Touraine, le comté de Saintonge, le pays d'Aunis, la ville de la Rochelle, les seigneuries de la Trémoille dans ces provinces. — La communication eût été ainsi établie entre la Bretagne et les Anglais de Guyenne. — Le

[1] Et le duc de Bedfort réclama *la valeur* de Pouancé ! Jean V paya 10580 saluts d'or à 24 sous (12696 livres,) plus d'un demi-million de notre monnaie. Lobineau. *Hist.* p. 591.

[2] Il faut lire ce projet dans M. Cosneau. *Appendice* LVI p. 539 — 541.

connétable eût attaqué le roi à l'Ouest, pendant que le duc de Bretagne l'eût attaqué au Nord, et le duc de Bourgogne à l'Est.

Que ce projet réussisse, et Charles VII aura peut-être perdu jusqu'au titre ridicule de roi de Bourges !

Nous avons dit que le frère de la Trémoille, Jean, seigneur de Jouvelle, était attaché à la cour du duc de Bourgogne[1]. Il instruisit son frère de ces menées.

Les confidences du seigneur de Jouvelle étaient de nature à inquiéter la Trémoille : en même temps qu'il craignait pour ses possessions de Poitou et de Saintonge, il devait redouter que Jean V et le connétable ne fussent séduits par les offres qui leur étaient faites, et dont la réalisation était commencée.

Dès le 7 janvier 1432, Henri VI n'avait-il pas donné le Poitou à Jean V, « en considération, est-il dit dans l'acte, des grands, bons et loyaux services qu'il (le duc de Bretagne) s'offre à nous faire[2] ? »

La Trémoille ne perdit pas un moment pour conjurer le péril qui menaçait et la France et lui-même. Il envoya des ambassadeurs en Bretagne ; et, le 5 mars 1432, les conventions dont

---

[1] Ci-dessus, p. 68. — Les confidences de Jean de la Trémoille étaient une trahison envers le duc de Bourgogne.

[2] Morice. Pr. II. 1247 — 1348. — Le 7 mars suivant, Jean V promettait de rendre le Poitou dans vingt ans pour 200,000 livres (huit millions monnaie actuelle). Du Tillet. II, 364.

voici le résumé furent arrêtées à Rennes entre eux et Richemont :

« Le roi fera savoir au comte de Richemont tous les griefs qu'on pourrait alléguer contre lui, afin qu'il puisse s'excuser et se justifier. — Châtelaillon et les autres places de la châtellenie de Fontenay seront rendues à Richemont. — Montargis, Gien, Dun-le-roi qui sont de son douaire¹ seront remis à M™ de Guyenne. — Richemont et ses amis pourront aller librement par tout le royaume. »

La Trémoille voulait l'annulation des fiançailles de Françoise d'Amboise avec Pierre de Bretagne : il obtint seulement que le duc ne pourrait faire célébrer le mariage sans l'assentiment du roi. — La reine de Sicile, le duc d'Alençon, les comtes d'Armagnac et de Pardiac furent compris au traité².

Bien que les premières clauses de ce traité ne dussent pas recevoir une rigoureuse exécution, ces conventions si avantageuses à Richemont semblaient le présage d'une réconciliation avec le roi. Restant fidèle, Richemont reprit les négociations pour la paix avec le duc de Bourgogne.

Le moment semblait favorable. Le traité de Rennes était un grave échec pour les Anglais,

---

¹ Ainsi que Fontenay-le-Comte. Douaire constitué à M™ de Guyenne par Charles VII le 9 mars 1425. (M. Cosneau, p. 113 et note 3.

². *Appendice*, n° 32

et Philippe avait contre eux plus d'un grief. Le nouveau pape Eugène IV continuant l'œuvre de son prédécesseur travaillait à la paix. Le duc de Savoie se rapprochait du roi en mariant une de ses filles à Louis duc d'Anjou, qui devenait ainsi beau-frère du dauphin (depuis Louis XI).

Vers ce temps se produisit un incident qui allait avoir de graves conséquences. Charles d'Anjou, troisième fils de la reine de Sicile, était en grande faveur auprès du roi son beau-frère qui lui avait donné le comté de Mortain,[1] et l'avait fait son lieutenant-général dans le Maine et l'Anjou. Affolé de jalousie, et n'ayant pu réussir à éloigner Charles d'Anjou de la cour, la Trémoille osa lancer un corps d'armée sur l'Anjou, au lieu de l'envoyer ravitailler Montargis que les Français venaient de reprendre. Pour la Trémoille, Montargis avait apparemment le tort d'appartenir à Mme de Guyenne ! Ce double fait qualifié de trahison souleva une réprobation unanime : tous se déclarèrent pour la reine de Sicile et le connétable. Jean V, le duc de Savoie, les légats du pape s'entremettaient entre Charles VII et Henri VI. Le duc de Bourgogne lui-même conseillait à Henri VI de faire la paix[2].

Toutefois il ne semblait pas disposé à traiter

---

[1] En attendant qu'il le fît comte du Maine-Chinon, 29 janvier 1435. (P. Anselme. I. 117.)

[2] *Appendice*, n°. 33.

séparément avec le roi. La Trémoille venait de l'irriter en mariant sa sœur à l'un des plus puissants seigneurs de Bourgogne, qui pour complaire à sa femme était revenu à Charles VII.

La Trémoille était donc l'obstacle au rapprochement du duc. Une conspiration se forma. Le connétable restant à Parthenay envoya à Chinon un de ses écuyers bretons, Rosnivinen, auquel il avait toute confiance. Rosnivinen se mit à la disposition de Charles d'Anjou ; et celui-ci poussé par sa mère résolut d'en finir. — Une nuit, au château de Chinon où le roi résidait, plusieurs officiers, au nombre desquels Rosnivinen, conduits par Charles d'Anjou surprirent la Trémoille dans son lit, comme la Trémoille lui-même avait autrefois surpris, au même lieu, le sire de Giac. Sans que le roi intervînt pour le sauver, la Trémoille fut enfermé en prison. (Fin de juin 1433.)

Irrité un moment, le roi pardonna bientôt comme il avait fait de la condamnation de Giac et du meurtre de Beaulieu. Bientôt la Trémoille recouvra sa liberté[1] ; mais il ne fut pas rappelé au conseil. « Grâce à Dieu, le règne des intrigants et des traîtres était fini. Charles VII s'appartenait enfin[2]. » Il était temps que le roi sortît de tutelle : il avait accompli sa trentième année.

---

[1] « Il fut délivré par le sire du Bueil, auquel il donna 6000 écus d'or, et mit en liberté le sire de Thouars. » (Lobineau, *Hist.* 597) qu'il retenait prisonnier depuis 1431. Ci-dessus, p. 87.

[2] M. de Beaucourt. *Histoire de Charles VII*. T. II, 293.

Il nous faut voir comment le connétable va réparer le temps que la jalousie de la Trémoille et la faiblesse du roi lui ont fait perdre pour le salut de la France.

CHAPITRE VI

Traité d'Arras.

(1433-1435).

Le connétable ne se hâta pas de reparaître à la cour. Il laissa à ses amis le temps et le soin d'apaiser le ressentiment du roi.

Au mois de septembre, il était à Vannes où la duchesse Jeanne de France mourait le 20 de ce mois ; et il assistait à son inhumation dans le chœur de la cathédrale. Restée fidèle à la cause française, Jeanne mourait inconsolée de la neutralité gardée par le duc ; mais pleine d'espérance aux succès du connétable.

Un peu après, allait s'éteindre une autre femme dévouée à l'œuvre de Richemont, sa cousine Jeanne de Laval[1]. Pour le Maine, la digne veuve de du Guesclin représentait la résistance à l'envahisseur. En décembre 1433, la nouvelle de sa maladie répandit la désolation dans toute la province. Le retour du connétable à son commandement avait été une dernière joie pour la vénérable octogénaire. Elle mourut à Vitré le 27 dé-

---

[1] Ci-dessus. p. 44 et *Appendice*. n° 34.

cembre. Ses petits-fils et nombre de chevaliers « achetèrent » au receveur de Bedford des saufs-conduits pour venir de Vitré inhumer la douairière de Laval à l'abbaye de Clermont, à l'ouest de Laval, à moins de trois lieues de la frontière bretonne. Telle était à la fin de 1433 la malheureuse situation du Maine[1].

Pendant ce temps, le connétable avait rassemblé une armée : il se portait au secours de Saint-Ceneri, près d'Alençon, qu'Ambroise de Loré défendait contre le comte d'Arondel, lieutenant-général de Henri VI entre la Seine et la Loire. Mais il arriva trop tard : vaincu par la famine, Loré avait capitulé et était prisonnier. Il sera — suprême honneur ! — échangé contre l'illustre Talbot[2].

D'Arondel vint aussitôt assiéger le château de Sillé-le-Guillaume, dont les défenses étaient en mauvais état[3]. Le capitaine promit de rendre la place si pour un jour fixé, avant midi, « les Anglais étaient les plus forts » à un lieu marqué dans le voisinage ; et, en garantie de sa promesse, il donna des otages.

Le connétable accepta la « journée. » Cette détermination était l'indice d'une situation nou-

---

[1] Luce. *Le Maine sous la domination anglaise*, p. 17 et 18. Sur ces saufs-conduits, et sur Jeanne de Laval et sa sépulture à Clermont, *Appendice*, n° 31.

[2] Luce. *Le Maine...* p. 16.

[3] Il est douteux que la ville de Sillé ait jamais été fortifiée, il ne s'agit ici que du château.

velle, car « de mémoire d'homme les Français n'avaient pas accepté de ces rendez-vous¹. » On juge si la France entière fut attentive à l'événement. Le duc de Bretagne dépêcha son roi d'armes Malo avec quelques officiers pour voir ce qui se ferait, et voici ce qu'ils rapportèrent.

Le connétable avait rassemblé 6,000 hommes²; il avait en sa compagnie le duc d'Alençon, Charles d'Anjou, frère de la reine, le sire de Thouars, récemment sorti de prison, Pierre de Brézé, seigneur de la Varenne, grand sénéchal de Normandie⁴, les deux maréchaux de France Gilles de Retz et Pierre de Rieux, André de Lohéac, Prigent de Coëtivy, Rostrenen et nombre de chevaliers parmi lesquels beaucoup de bretons.

La veille du jour convenu, le connétable vint camper à peu de distance du lieu indiqué et fit reposer ses troupes. Avant l'aube du lendemain, à la lueur de torches, elles se mirent en marche et vinrent prendre position au bord d'une petite rivière⁵. Le jour en se levant leur montra les Anglais au nombre de 8,000 établis en bel ordre sur l'autre rive. Les deux armées

---

¹ Gruel, p. 201.
² Ce nombre est donné par Lobineau. *Hist.* p. 597.
³ Il demanda la chevalerie au connétable, qui modestement le renvoyait au duc d'Alençon, mais Charles déclara ne la vouloir tenir que du connétable. Lobineau, *Hist.* p. 598.
⁴ Titre honorifique jusqu'au recouvrement de la province.
⁵ Traduisez : Un petit ruisseau, comme nous verrons.

s'observèrent plusieurs heures sans passer la rivière. Bien que supérieurs en nombre, les Anglais se retirèrent. Le connétable leur avait offert le combat; ils n'avaient pas osé l'accepter, ils n'étaient donc pas « les plus forts »; après midi le connétable fit réclamer les otages qui furent aussitôt rendus.

Les Anglais se fortifièrent dans un village voisin. L'armée française allait-elle les attaquer dans leurs retranchements ? La question fut discutée dans un conseil de guerre. L'armée n'avait pas de vivres; elle était entourée de postes anglais; la place française la plus proche était Sablé, à deux jours de marche. Tous opinèrent pour la retraite; et l'armée se retira en bon ordre sur Sablé.

Au début de sa carrière, Richemont, avec son beau-frère d'Alençon, avait pris le château de Sillé[1]. Jugeant qu'il ne pouvait tenir, il voulait le brûler pour empêcher les Anglais de s'y loger: un officier promit de le défendre; mais, à peine les Français eurent-ils tourné le dos, que les Anglais revenant sur Sillé le contraignirent à capituler (12 mars)[2].

Ainsi « la journée » ne sauva pas Sillé; mais elle inaugura dignement le retour du connétable à la tête de l'armée.

Il y aurait intérêt à marquer exactement le

[1] En 1412, ci-dessus, p. 8.
[2] M. Cosneau, p. 209.

lieu de la « journée ». Les abords de Sillé sont trop accidentés pour une rencontre de cavalerie; il faut donc chercher plus loin le lieu du rendez-vous. Les chroniqueurs et anciens historiens l'indiquent d'une manière bien vague. C'était, dit l'un, « en une lande à un orme...[1] » — C'était, dit un autre, « à un ormeau dans une lande à une lieue et demie (environ six kilomètres) de Sillé[2] ». Mais en quelle direction? C'est ce qu'il ne dit pas. Le dernier et le mieux instruit des historiens de Richemont donne cette indication : « une lande voisine de Neuvillalais, canton de Conlie, non loin de Sillé[3]. »

Neuvillalais confine à Conlie. C'est sur leur limite commune que fut assis, en 1870, le camp d'instruction de « l'armée de Bretagne. » A l'Ouest, Neuvillalais touche aux communes de Crissé et de Rouez en Champagne qui confinent à Sillé. Au Sud de Rouez, au Sud-Ouest de Neuvillalais est la commune de Tennie. Rouez, Tennie, Neuvillalais se rencontrent en un point : au voisinage coule un ruisseau né un peu plus haut.

Le terrain voisin sur les communes de Rouez et Crissé est encore aujourd'hui nommé « lande de Sillé » ; dans cette « lande » un point à la rencontre de l'ancienne route du Mans à Sillé et d'un ancien chemin venant du Sud se nomme de temps immémorial « carrefour de l'Ormeau. »

[1] Gruel, p. 200.
[2] Lobineau. *Hist.* p. 527.
[3] M. Cosneau, p. 207 et note 6.

Ce point est à peu de distance et à droite de la route actuelle, plus près encore du chemin de fer qui court entre les deux routes. Le « carrefour de l'Ormeau est à une lieue et demie (six kilomètres) de Sillé, distance indiquée.[1]

Le carrefour est, selon toute apparence le lieu de la « journée de Sillé. »

Ajoutons que ce point est à moins de deux kilomètres du camp de Conlie. En 1870, quand l'armée de Bretagne campait là, peut-être a-t-on rappelé à la jeunesse bretonne la « journée de Sillé » dont le souvenir survit en ce pays; mais le lieu de la rencontre lui a-t-il été montré? Rien ne le signale aux yeux, pas même une modeste pierre[2].

*
* *

Après cette heureuse démonstration, le connétable alla rejoindre le roi qu'il trouva en route pour le Dauphiné; et il fut accueilli comme s'il eût annoncé une victoire.

Le connétable accompagna Charles VII qui allait tenir à Vienne les Etats de Dauphiné. Il y fut résolu de continuer les négociations pour la paix avec le duc de Bourgogne sous la médiation du duc de Savoie; mais en même temps, les trêves avec le duc de Bourgogne finissant, on décida de reprendre les hostilités; et les Etats votèrent un important subside.

Les deux beaux-frères de Philippe le Bon,

[1] *Appendice*, 35.
[2] *Appendice*, n° 35.

c'est-à-dire Richemont et le comte de Clermont, devenu duc de Bourbon[1], allaient commander contre Philippe. Le duc de Bourbon devait envahir la Bourgogne, pendant que Richemont assisté de Dunois passerait la Seine, pour protéger le plat pays et les villes contre les Anglo-Bourguignons et aussi contre les routiers de l'armée française.

Nous allons voir Richemont suivre à la tête de l'armée la politique inaugurée en 1425, et faire la guerre au duc de Bourgogne avec la ferme volonté de le conquérir à la paix.

Sans perdre un moment, le connétable va frapper un grand coup. Il établit son quartier général à Compiègne. De là, il fait lever le siège de Laon ; il va de sa personne faire lever le siège de Beauvais, et s'emparer de Ham en Vermandois[2] qui appartient au duc de Bourgogne. Mais, quand ses capitaines animés par le succès et avides de pillage s'attendent à marcher aux villes de Picardie, il les arrête court. Il conclut une trêve de six mois avec Jean de Bourgogne, lieutenant de son cousin Philippe[3] : il rend Ham, moyennant la somme de 60,000 saluts,

---

[1] Charles comte de Clermont, que la mort de son père avait fait duc de Bourbon (1434) (*Appendice*, n° 25) avait, en 1425, épousé Agnès, la plus jeune sœur de Philippe le Bon.

[2] En haute Picardie, chef-lieu Saint-Quentin.

[3] Jean de Bourgogne, fils cadet de Philippe, comte de Nevers, tué à Azincourt, ayant le titre de comte d'Etampes, (*Appendice* n° 13), plus tard à la mort de Charles son aîné 1464) comte de Nevers.

près de deux millions de notre monnaie, qui seront un subside de guerre ; et, sans écouter les murmures de ses troupes, il les ramène à Compiègne puis en Champagne.

Il rétablit l'ordre troublé par les routiers à Troyes et à Châlons, puis passe en Lorraine pour enlever quelques places aux Anglais.

En arrêtant son armée aux frontières de Picardie, le connétable avait ménagé le duc de Bourgogne. Il compte bien que la campagne poussée jusqu'au cœur d'un hiver rigoureux « qui déferre les chevaux »[1], aura un bien autre résultat que la prise de quelques places, et il ne s'est pas trompé.

Pendant que le connétable combattait heureusement vers le Nord, la guerre avait continué avec des alternatives diverses dans le Maine ; et au Sud de la Bourgogne le duc de Bourbon avait obtenu quelques succès. Philippe mal soutenu par les Anglais n'avait reçu aucun secours de son allié le duc de Savoie ; bien plus, celui-ci venait de faire la paix avec le duc de Bourbon (novembre 1434) : et il amenait Philippe à convenir d'une conférence à Nevers pour arrêter les conditions de la paix avec Bourbon et même avec Charles VII.

Le duc de Bourgogne n'avait jamais eu à se louer des Anglais. Par ce qui vient de se passer il juge qu'avec le connétable exerçant enfin sa

[1] Gruel, p. 203.

charge la guerre va prendre une autre tournure et que la partie des Anglais pourrait n'être plus égale. D'accord avec son beau-frère de Bourbon, il envoie au connétable pour lui proposer de venir aux conférences de Nevers.

Le connétable avait prévu cette proposition. Il partit plein d'espoir. A son passage à Dijon, il alla saluer la duchesse « qui le reçut avec de grands honneurs. » — La duchesse n'était plus Bonne d'Artois que Richemont avait mariée, (1424) et qui était morte après quelques mois. C'était Isabelle de Portugal, fille du roi Jean Ier, que le duc avait épousée en 1429 : femme d'un grand cœur, dévouée à la paix, digne de s'entendre avec la reine de Sicile, et qui allait être un des fermes appuis du connétable.

A Nevers, Richemont fut comblé d'attentions par le duc de Bourgogne, le duc et la duchesse de Bourbon — heureux présage ! — et il entra en relation avec Antoine de Croy, chancelier de Bourgogne, partisan déterminé de la paix.

Le roi, le duc de Bretagne étaient représentés à Nevers, les légats y étaient présents ; la paix fut signée entre les ducs de Bourgogne et de Bourbon ; elle restait à faire entre Philippe et Charles VII ; mais Philippe acceptait l'ouverture de conférences à Arras pour traiter de la paix générale. Au commencement de février 1435, le connétable s'empressa d'aller rendre compte au roi.

Charles VII reçut Richemont en grande joie.

Il reconnaissait maintenant l'importance de ses services ; et il pouvait regretter l'inaction à laquelle il avait trop longtemps condamné son connétable !

Le conseil du roi fut d'avis d'accepter ces ouvertures. Richemont s'empressa d'annoncer cette heureuse nouvelle au duc de Bourgogne. Celui-ci était en ce moment à Paris. Gouverneur très populaire et accessible à tous, il recevait les doléances des bourgeois le suppliant de faire la paix, et ses réponses encourageaient leurs espérances.

Cependant le connétable poussait vivement la guerre en Normandie. Ambroise de Loré n'avait pas cessé de combattre dans le pays de Caux et le Cotentin. Le duc d'Alençon avait assiégé Avranches ; il avait été repoussé, mais avait rejoint Loré. Dunois prenait Houdan et menaçait Évreux. Deux places voisines d'Abbeville étaient prises. Gerberoy près de Beauvais était fortifié. Le comte d'Arondel y était battu, blessé et pris ; il venait mourir à Beauvais. Les Normands, nobles, bourgeois et paysans se soulevaient, se montraient en armes devant Caen et Valognes, et contraignaient Bedfort d'envoyer le prévôt de Paris combattre « les rebelles ». Enfin à ce moment, dans la nuit du 30 au 31 mai, des chevaliers parmi lesquels un breton, Jean Foucaud, capitaine de Lagny[1], sur-

---

[1] *Appendice*, n° 36.

prenaient Saint-Denis, où le maréchal de Rieux s'enferma avec quelques Bretons au nombre desquels Tugdual de Kermoysan (juin 1435).

La place était mal fortifiée ; mais la situation importait. De là le maréchal surveillait Paris. Il fit plus : il alla montrer sous ses murs la bannière française. Ses courses inquiétèrent la garnison Anglaise qui vint assiéger Saint-Denis.

A la veille du congrès d'Arras, il était bon de montrer non seulement au duc de Bourgogne mais aux Parisiens, que les Anglais mentaient quand ils leur répétaient que la France était abattue et sans ressources.

.˙.

Le jour arrivait où allaient se réunir les ambassadeurs de France au nombre desquels le connétable, le duc de Bourbon, son frère le comte de Vendôme, les ambassadeurs d'Angleterre, de Bourgogne, des Flamands, Brabançons, Hollandais et Liégeois, et deux légats qui allaient présider les conférences.

Les légats et les Anglais étaient arrivés les premiers. Lorsque les ambassadeurs Français arrivèrent (31 juillet), le duc sortit en grande cérémonie avec tous les ambassadeurs moins les Anglais jusqu'à une lieue de la ville. Il embrassa ses deux beaux-frères avec les marques d'une sincère affection. Au retour, sur l'ordre du duc, le héraut de France prit le pas sur tous les autres.

Ces démonstrations amicales, cet hommage rendu par le duc aux représentants de son suzerain chef de la maison de France parurent aux Anglais un fâcheux présage. Mais la foule y trouvant un augure de paix manifestait bruyamment sa joie, en poussant sur le passage du cortège le cri de « Noël ! Noël ! »

Les conférences s'ouvrirent le 5 août. La discussion s'établit d'abord entre Français et Anglais. — Dès les premiers jours, on put prévoir que l'accord ne se ferait pas. Les Anglais s'obstinaient à demander la renonciation de Charles VII au trône de France et les provinces que tenait l'armée Anglaise. De concession en concession, les Français offrirent la Normandie et la partie de la Guyenne occupée par les Anglais, mais comme fief de France et sous la condition que Henri VI renonçât à la couronne.

A ce moment un incident fâcheux interrompit les conférences. Lahire et Saintrailles passant la Somme avaient poussé jusqu'à Doullens et fait un énorme butin. — Un acte de démence ! — Indigné de cette agression le duc de Bourgogne fit partir douze cents chevaux pour châtier les pillards. Mais un officier de Richemont gagnant de vitesse les Bourguignons avait porté l'ordre à Lahire et Saintrailles de ne pas combattre, de laisser là leur butin et de se retirer au plus vite. Malgré leur répugnance, il leur fallait obéir.

Le duc de Bourgogne s'apaisa et les conférences reprirent ; mais les Anglais s'obstinant menaçaient de se retirer ; et Philippe hésitait à signer un traité séparé : les députés des Flandres lui représentaient qu'une rupture entre l'Angleterre et la Bourgogne compromettrait leur commerce.

Pendant ces discussions, chaque soir, après la conférence, Richemont allait trouver le duc, son chancelier, tous ceux qu'il savait animés de dispositions pacifiques. Il n'épargnait aucun argument pour amener Philippe à la paix : — « Vous êtes, lui disait-il, du sang de France et le plus grand seigneur de France. Vous ne voudriez pas la perte du royaume. Vous voulez la paix avec l'Angleterre, et votre alliance avec l'Anglais est l'obstacle à cette paix. Traitez séparément avec le roi ; ce traité hâtera la paix avec l'Angleterre. »

Le 1er septembre, arrivèrent des députés de Paris ; le 5, ils furent admis au congrès. Ils venaient en pleurant exposer leurs doléances et supplier les Anglais de faire la paix. Leur orateur émut les assistants jusqu'aux larmes : il conclut en disant « qu'ils ne pouvaient plus vivre à Paris et qu'il leur faudrait quitter la ville. » Le duc de Bourgogne appuyait leurs supplications. Mais les Anglais sans pitié ne voulurent rien entendre. « Posséder la ville déserte et ruinée leur valait mieux, disaient-ils, que ne plus l'avoir. » Les députés de Paris vont lui rapporter cette réponse et Paris s'en souviendra !

Les ambassadeurs Anglais ne pouvaient plus compter sur le duc de Bourgogne : ils prirent congé le lendemain qui était le 6 septembre. Les conférences étaient rompues ; mais les Français ne désespérant pas de la paix firent savoir que les Anglais auraient jusqu'au 1ᵉʳ janvier (1436. n. s.) pour accepter leurs conditions. Leur départ était un premier succès.

Sans perdre un moment, le jour même, le connétable détermina le duc à une conférence avec les ambassadeurs français. Le duc consentit à écouter et à discuter les conditions de la paix avec le roi.

Bien que les Anglais ne fussent plus là pour rappeler le crime de Montereau, Philippe restait perplexe. Il disait que venir au roi c'était passer sur le corps de son père assassiné : il craignait de manquer à l'honneur en rompant les engagements solennels pris avec son beau-frère Bedfort. Dans sa perplexité, il consulta les légats ; leur réponse calma les scrupules du duc. Le 10 septembre, seizième anniversaire de la mort de son père, son parti était pris : il le déclara le lendemain à l'assemblée. Il ne restait plus qu'à rédiger les articles du traité.

Pendant ce temps, le 14 septembre, le duc de Bedfort mourait auprès de Rouen. Sa mort était un coup fatal pour la cause anglaise : elle fut heureuse pour la France ; le régent si avisé n'aurait-il pas, avant le 1er janvier, accepté les conditions auxquelles se résignaient les ambassadeurs de France ?

Le traité de paix fut signé le 20 septembre. Le duc exigea de dures conditions. Le roi devait demander pardon au duc du meurtre de Jean-sans-Peur, en poursuivre les auteurs[1] ; élever une croix sur le pont de Montereau ; fonder à Montereau une chapelle où une messe basse serait dite chaque jour ; fonder une messe solennelle dans la chapelle des Chartreux de Dijon près de la sépulture de Jean-sans-Peur. — Le roi abandonnait au duc divers territoires et villes de la Champagne et de la Picardie ; il exemptait Philippe de tout hommage à lui rendre pendant sa vie ; il s'engageait à secourir le duc au cas où les Anglais lui feraient la guerre à cause de sa défection, et à ne faire la paix avec eux qu'avec le consentement du duc.

Ces conditions étaient aussi humiliantes que dures ; mais ne payaient pas trop cher la neutralité du duc de Bourgogne.

Remarquons-le, en effet, Philippe n'a pas fait, comme on l'a dit, alliance avec la France. Il n'a promis que sa renonciation à l'alliance avec l'Angleterre pour rester neutre. Il se flatte de garder la neutralité ; mais le connétable sait bien que la colère des Anglais contre leur allié

[1] Le duc nomma Tanneguy du Chastel, Louvet président de Provence, P. Frottier, les mêmes que nous avons indiqués plus haut, (p. 29 et 50) et Jean Cadard, médecin.

de la veille va les porter à des hostilités qui détermineront le duc à combattre contre eux et pour la cause française.

Le traité d'Arras fut en grande partie l'œuvre de Richemont ; et c'est le seul service rendu à la France dont l'honneur lui soit laissé tout entier par les historiens français.

.˙.

Sans s'attarder aux fêtes qui allaient suivre la signature du traité, le connétable part le surlendemain. Il a promis de secourir le maréchal de Rieux assiégé dans Saint-Denis. Avant même d'aller rendre compte au roi, il rassemble le plus de monde qu'il peut. Mais à Senlis, dont il reçoit la soumission, il apprend que Rieux vaincu par la famine a capitulé après une défense héroïque, le 23 septembre. — Rentrés dans Saint-Denis, les Anglais avaient démantelé la place, sauf une tour dite du Venin ou du Salut dans laquelle il vont se tenir.

Le maréchal de Rieux était libre, le connétable l'envoya dans le pays de Caux. Les insurgés normands s'étaient emparés de Dieppe : avec leur secours Rieux prend Fécamp, Harfleur, Montivilliers, places voisines de Rouen ; en même temps, Dunois entrait dans Verneuil, menaçait Evreux et répandait l'alarme jusqu'à Rouen (octobre 1435).

Cependant la nouvelle du traité d'Arras produisait en Angleterre une violente indignation contre le duc de Bourgogne. Dès le mois d'octobre, le duc était rentré dans quelques-unes de ses villes, comme Doullens et Saint-Quentin, occupées autrefois par des garnisons anglaises : aussitôt la garnison de Calais avait attaqué des ports de Flandre. La neutralité du duc de Bourgogne avait duré quelques semaines !

D'autre part, le peuple d'Angleterre tout entier ne respirait que guerre et vengeance contre la France. Le roi ou plutôt son gouvernement annonça qu'il allait faire passer la mer à une puissante armée.

Il fallait agir avant l'arrivée de ces nouvelles forces. Unies aux insurgés Normands, les troupes que Richemont avait en Normandie, sous les ordres de Saintrailles, du duc d'Alençon, Lohéac et autres, suffisaient pour occuper les Anglais. Le connétable les y laissa et se réserva l'Ile de France où de grands événements allaient s'accomplir.

Les bourgeois de Pontoise avaient chassé la garnison anglaise : les Français venaient de prendre le pont de Charenton, Vincennes, Corbeil, le château de Saint-Germain en Laye. Le cercle des garnisons françaises se resserre autour de Paris. Maîtres de Melun, Corbeil, Lagny et Pontoise, les Français tiennent la Seine, la Marne et l'Oise et peuvent empêcher le ravitaillement de la ville.

Le moment n'est-il pas venu de tenter une entreprise sur Paris perdu depuis dix-huit ans ?

CHAPITRE VII

Paris recouvré.

(1436.)

A cette époque comme aujourd'hui, Paris était le « cœur et la tête de la France »; et, dès 1430, le duc de Bourgogne, alors gouverneur de Paris pouvait dire aux Anglais : « Pour vous, perdre Paris c'est perdre le royaume[1]. »

Jeanne d'Arc pensait ainsi ; et, au lendemain de la délivrance d'Orléans, elle se promettait d'entrer à Paris. Aux premiers jours de juin, 1429, elle reçoit à l'armée les deux frères de Laval ; elle leur fait « grande chère, elle fait venir le vin » ; et en le versant elle leur dit gaîment : « Je vous en ferai bientôt boire de meilleur à Paris[2] ! » Après le sacre du roi (17 juillet), elle ramène aussitôt l'armée de Reims sur Paris ; le 26 août, elle entre à Saint-Denis ; le 8 septembre, elle attaque Paris ; et peut-être y fut-elle entrée si la Trémoille lui avait permis de reprendre l'assaut.

[1] Voir dans M. Cosneau (p. 250, note 2), l'avis donné en 1430 par le duc de Bourgogne à Bedfort : «Paris est le cœur et le chef... La perdition de cette ville, serait la perdition du royaume. »

[2] Lettre de Guy de Laval. Ci-dessus, p. 80 et *Appendice*, n° 30.

[3] Ci-dessus, p. 85.

En 1436, combien les circonstances étaient-elles plus favorables qu'en 1429 ! Les Français et les Bourguignons réunis n'ont pas, il est vrai, de forces suffisantes pour assiéger Paris ; toutefois ils en ont saisi les avenues et ils les gardent. Mais, pour qu'ils entrent dans Paris, il faut que Paris s'ouvre devant eux. Le connétable compte sur une insurrection. Les conférences d'Arras ont augmenté l'exaspération des Parisiens contre les Anglais, et rendu le duc de Bourgogne plus populaire qu'il ne fut jamais. Or, pour rendre la France au roi, le duc travaille à lui rendre Paris : depuis plusieurs mois, d'accord avec le roi, il pousse les bourgeois à la révolte. Charles VII et lui ont signé des « lettres de rémission » que le connétable a fait répandre dans la ville.

Les conseils de l'ancien gouverneur de Paris sont surtout écoutés depuis que le maréchal de Rieux a montré aux Parisiens la bannière française. Ils savent que l'armée française est proche. Cette assurance encourage les habitants restés fidèles à la cause de France ; et elle hâtera la conversion de ceux qui coupables de défection ont à mériter le pardon que le roi leur accorde par avance.

Pour éclater dans tous les quartiers, l'insurrection n'attend qu'un signal. Le connétable va demander au roi la permission de donner ce signal.

En février 1436, le roi tenait les Etats à Poitiers ; la cour y était réunie et la reine de Sicile

8

s'y trouvait, quand vers la fin de ce mois, le connétable arriva. Il venait rendre compte de ce qui avait été fait et soumettre au roi le projet d'une entreprise sur Paris. Charles VII l'approuva, et nomma le connétable lieutenant-général, avec des pouvoirs souverains, dans l'Ile de France, la Normandie, la Champagne et la Brie (8 mars).

Le connétable partit avec son neveu d'Alençon, son beau-frère le duc de Bourbon, le frère de celui-ci Louis comte de Vendôme, et Charles d'Anjou. Mais en route tous l'abandonnèrent pour retourner à la cour[1]. Les princes du sang laissaient au connétable, qui n'était pas Français, et à des officiers Bretons et Bourguignons l'honneur d'entrer avant eux dans Paris !... Qu'ils partent, le connétable saura « bien besoigner » sans eux !

Richemont a indiqué Pontoise comme lieu d'assemblée des garnisons et des troupes qui tiennent la campagne. Lui-même fait diligence. Le dimanche des Rameaux (1er avril) il est à Lagny-sur-Marne; le mardi 3 avril, il arrive à Pontoise. Il va y réunir cinq ou six mille hommes, Français et Bourguignons. « Et tous les jours de cette semaine et le grand vendredi et le jour de Pâques, l'armée fut en armes[2], » observant les Anglais qui amenaient des renforts et des vivres à Paris.

[1] Pourquoi cette retraite ? *Appendice*, n° 37.
[2] Gruel, p. 205.

Par respect pour la solennité de ces jours, le connétable laisse passer le dimanche de Pâques et la fête du lundi[1] ; et c'est seulement le mardi (10 avril), que résolu à occuper Saint-Denis il dépêche en éclaireurs Kermoysan et Foucaud. Ils apprennent que les Anglais de Paris sont venus piller la ville et l'abbaye. Kermoysan se hâte de faire dire à Richemont : « Venez, vous trouverez ce que vous cherchez depuis longtemps. » Le connétable venait de se mettre à table, il se fait armer, saute à cheval, et part avec six lances seulement, laissant à tous l'ordre de le suivre.

Il est bientôt rejoint par Villiers de l'Isle-Adam, le même qui commandait les Bourguignons à leur entrée dans Paris (29 mai 1418) : — « Connaissez-vous le poste qu'occupent les Anglais ? » lui demande Richemont. — « Oui... et par ma foi, Monseigneur, vous auriez dix mille hommes que vous ne les entamerez pas. — Si ferons, s'il plaît à Dieu. Dieu nous y aidera. » — Et il ordonne à l'Isle-Adam d'aller en avant rejoindre son lieutenant Rostrenen « pour entretenir l'escarmouche. »

Les Anglais de Paris, auxquels s'étaient joints ceux de la tour du Venin, attaquant brusquement, contraignirent l'Isle-Adam et Rostrenen à

---

[1] Ainsi son aïeul Jean IV ne voulait pas combattre à Auray, le 29 septembre 1364, qui était dimanche et jour de Saint-Michel. — Ainsi Jeanne d'Arc « par amour et respect du dimanche », n'engageait pas l'action ce jour.

reculer de deux traits d'arc. Ils se croyaient vainqueurs, quand sur leur flanc, le connétable « apparut en belle bataille ». Les Anglais n'avaient plus qu'à se retourner vers la porte de Paris. C'est ce qu'ils firent; mais ce mouvement ne put s'opérer sans désordre; ils furent bientôt rompus. Trois ou quatre cents périrent, d'autres furent faits prisonniers, au nombre desquels leur chef dont s'empara Rosnivinen. D'autres purent se sauver dans la tour du Venin; d'autres enfin s'enfuirent vers Paris poursuivis par le connétable : tous ne purent entrer, quelques-uns furent tués jusque dans les fossés. Une fois encore, les Parisiens ont vu la bannière française que portait un breton, Henri de Villeblanche[1].

Tel fut ce combat de Saint-Denis qui allait avoir pour conséquence l'entrée de Richemont à Paris. On a dit qu'il avait ouvert Paris à la France. La vérité est que, avant la prise des places voisines de Paris, cet engagement n'aurait eu d'autre résultat que la mort de quelques centaines d'hommes ; mais, après les habiles et heureuses manœuvres du connétable, l'ouverture de Paris semble la conséquence naturelle du combat de Saint-Denis.

Les Parisiens, qui du haut des murs avaient

---

[1] Lobineau. — *Hist.*, p. 605. Henri de Villeblanche, seigneur de Broons et Maumusson, fut depuis chevalier du Camail ou du Porc-Épic (1448), chambellan du duc, gouverneur de Rennes, grand-maître de Bretagne (1451).

vu les Anglais vaincus et refoulés, n'hésitèrent plus. Le soir même, le connétable entré à Saint-Denis envoya chercher deux bombardes (canons) pour battre la tour du Venin. Il n'allait pas en faire usage. Pendant la nuit des bourgeois lui firent dire « qu'ils étaient dix qui lui ouvriraient une porte. » Le connétable avait sans doute reçu d'autres assurances : autrement il serait malaisé de comprendre l'absolue confiance qu'il va montrer. Rendez-vous fut pris pour le surlendemain 13, au matin, près de la porte Saint-Michel, au sud de Paris.

Le matin du 12 avril (jeudi) Richemont laisse ses routiers à Saint-Denis car il ne veut pas que son entrée dans Paris soit une occasion de pillage : il prend seulement soixante lances, d'environ six hommes chacune, et pour cacher son but, marche vers Pontoise, où les Bourguignons se joignent à lui : le soir, il passe la Seine à Poissy où Dunois l'attend. Il marche toute la nuit, sauf une courte halte dans un bois avant minuit, pour prendre quelque nourriture, car le lendemain vendredi était la sixième férie de Pâques et le connétable voulait garder le jeûne[1].

Au point du jour, la troupe est en vue des

---

[1] Grael..p. (207-8) donne ce détail et il a raison. Pourquoi omettre ce trait de mœurs ? — Le jeûne n'était pas ce jour prescrit par l'Eglise. C'était le jeûne de dévotion gardé chaque semaine à la quatrième et la sixième férie (mercredi et vendredi). Trévoux. V°. Jeûne.

murs. A une demi-lieue de la ville, on vient avertir le connétable que l'entreprise est découverte ; il continue à marcher sans mot dire envoyant quelques éclaireurs vers les Chartreux et la porte Saint-Michel[1].

Il compte que à cette heure Michel Laillier et les bourgeois conjurés sont sortis dans les rues en criant : « Vive le roi et le duc de Bourgogne qui entrent dans Paris ! » que tous s'arment, prennent la croix de France ou celle de Bourgogne[2], que dans tous les quartiers les chaînes des rues se tendent comme aux jours d'émeute. Il compte aussi que la garnison anglaise doit attendre sa venue vers le côté nord de la ville.

Cependant vers sept heures le connétable arrive à la porte Saint-Michel. Un bourgeois posté sur la muraille fait signe et dit : « La porte n'ouvre pas : tirez à la porte Saint-Jacques. On besogne pour vous aux halles. » Les gens du connétable arrivent devant la porte Saint-Jacques, et là se tient ce dialogue : « Qui est là ? — Monseigneur le connétable. — Qu'il lui plaise venir nous parler. » Le connétable s'avance à cheval. « — Entretiendrez-vous l'abolition ? (c'est-à-dire amnistie est-elle garantie pour les fautes commises contre le roi ?) — Oui ».

Sur ce seul mot, la petite porte s'ouvre et la

---

[1] M. Cosneau, p. 247, place les Chartreux sur l'emplacement du jardin du Luxembourg.

[2] Croix blanche (*de France*), ou croix de Saint-André (*de Bourgogne*).

planche livre passage au connétable ; il entre le premier et serre la main des bourgeois, pendant que le pont-levis s'abaisse pour laisser passer les chevaux[1].

Le connétable remonte sur « son grand cheval[2] » et descend lentement la rue Saint-Jacques. Des bourgeois, qui ont pris la croix blanche ou la croix de Saint-André, l'acclament, l'entourent, le pressent lui laissant à peine le passage ; et lui, souriant à travers ses larmes « de joie et de pitié, » crie d'une voix émue : « Mes bons amis, le bon roi Charles vous remercie cent mille fois et moi de par lui de lui avoir si doucement rendu la maîtresse cité de son royaume ; et, si aucun s'est mépris par devers le roi, soit absent ou présent, il est tout pardonné ».

En même temps des hérauts publient à son de trompe dans tous les quartiers l'entrée des Français, le pardon du roi et l'ordre du connétable : « que nul ne soit si hardy, sur peine d'être pendu par la gorge, de soi loger en l'hostel des bourgeois contre leur volonté ni de leur faire reproche (de leur défection), ni déplaisir, ni de piller personne... »

Cependant le connétable marchait vers Notre-Dame, le cortège des bourgeois grossissant à chaque carrefour. Au pont Notre-Dame, il ren-

---

[1] *Appendice*, n° 38.
[2] ... « beau coursier et gentil compagnon. » Gruel, p. 207.

contra Michel Laillier portant la bannière royale ; un peu plus loin, il apprit que les Anglais et leurs derniers partisans s'étaient enfermés dans la bastille Saint-Antoine. Des bourgeois le supplièrent de se rendre aux Halles. Il s'y rendit et remercia de nouveau les bourgeois, en répétant qu'il garantissait le pardon du roi. Son épicier, Jean Asselin, vint lui offrir des épices qu'il accepta « car il était à jeun¹. » De là, il revint à l'église Notre-Dame ; il fut reçu par le clergé au son joyeux des cloches, et il entendit la messe tout armé. Il alla ensuite ordonner la garde de la Bastille ; après quoi, sans s'éloigner, il alla « dîner au Porc-Épic, où il était logé² ».

Mais le son des cloches était arrivé à Saint-Denis. Les Anglais retirés dans la tour du Venin, au nombre de six cents, envoyèrent aussitôt demander la capitulation, et le connétable leur accorda la vie sauve.

D'autre part, les routiers laissés à Saint-Denis flairant le pillage de Paris abandonnèrent leur poste et accoururent. Mais, par ordre du connétable, les portes restèrent closes devant eux. « Enragés » de colère, et trouvant, comme ils retournaient à Saint-Denis, les Anglais du Venin désarmés, ils les égorgèrent jusqu'au dernier.

---

1 Gruel. p. 208. — Par *épices* il faut entendre « des dragées et confitures qu'on préparait avec des épiceries et non avec le sucre fort rare en ce temps-là. » Trévoux. V. *Epices* (des juges).

2 Gruel. 208. *Appendice*, nº 39.

Le lendemain, les Anglais de la Bastille se rendirent; et le connétable, à la demande des bourgeois, les reçut à composition.

Ainsi Paris fut recouvré sans effusion de sang, et, ce qui est admirable, sans aucun de ces désordres qui, à cette époque, signalaient la prise des villes. Les bourgeois s'émerveillèrent de cette nouveauté, et y virent un miracle. Le miracle était dû à la ferme volonté du connétable.

C'est ce que les Parisiens comprirent et Guillaume Gruel peut terminer ainsi le récit de cette heureuse journée : « Crois que ne fust oncques mieux aimé à Paris que estoit Monseigneur le connestable[1]. » Dira-t-on que c'est le biographe dévoué qui parle ainsi ?... Voici un autre témoin : « Le peuple de Paris le prit en si grande amour que avant qu'il fut lendemain n'y avait nul qui n'eûst mis son corps et sa chevance (fortune) pour détruire les Anglais[2].... »

C'est un ennemi de la veille qui parle ainsi : il veut dire que la victoire pacifique du connétable a converti tout le monde au roi... Et c'est la vérité ! Comment autrement expliquer que, le soir même, Gauvain le Roy, simple bourgeois, ait pu « mettre en la main du connétable, » Marcoussis, Chevreuse, Montléry, pendant que le pont de Saint-Cloud et celui de Charenton lui étaient rendus ?

[1] Gruel, p. 208.
[2] Journal d'un Bourgeois de Paris, p. 318. Ed. A. Tuetey. Paris, 1881.

Quand Richemont remerciait les Parisiens « d'avoir si doucement rendu au roi la maîtresse cité de son royaume, » il leur rendait justice. La part principale de ce grand succès est aux Parisiens; mais les dispositions prises par le connétable ont préparé et assuré le succès, et cet honneur lui reste. Or, nos dictionnaires historiques dépouillent les habitants de Paris et le connétable de cet honneur commun. A les croire, c'est Dunois qui a tout fait : « En 1436, Paris fut reconquis, — Dunois reprit Paris, — entra dans Paris... » par force, cela s'entend, puisqu'il s'agit de *reconquête* !

Et le connétable chef suprême de l'armée, il n'était donc pas là dans cette grande journée du 13 avril 1436 !.... Les auteurs n'ont pas lu ces lignes écrites aux registres du parlement :

« Vendredi treizième jour du mois d'avril 1436,[1] entre sept et huit heures du matin, par les bons bourgeois et habitants de cette ville de Paris fut faite ouverture de la porte Saint-Jacques à Me Arthur de Bretagne, comte de Richemont et connétable de France, Mre Jehan, bastard d'Orléans. Mre Philippe, s^r de Ternant[2], Mre Jehan de Villiers, s^r de l'Isle-Adam, M^{re}

---

[1] Morice. *Pr.* II. 1271. — Il est imprimé *1435*. Il faut lire *1436*. Cette année avait commencé cinq jours auparavant, le 8 avril, jour de Pâques.

[2] Il est imprimé *Venant* par erreur. La seigneurie de Ternant était com^{ne} actuelle de Plouvorn (c^{on} de Plouzévédé, arr. de Morlaix). Courcy, V^{ll} *Ternant* et *May (de)*.

Simon de Lalain et à bien deux mille tant chevaliers que écuyers et gens de guerre étant en leur compagnie ; .... et tellement et si noblement procédèrent et se conduisirent les dits bons bourgeois et habitants qu'ils reboutèrent M⁰ Louis de Luxembourg, évêque de Thérouanne, chancelier pour le roy d'Angleterre, gouvernant cette dite ville à sa singulière volonté, le s' de Winchester, chevalier Anglais, lieutenant des gens de guerre Anglais étant à Paris... et plusieurs autres environ cinq cents, au châtel de la Bastille. Et incontinent allèrent Messieurs devant nommés et les dits bons bourgeois en moult grand nombre en l'église Notre-Dame de Paris rendre grâces au doux Jésus¹ ».

La Bretagne est là dignement représentée.

Parmi les treize capitaines que nous voyons nommés comme combattant à Saint-Denis ou entrant à Paris à la suite du connétable, neuf sont bretons : Pierre de Rostrenen, René de Retz, sire de la Suze², Kermoysan, Foucaud, Mahé et Geffroy Morillon³, Philippe de Ternant, Jean de Rosnivinen, Henri de Ville-blanche.

¹ *Appendice*, n° 10.
² Frère puîné du maréchal Gilles de Retz, fils de Guy de Laval adopté par Jeanne-la-sage de Chabot dame de Retz, à la condition de prendre le nom et les armes de Retz.
³ La famille possédait entr'autres seigneuries la Porte-Neuve (comm. de Riec, c⁰ⁿ de Pontaven, arr. de Quimperlé) qui (1445) passa par le mariage de Catherine Morillon à la maison de Guer. Courcy. V¹ˢ *Morillon* et *Guer*.)

Trois étaient bourguignons : Villiers de l'Isle-Adam, de Lalain et Varambon.

Un seul, Dunois, représentait la France royale.

Comment le roi et les princes n'ont-ils pas compris que les premiers qui devaient entrer dans Paris ouvert par les Parisiens c'étaient les princes du sang de France ?

Enfin Paris est au roi ! Que du moins le roi s'empresse d'entrer dans sa bonne ville ! Mais non, Charles VII résistera pendant dix-neuf mois aux prières du connétable et ne se montrera aux Parisiens qu'en novembre 1437.

CHAPITRE VIII

Expéditions dans l'Ile-de-France
(1430-1440).

En recevant le gouvernement de l'Ile-de-France, de la Champagne et de la Normandie, le connétable avait accepté la mission de réduire ces trois provinces à l'obéissance du roi. La prise de Paris est un premier succès; mais combien de places sont encore à reprendre ! Il faut de plus assurer la sécurité de Paris, auquel les Anglais n'ont pas renoncé; enfin il faut défendre les campagnes contre les ravages des gens de guerre.

Le traité d'Arras avait abandonné plusieurs places au duc de Bourgogne[1]; il avait fallu en retirer les garnisons, et cette évacuation jeta sur le pays une foule de gens de guerre, qui ne recevaient plus de solde. Réunis en bandes, parfois commandées par des capitaines, ils se mirent à piller; et le peuple les flétrit du nom d'*Ecorcheurs* que l'histoire a gardé. — Ce n'est pas tout : imitant les exploits des Ecorcheurs, des capitaines royaux et des capitaines de places rançonnaient les populations dont la protection leur était confiée. — Ces « pilleries et roberies »

---

[1] Ci-dessus p. 109.

feront pendant plusieurs années le désespoir du connétable.

Voilà les obligations acceptées par le gouverneur de l'Ile-de-France et de la Champagne : voyons comment le connétable va les exécuter.

Le duc d'York, régent de France en place du duc de Bedfort et digne de lui succéder[1], prépare une grande expédition : il doit débarquer en Normandie, et la province insurgée appelle au secours. Mais, pour la reconquérir, il faut l'alliance de la Bretagne que la France n'a pas. Le connétable laissera donc en Normandie des troupes pour tenir tête aux Anglais ; mais pour le moment il ne fera pas plus.

C'est sans son aveu qu'aussitôt après l'entrée à Paris, Saintrailles et Lahire ont ensemble couru à Gisors qu'ils ont pris, mais qu'ils ont dû rendre. Au même temps une entreprise est faite sur Rouen. Le connétable s'avance jusqu'à Gerberoy avec le maréchal de Rieux ; mais ils reconnaissent l'inutilité de cette tentative et reviennent à Paris (mai 1436).

Le connétable remit résolument à plus tard la conquête de la Normandie.

Il n'est pas besoin d'être stratégiste, il suffit de jeter les yeux sur une carte de France pour comprendre et juger la tactique simple, prudente

---

[1] Richard, duc d'York, et le roi Henri VI étaient cousins issus de germains : tous deux avaient pour bisaïeul Édouard III.

et sûre du connétable. Il ne divisera pas ses forces déjà insuffisantes. Il va essayer de reprendre les places de l'Ile-de-France voisines de Paris qui devient son quartier général. Pontoise est aux mains des Français sous la garde de l'Isle-Adam ; mais Creil, Meaux et Montereau sont à reprendre, sans parler de nombreuses petites places[1].

Dès le 8 mai, le siège de Creil fut résolu ; et le connétable alla investir la place avec Dunois et Rostrenen.

L'heureux succès des négociations d'Arras a fait de Richemont l'ambassadeur intime du roi, et cette confiance est justifiée; mais, en éloignant le connétable du théâtre de la guerre, ces missions suspendent ou compromettent trop souvent ses opérations militaires. C'est ainsi que le roi va l'enlever au siège de Creil pour l'envoyer en Picardie auprès de Philippe-le-Bon.

Il s'agissait d'obtenir la liberté de René d'Anjou que le duc de Bourgogne retenait prisonnier[2]. Charles VII et la reine de Sicile pensaient que Richemont, mieux que tout autre, serait écouté de Philippe. Lui-même devait trop à la reine pour laisser passer l'occasion de l'obliger. Il laissa la direction du siège à Dunois et il partit pour la Picardie (juin 1436).

[1] Une autre grande place de l'Ile-de-France était aussi à reprendre, Mantes. Mais cette place voisine de la Normandie était comprise dans les plans du connétable relatifs à cette province.

[2] *Appendice*, n° 41.

A Saint-Omer, il trouva le duc préparant le siège de Calais[1]. Richemont saisit l'occasion : il offre à Philippe de se joindre à lui avec 3000 hommes. Le duc veut agir seul... et il ne prendra pas la place. Avec Richemont et les renforts qu'il offrait, peut-être le succès eût-il été tout autre ; et peut-être n'est-ce pas la faute du connétable si Calais est resté encore aux Anglais pendant plus d'un siècle (jusqu'à 1558.)

Au retour de ce voyage, Richemont voulut revoir le champ de bataille d'Azincourt ; il montra à ses compagnons de route l'endroit où il fut relevé parmi les morts. Depuis ce temps vingt années avaient passé, et combien, grâce à lui, la fortune de la France s'était relevée !

Le connétable revenait sans avoir obtenu la liberté du prisonnier ; et, arrivé à Abbeville, il apprit que Dunois avait levé le siège de Creil, à la nouvelle que le duc d'York, récemment débarqué, venait au secours de la place.

Après une course rapide dans le pays de Caux, en Champagne et jusqu'en Lorraine pour réprimer les brigandages des routiers et recevoir la soumission de quelques places, le connétable fut appelé au Croloy à l'embouchure de la Somme. Olivier de Coëtivy venait de surprendre la ville ; mais le château tenait encore. Richemont proposa à Philippe-le-Bon de joindre leurs forces ;

---

[1] L'empereur Napoléon III (*Œuvres*, t. vi, p. 48, *Du passé et de l'avenir de l'artillerie*) conte une anecdote curieuse à propos de ce siège de Calais. V. *Appendice*. n° 42.

mais le duc s'obstinait devant Calais ; et le connétable reprit la route d'Amiens à Paris.

Quelques jours après, il courut un grand danger. Une troupe anglaise se tenait en embuscade sur la route. Or il marchait accompagné seulement de trente lances et d'archers de sa garde. Les Anglais prirent cette poignée d'hommes pour l'avant-garde du connétable ; et la laissèrent passer, heureusement pour la France[1].

Au mois d'août, le connétable revint à Paris. Il mettait tout en œuvre pour y ramener le roi. Dès le mois d'avril, sur ses conseils, les Parisiens avaient envoyé des députés à Charles VII pour le supplier de venir tenir sa cour dans leur ville. Au mois d'août, ils lui firent encore porter la même prière. En septembre, le connétable lui-même alla faire de nouvelles instances. Le roi avait gardé un mauvais souvenir de Paris. Il répondit aux Parisiens par de belles paroles ; mais, prenant prétexte de troubles qui avaient éclaté en Languedoc, il partit pour le Midi.

Toutefois, pour donner quelque satisfaction aux Parisiens, le roi décida le retour à Paris du parlement et des cours des Comptes et des Monnaies, qui siégeaient à Poitiers depuis l'occupation de la ville par les Anglais ; et il demanda au connétable d'amener à Paris Mme de Guyenne « pour faire plus grande résidence[2]. »

---

[1] Gruel, 209-210.
[2] Gruel, p. 210; le retour des cours fut ordonné par lettres du 6 octobre.

En conséquence M{ᵐᵉ} de Guyenne se rendit à Orléans ; où rendez-vous fut donné aux magistrats, qui tous ensemble avec leurs familles durent partir sous la protection du connétable.

La route d'Orléans à Paris n'était pas sûre. On pouvait y rencontrer quelque détachement des Anglais qui occupaient Montargis et Montereau, et les routiers de l'armée royale qui auraient sans scrupule pillé les bagages des officiers du roi. Le connétable prit les précautions nécessaires et fit venir jusqu'à Etampes une nombreuse compagnie aux ordres du sire de Rostrenen et de Jean Foucaud. Le 22 novembre, la caravane arriva sans encombre à Paris.

Le lendemain, M{ᵐᵉ} de Guyenne fut reçue avec de grands honneurs dans l'église Notre-Dame; et, les jours suivants, le connétable et le chancelier installèrent solennellement les cours de justice.

Le conseil du roi siégeant à Paris avait chargé le connétable de réprimer « par tous les moyens possibles » les excès des Ecorcheurs, pillages, violences de toutes sorte, incendies; et « les pilleries » même des capitaines de places nommés par le roi.

Parmi ces derniers se distinguait par ses cruautés le capitaine de Compiègne, Guillaume Flavy, qui en 1430, traîtreusement ou non, avait causé la prise de Jeanne d'Arc. Appelé par la population du Soissonnais, le connétable accompagné de son neveu le maréchal de Rieux[1], assiégea et prit Flavy dans un château voisin de Compiègne (20 décembre 1436), lui enleva la capitainerie de Compiègne, fut élu à sa place par les habitants et confirmé par le roi.

Sur ces entrefaites, le connétable fut encore distrait de ses opérations militaires autour de Paris par une nouvelle ambassade au duc de Bourgogne. Sur l'ordre du roi, il partit pour Lille laissant Paris aux mains du sire de Rostrenen (janvier 1437).

Il s'agissait encore de la liberté de René d'Anjou. Le duc de Bourgogne avait été contraint de lever le siège de Calais ; il avait eu à repousser une invasion de Glocester en Flandre; il pouvait craindre un soulèvement des Flamands ; il consentit à la libération au prix d'une lourde rançon[2] (4 février 1437.)

Le connétable revint en hâte rappelé par les plus fâcheuses nouvelles.

∴

Le duc d'York avait des intelligences dans Paris et les places voisines ; il se flattait que la trahison lui ouvrirait ces places et même Paris.

[1] Neveu par alliance, comme époux ou simplement fiancé de Marie, fille de Richard, comte d'Etampes. V. *Appendice*, n° 43.

[2] 400000 écus d'or, environ 21 millions et demi (21.600.000) de notre monnaie, même en ne comptant la livre qu'à 40 francs d'aujourd'hui.

Dès la fin de janvier, un de ses lieutenants s'empara d'Ivry ; le 12 février, il surprit Pontoise, mal gardée par le maréchal de l'Isle-Adam ; enfin dans la nuit du 16 au 17 février, les Anglais osèrent essayer de surprendre Paris. Les eaux des fossés étant glacées, ils parvinrent au pied des murailles ; mais Rostrenen faisait bonne garde et les assaillants furent repoussés.

Le surlendemain, le connétable rentrait à Paris. Justement alarmé du danger qu'avait couru la ville, et du péril que lui créait la présence des traîtres, il nomma (23 février) prévôt de Paris Ambroise de Loré, sur lequel il pouvait compter ; rechercha, fit condamner et décapiter les traîtres ; et renforça les garnisons des places voisines de la ville, et qui étaient comme ses avant-postes, notamment Saint-Denis, dont il donna la garde à Tugdual de Kermoysan.

La perte de Pontoise était un malheur, d'autant que le connétable ne put empêcher les Anglais de s'emparer vers l'Ouest de Paris, sur la frontière de Normandie, d'une douzaine de petites places dont la possession assurait la communication entre Pontoise et Rouen par le Vexin[1].

Désespérant de reprendre Pontoise en ce moment, le connétable porta ses vues d'un autre côté. Il ordonna une expédition au Sud de Paris

---

[1] Vexin, pays à l'intersection des départements actuels de la Seine-Inférieure, Oise, Seine-et-Oise et Eure. — Vexin français, capitale Pontoise ; Vexin normand, capitale Gisors.

et s'empara d'abord de Malesherbes, puis de plusieurs autres petites places (mai 1437). Ce mouvement avait un double résultat. Il assurait la communication entre Paris, Orléans et la Loire; et il isolait l'importante place de Montereau dont le connétable projetait le siège.

L'occasion était favorable. Au mois de juin (1437), le roi revenait du Midi avec une armée qu'il fallait occuper. Toutefois, Charles VII hésitait : il craignait de compromettre les négociations pour la paix.

Jeanne de Navarre, qui allait bientôt mourir (9 juillet), avait repris quelque faveur près de Henri VI; elle l'encourageait à la paix; elle avait fait venir près de lui son petit-fils Gilles, troisième et plus jeune fils de Jean V; Gilles avait l'amitié de Henri VI; il maintenait son père dans des dispositions pacifiques; et, à ce moment même, Jean V travaillait à la paix, d'accord avec le duc d'Orléans, qui espérait sa libération comme prix de son intervention. De nouvelles négociations s'étaient ouvertes.

Mais le connétable insistait : selon lui, un succès comme celui qu'il espérait ne pouvait être que favorable à la conclusion de la paix, et permettait d'espérer de meilleures conditions. Le siège fut résolu.

Vers la fin d'août (1437), Montereau fut complètement investi. Le connétable fit établir deux ponts sur la Seine et sur l'Yonne, et détourner l'Yonne qui remplissait les fossés. Ces ouvrages, qui furent en grande partie l'œuvre de Kermoysan, prirent un mois. La garnison comptait sur les secours du duc d'York et pouvait tenir longtemps¹. La venue possible d'une armée de secours était pour les Français une raison de se hâter. Aux premiers jours d'octobre, l'assaut fut tenté sans résultat. Le 10 octobre, un second assaut eut un plein succès.

Les compagnons bretons du connétable, notamment le sire de Rostrenen, « y firent des merveilles, et les Français en conçurent de la jalousie². » Kermoysan montait le premier ; au moment même où il atteignait le haut du mur, un boulet parti des lignes françaises abattit le pan de muraille où il se tenait, « comme pour lui enlever la gloire d'entrer le premier³. » Kermoysan roula dans le fossé avec les débris du mur. Mais l'élan était donné, ceux qui le suivaient entrèrent, et parmi eux le roi qui pendant le siège s'était plus exposé qu'il n'était nécessaire.

Le château tenait encore. Après dix jours, le capitaine désespérant du secours promis capitula à des conditions honorables (22 octobre).

La prise de Montereau était le plus grand succès militaire que la France eût obtenu depuis Patay⁴. Le roi s'empressa de faire annoncer

¹ Lettre du duc d'York (Rouen 16 septembre). M. Cosneau, p. 562-63.
²⁻³ Lobineau. *Hist.* 606. — Gruel dit, p. 211. « Et y (au second assaut) vint le Roy et ses gens qui avaient grand peur que les Bretons la prissent (la ville) sans eux ».
⁴ Ci-dessus, p. 81.

la victoire aux villes du royaume, en faisant publier sa résolution « d'aller mettre en son obéissance Meaux, Pontoise et Creil, pour rétablir partout la justice et la prospérité[1]. »

Pendant que les messagers royaux couraient la France, le connétable rentrait à Paris pour y préparer la rentrée du roi.

Le 12 novembre (1437), Charles VII fit son entrée solennelle dans sa capitale qu'il n'avait pas vue depuis près de vingt ans. « Le roi et tous ses gens étaient armés[2]. » Le cortège entra par la porte Saint-Denis, et se dirigea vers Notre-Dame. Le connétable chevauchait à droite du roi ; le comte de Vendôme, grand maître d'hôtel, à sa gauche. Le dauphin marchait derrière le roi. Le connétable avait bien le droit de prendre pour lui une part des acclamations qui s'élevaient sur le passage du cortège royal.

Il aurait voulu que le roi restât à Paris. Sa présence aurait, pensait-il, mieux assuré la sécurité de la ville et eût semblé une garantie de la promesse faite aux villes de délivrer entièrement l'Ile-de-France. Mais, le 3 décembre, après trois semaines passées, le roi quittant Paris retourna en Touraine.

∴

L'hiver qui commençait fut désastreux. Paris et les campagnes voisines eurent à supporter

---

[1] M. Cosneau, p. 275.
[2] Gruel, p. 211. — Il a été imprimé *octobre 1438*. Il faut lire *1437*.

en même temps, le froid, la famine, l'épidémie, les violences des routiers inoccupés.

Au printemps, les Etats généraux réunis à Bourges, rappelant au roi les succès de l'année précédente, le supplièrent de reprendre la guerre. Au lieu de combattre, Charles VII aima mieux négocier la soumission des capitaines de Montargis[1], Dreux et Chevreuse. Ces trois places allaient lui être rendues à l'automne suivant (1438).

Le connétable aurait bien voulu faire campagne : l'occasion semblait propice : le comte de Warvick, successeur du duc d'York, n'avait ni son habileté ni son activité. Mais l'ardeur belliqueuse du roi était passée, et le connétable n'avait pas de forces suffisantes pour attaquer sérieusement des places importantes. Il fit pourtant une tentative sur Pontoise ; mais, sachant qu'un lieutenant du régent venait au secours, il se retira « ne voulant pas faire tuer inutilement de braves gens. »

S'il avait voulu, en entrant en campagne, donner satisfaction aux désirs des Parisiens, il avait perdu sa peine : les Parisiens, jugeant de loin autrement que lui, le croyaient sûr du succès rêvé par eux ; et sa retraite fut con-

---

[1] En 1432, Surienne (dont nous parlerons plus loin) avait reçu de Bedfort 10,000 écus pour prendre la place dont il resta capitaine. Il reçut la même somme de Charles VII pour lui rendre la place. 10,000 écus représentent plus de 500,000 francs de notre monnaie.

damnée comme une trahison (juillet 1438) !¹
Si les propos qui couraient alors arrivèrent
jusqu'à lui, le connétable les méprisa, se promettant de répondre par des faits à ses calomniateurs. Heureux s'il n'eût pas eu d'autres ennuis !

Mais l'indiscipline de l'armée le désespérait.
En dépit de ses efforts, il ne pouvait réussir à
protéger les campagnes contre les brigandages
des routiers ; et, parmi ses plus utiles officiers,
combien, comptant sur la faiblesse du roi, imitaient Lahire et Saintrailles !

C'est à cette époque que le maréchal de Rieux
fut arrêté par Guillaume Flavy redevenu capitaine de Compiègne. — Nous avons vu Flavy destitué de sa capitainerie (décembre 1436.²) Mais
bientôt rentré en grâce, il avait obtenu, dès le
mois de mars 1437, des lettres de rémission,
était redevenu capitaine de Compiègne, et avait
repris le cours de ses brigandages. Le maréchal de Rieux passait à Compiègne, Flavy osa
mettre la main sur lui, pour se venger du connétable et « sous prétexte que le maréchal avait
vu sans protester le connétable « le mettre hors
de Compiègne. » Le connétable ne put obtenir la

¹ Vauvenargues, sans doute au souvenir d'une campagne
dans les neiges de Bohême, a écrit : « Le contemplateur
mollement couché dans une chambre tapissée invective
contre le soldat, qui passe les nuits d'hiver le long d'un
fleuve, et veille en silence sous les armes pour le salut de la
patrie. » *Réflexions*.... CCXXIII. *Appendice*, n° 44.

² Ci-dessus p. 130-131.

libération de son neveu ; Rieux se refusa à payer rançon, et il allait, un an plus tard, mourir en prison[1]. On ne voit pas le roi intervenir pour faire cesser l'outrage fait à un grand officier de la couronne[2]. — Voilà un exemple entre plusieurs de l'audace de quelques capitaines, de la scandaleuse impunité de leurs méfaits et du peu d'autorité du connétable.

Celui-ci chercha le remède à tant d'excès dans un *mandement* que le roi confirma par lettres et qui fut publié, le 22 décembre 1438.

Le mandement portait « que tout capitaine est responsable de ses hommes, » — et ordonnait à Ambroise de Loré, prévôt de Paris, « de faire arrêter par tout le royaume les malfaiteurs, ou à défaut leurs capitaines pour réparations des dommages par prises de leurs biens ou de leurs personnes. »

Restait à exécuter ces dispositions rigoureuses mais nécessaires.

Vers cette époque, le connétable fut encore enlevé à son gouvernement. Malgré la paix jurée, la guerre avait recommencé à propos de la Lorraine ; et le roi envoyait le connétable conduire des troupes à René d'Anjou. Ces troupes allaient être battues et plusieurs officiers de Ri-

[1] Lobineau, *Hist.* p. 609.
[2] On comprend la colère du breton d'Argentré. Il écrit (*Hist.* f° 620 v°) « Cet outrage ne fut trouvé bon envers un grand officier de la couronne, encore que le roi fut imbécile d'entendement... » Cf. M. Cosneau, *Appendice*, LXXI. p. 567-573.

chemont notamment Geffroy Morillon allaient périr dans cette expédition.

Un échec autrement grave, ce fut la perte du château de Saint-Germain en Laye que la trahison ouvrit aux Anglais (janvier 1439). Alarmés d'avoir encore les Anglais à leurs portes, les Parisiens ne manquaient pas de s'en prendre au connétable.

C'est en vain que celui-ci suppliait le roi de revenir à Paris, où sa présence eût été nécessaire, et de reprendre les hostilités. En ce moment Charles VII songeait encore à la paix. Il y était vivement encouragé par les légats du pape, par le duc d'Orléans, et par Philippe-le-Bon qui venait de célébrer le mariage (les fiançailles) de son fils le comte de Charolais avec Catherine, fille aînée du roi. Jean V s'offrait comme médiateur, et des négociations commencèrent (juin 1439).

Le connétable y demeura étranger. Il se résignait mal à la paix en ce moment. En tout cas, il aurait voulu une nouvelle victoire pour obliger les Anglais à abaisser leurs prétentions ; mais comment l'obtenir? Il ne reçoit du roi ni hommes ni argent. Les troupes non payées pillent en Champagne comme en Beauce. Le connétable fait le plus qu'il peut justice des pillards ; mais il ne se sent pas efficacement soutenu par le roi[1].

---

[1] Gruel dit à propos des *pilleries* de Champagne, Brie et Beauce (p. 213) : « Et le Roy et les Seigneurs soutenaient (c'est-à-dire toléraient) ces pilleries. » Nul doute que, parlant ainsi, il ne rende une impression reçue du connétable.

Désespéré, il songe à résigner son gouvernement de l'Ile-de-France et Champagne, et un jour il s'en explique au conseil.

Le lendemain, le prieur des Chartreux vient le trouver dans la chapelle de son hôtel et lui dit[1] : « Monseigneur, vous délibériez hier de vous décharger du gouvernement... » — Comment le savez-vous ? Qui vous l'a dit ? — Je ne le sais point par homme de votre conseil : je le sais par un de mes frères...Monseigneur ne vous retirez pas.. Dieu vous aidera.. Ne vous souciez, (soyez sans inquiétude)... » — Et le connétable de répondre : « Le roi ne me veut bailler gens ni argent ; les gendarmes me haïssent pour ce que j'en fais justice et ne me veulent obéir. — Les gendarmes feront ce que vous voudrez, le roi vous mandera d'assiéger Meaux et vous donnera hommes et argent. — Meaux est si fort ! Le roi d'Angleterre y fut neuf mois devant[2]. — Vous n'y serez pas tant. Dieu vous aidera. Soyez toujours humble, ne vous enorgueillissez pas. Vous prendrez Meaux bientôt[3]... »

Je copie cet entretien entre le connétable et le prieur, parce qu'il montre, bien mieux que ne

[1] Je copie l'anecdote qui suit dans Gruel, p. 213.
[2] Richemont était auprès du roi Henri V à ce siège de Meaux. Ci-dessus, p. 40. « Il devait avoir à cœur de réparer cette faute. » M. Cosneau, p. 292.
[3] Gruel (p. 213) interrompt la narration du siège auquel il assista pour conter cette anecdote. Il est clair que le biographe croit à un miracle. Voir la suite de son curieux récit, *Appendice*, n° 45.

feraient de longues phrases, quelles étaient les armées du XVe siècle. N'est-il pas à peine croyable d'entendre un connétable de France, victorieux comme Richemont, confesser son impuissance à obtenir non seulement quelque discipline, mais même l'obéissance ?

Le roi fut convaincu : il venait de recevoir un subside considérable des Etats de Languedoc : il pouvait faire face aux dépenses d'un grand siège. Il ordonna le siège de Meaux. C'était une grande entreprise : il fallait prendre la ville et une puissante forteresse nommée le Marché située dans une boucle de la Marne et reliée à Meaux par un pont fortifié.

L'autorisation d'assiéger Meaux fut pour le connétable, dit Gruel, « une de plus grandes joies que je lui visse oncques avoir[1]. » Il partit plein d'espoir : il emmenait entr'autres Bretons le sire de Rostrenen, Kermoysan et Jean Budes qui portait son étendard. Le siège commença le 20 juillet.

Vingt jours après les espions du connétable lui apprenaient qu'une armée anglaise partie de Rouen avait passé à Pontoise. Il fallait se hâter : l'assaut fut résolu ; et le 12 août, la place fut emportée en une demi-heure, « car il ne coûtait rien, dit Gruel, de monter sur la muraille[3]. »

[1] Gruel, p. 212.
[2] « Et croyez qu'il savait toutes les nouvelles... car il avait bonnes espies, et les payait bien. »
[3] Gruel, p. 213.

Mais le Marché restait à prendre. Le 14 août, le secours annoncé arriva[1]. Jugeant que les Anglais venaient pour combattre non pour faire un siège, le connétable s'enferma dans la place défendant à tous d'en sortir et faisant garder les portes par ses fidèles Bretons. Il avait sagement fait. Après une semaine, manquant de vivres, les Anglais reprirent la route de la Normandie. Le capitaine du Marché tint encore quelques jours. Après quoi, il promit de rendre la forteresse, s'il n'était pas secouru dans un délai fixé. Aux derniers jours d'août, il en sortit. La capitainerie fut donnée à Olivier de Coëtivy.

Le jour même, le connétable rentra à Paris. A quelque distance de la ville, il trouva Charles d'Anjou et d'autres grands seigneurs venus au devant de lui sur l'ordre du roi, « et qui le conduisirent jusqu'à l'hôtel Saint-Paul, où le roi lui fit grande chère[2]. »

C'est pendant le siège de Meaux que le maréchal de Rieux mourut dans la prison où Flavy le retenait depuis plus d'une année. Il fut remplacé par André de Laval, sire de Lohéac[3].

---

[1] 7,000 hommes « ou plus » d'après Gruel, p. 214.

[2] Gruel, p. 215.

[3] Celui-ci avait auparavant le titre d'amiral ; il fut remplacé dans sa charge d'amiral par Prigent de Coëtivy, frère d'Olivier. Sur André de Laval, ci-dessus notamment 45, 78. 97.

∴

Le connétable avait obtenu que les États Généraux convoqués pour le 25 septembre s'ouvriraient à Paris même. Le roi changeant d'avis les appela à Orléans. Le connétable s'y rendit.

Là deux grosses questions étaient à délibérer : la paix et la réforme de l'armée.

Après de longs débats, les États se prononcèrent pour la paix, bien que les négociations eussent peu de chances d'aboutir, Henri VI s'obstinant encore, malgré les succès des armées françaises, à conserver le titre de roi de France.

Les députés des villes protestèrent unanimement contre les ravages des gens de guerre et l'inexécution des ordonnances rendues à ce sujet. Le 2 novembre, cédant aux conseils du connétable et aux prières des États, le roi signait l'ordonnance connue sous le nom d'*ordonnance d'Orléans*[1].

Cette ordonnance posait en principe que le roi seul a le droit de lever des troupes. Les seigneurs peuvent sans doute avoir garnison dans leurs châteaux ; mais ils ne peuvent se dire capitaines et courir le pays à la tête de compagnies. Nul n'est capitaine que par la nomination du roi. Le capitaine choisit ses hommes dont il est

[1] A remarquer que le nom de Richemont ne se trouve pas dans le préambule de l'ordonnance : il était déjà parti pour l'expédition en Normandie dont nous allons parler.

responsable ; mais il ne peut dépasser l'effectif fixé par le roi. Les compagnies devront rester dans leurs garnisons sans aller vivre sur le pays. Les seigneurs qui ont des garnisons dans leurs châteaux les entretiendront à leurs frais, sans prélever de taxes extraordinaires et sans détourner à leur profit des tailles et aides dues au roi. — Et le roi, comme s'il eût craint sa propre faiblesse, s'interdisait de donner rémission aux délinquants, et déclarait d'avance *nulles* les rémissions qu'il accorderait.

L'organisation militaire nouvelle dont nous aurons à parler est en germe dans cette première ordonnance. Jusqu'ici l'armée n'a pas seulement compris des compagnies dont les capitaines avaient commission du roi, c'étaient les compagnies *d'ordonnance*; mais auprès de ces compagnies il y en avait d'autres assemblées par des capitaines qui s'étaient institués eux-mêmes, c'étaient les compagnies *sans ordonnance*. Ces dernières compagnies vont disparaître.

Ces sages dispositions acclamées par les Etats furent solennellement publiées par tout le ro-

---

¹ Il semblait présumer que ces rémissions auraient été surprises ou arrachées à sa faiblesse. (Voir ci-dessus, p. 137, la rémission accordée à Flavy).

Cette interdiction de faire grâce se retrouve en d'autres lois. Je la trouve dans l'ordonnance de Moulins (1566). Pas de grâce ou rémission pour celui qui *excède* un sergent ! — *Sergents féodés*, etc., par J. Trévédy, 1889.

yaume. Non seulement elles réprimaient les désordres habituels des routiers, elles attaquaient aussi des abus que des seigneurs regardaient comme des privilèges de la noblesse. Elles devaient naturellement soulever la colère des routiers et mécontenter ces seigneurs.

Le connétable était chargé de l'exécution. Il ne voulut pas la différer d'un jour, et jugea prudent d'éloigner les routiers des environs de Paris. Avant même la signature de l'ordonnance, il avait sollicité et obtenu du roi l'ordre « de prendre grand nombre de gens tenant les champs et qui ne recevaient pas de solde[1]. » C'étaient les routiers qui venaient de prendre Meaux.

Il aurait pu emmener cette armée dans le Maine où la guerre continuait, et où les Français allaient s'emparer de l'importante place de Sainte-Suzanne. Le connétable se proposa un but plus éloigné : Avranches. Il emmena le maréchal de Lohéac et son neveu d'Alençon, qu'il voulait soustraire à l'influence du duc de Bourbon[2]. Il avait réuni 6000 hommes ; mais « il n'avait ni artillerie, ni pionniers, ni argent. » L'argent surtout fera défaut.

Le succès devait sembler douteux ; et peut-être le connétable n'aurait-il pas tenté l'entreprise s'il avait pu s'imaginer que Jean V sor-

[1] Gruel, p. 214.
[2] On verra bientôt combien la précaution était sage.

tant de la neutralité offrait au roi d'Angleterre de venir au secours d'Avranches[1].

Dès le début, les routiers ne recevant pas leur solde, se débandaient pour aller piller dans les campagnes. Chaque soir, malgré l'expresse défense du connétable, ils allaient coucher dans les villages voisins, « et il n'en restait pas quatre cents au camp[2]. » Des renforts arrivèrent aux assiégés. La Sée qui coule au Nord d'Avranches était grossie par les pluies ; et ils ne pouvaient la passer en présence du connétable campé sur l'autre rive. Mais un soir ils finirent par trouver un gué[3]. Le connétable abandonné de presque tout son monde ne put les arrêter, ils forcèrent le camp et entrèrent en ville. A cette nouvelle, les routiers s'enfuirent pour passer en Bretagne. Le connétable entraîné dans la déroute n'avait pas cent lances quand il entra le lendemain à Dol.

Il en repartit en hâte pour aller rendre compte au roi qui était au château d'Angers. Le roi manda les capitaines et en présence du connétable leur reprocha « de s'être si lâchement gouvernés. »

[1] Lettre de Jean V au roi d'Angleterre (4 février 1439, n.s.). Morice. *Pr.* II, 1326.

[2] Gruel, p. 215.

[3] Lobineau dit que les Anglais trouvèrent un gué « dans les grèves du Mont Saint-Michel ». (*Hist.*, p. 611-613). Il veut dire sans doute que les Anglais venant de Normandie trouvèrent un passage au point où la rivière tombe sur la grève à environ deux kilomètres au-dessous d'Avranches.

Mais, quels qu'eussent été les torts des capitaines, le désastre avait eu une cause plus générale, la même qui, quatorze ans auparavant, avait dans le voisinage d'Avranches amené le désastre de Saint-James de Beuvron[1] : l'indiscipline et le défaut de cohésion de ces bandes qui ne formaient pas une armée. Le connétable ne manqua d'insister sur ce point. Le roi réduisit le nombre de chevaux de chaque gendarme « et chassa tout le reste de l'attirail comme chevaux de bagage, valets, femmes et autres bouches inutiles[2].

Il ordonna de mettre les gens d'armes aux frontières, et voulut que les capitaines fissent chaque mois montre devant le connétable et reçussent la solde de leur compagnie. En même temps il désigna les capitaines de compagnies et reçut leurs serments ; enfin il assigna leurs garnisons.

Ces dispositions prises, le connétable, laissant le roi à Angers, partit pour Paris. Il se proposait d'y passer l'hiver, méditant pour le printemps prochain le siège des trois seules places de l'Ile-de-France restant aux Anglais : Saint-Germain, Creil et Pontoise... Mais, à peine a-t-il quitté le roi, qu'une insurrection éclate... Avant

---

[1] Ci-dessus, p. 62-63
[2] Lobineau. *Hist.* 612. Ce que le chroniqueur appelle *la Coquinaille*.

qu'il rentre à Paris, le connétable aura commandé l'armée royale contre des Français rebelles sous les yeux et aux applaudissements de l'envahisseur.

CHAPITRE IX

La Praguerie

(1440-1442)

Cette insurrection en présence de l'ennemi pouvait être désastreuse : elle était d'autant plus odieuse qu'elle avait pour chef et adhérents principaux des princes du sang royal.

Le chef était le duc de Bourbon, cousin du roi par sa mère Marie de Berry. Il jalouse Charles d'Anjou, le comte de la Marche que le roi a fait conseiller du dauphin, et surtout le connétable. Or ceux-ci sont partisans de la guerre et des réformes militaires ; le duc se flatte de réunir dans une ligue formée contre eux les partisans de la paix et les seigneurs qu'ont mécontentés les réformes déjà faites ou prévues.

Mais ces réformes ont été bien accueillies du peuple, il n'en sera pas question. La paix à conclure sera seule inscrite au programme de la ligue; et, les rebelles l'espèrent, la promesse de la paix attirera les villes à leur cause.

Le duc de Bourbon dispose de son frère le comte de Vendôme, et de son frère naturel Alexandre de Bourbon. Il a pour adhérents les ducs de Bourgogne et de Bretagne, depuis longtemps médiateurs de la paix, — Dunois, bâtard d'Orléans qui croit servir ainsi les intérêts de son frère, le duc d'Orléans, encore prisonnier en Angleterre et plus intéressé que personne à la paix; — le duc d'Alençon qui convoite auprès du dauphin la place de son oncle, le comte de la Marche[1]; — la Trémoille qui serait heureux de prendre sa revanche du connétable.

Or, pour obtenir la paix, il faut écarter les conseillers du roi. — Mais le roi refusera de s'en séparer! — Soit! le roi sera mis en tutelle, comme autrefois son père; le dauphin, qui a passé seize ans, sera régent avec un conseil qui gouvernera sous son nom, et dont le duc de Bourbon sera le chef[2].

Mais le dauphin entrera-t-il dans cette combinaison? — En 1420, le dauphin nous est représenté comme « un très bel et gracieux seigneur, très bien formé et bien agile et habile » pour son âge[3]. Onze ans plus tard, le dauphin était bien plus « habile »; il montrait déjà l'esprit

---

[1] Le comte de la Marche (Bernard d'Armagnac, auparavant comte de Pardiac, frère cadet de Jean IV d'Armagnac) était oncle par alliance du duc d'Alençon, qui veuf de Jeanne d'Orléans (1432) avait épousé Marie d'Armagnac, fille de Jean IV.

[2] Est-ce que personne, pas même le duc d'Orléans, ne disputera la place au duc de Bourbon? Le futur roi Louis XI supportera-t-il longtemps ses mentors? — Le duc de Bourbon y a-t-il pensé?

[3] Lettre de Guy de Laval, juin 1429 (Morice. *Pr.* II, 1224. Guy de Laval dit du dauphin « de l'âge d'environ sept ans qu'il doit avoir. » Né le 3 juillet 1423, le dauphin n'avait pas encore six ans. Ci-dessus, p. 81 et *Appendice*, n° 30.

d'intrigue de Louis XI ; et, pour son début, il entre dans une conspiration contre son père !

Mais le roi et ses conseillers résisteront par les armes ! — Les conjurés auront une armée ! Les routiers congédiés ne sont-ils pas prêts à combattre le roi et le connétable, principal auteur des réformes militaires ? Le duc de Bourbon compte si bien sur eux qu'il a songé quand ils revenaient d'Avranches (décembre 1439) à se servir d'eux pour s'emparer du roi au château d'Angers.

Mais l'entreprise sembla prématurée. Les conjurés se dispersèrent. Les uns avec Bourbon allèrent à Blois qui appartenait au duc d'Orléans. Le duc d'Alençon se rendit à Niort qui lui appartenait[1], où le dauphin se tenait avec le comte de la Marche. Aux premiers jours de février (1440), tous avaient quitté Angers quand le connétable prit congé du roi et partit, comme nous l'avons vu, pour Paris.

La route du connétable était par Blois. Il y trouva le duc de Bourbon, son frère de Vendôme, Dunois, Georges de la Trémoille ; ils l'accablèrent de reproches, surtout Dunois, comme pour exciter sa colère et se donner prétexte de l'arrêter. Ils s'y disposaient, lorsque l'un d'eux fit remarquer que l'enlever au gou-

---

[1] En 1443, Charles VII avait vendu à condition de rachat, la châtellenie de Niort au duc d'Alençon pour 22500 écus (Morice, *Pr.* II. 1354), environ un million 215,000 francs de notre monnaie.

vernement de l'Ile-de-France c'était risquer de livrer la province aux Anglais. Continuant sa route le connétable atteignit Beaugency.

Parti après lui d'Angers, le roi apprit à Tours les menées des seigneurs ; il s'arrêta prudemment à Amboise et envoya Saintrailles et un autre officier courir après le connétable « pour le prier sans lui commander de revenir promptement vers lui, toutes choses cessantes[1]. » En même temps les envoyés du roi annoncèrent au connétable que son neveu le duc d'Alençon avait chassé d'auprès du dauphin le comte de la Marche, et qu'il avait pris sa place.

C'est une guerre qui commence. Que va faire le connétable ? Les adversaires du roi sont les proches de Richemont : son frère Jean V, ses beaux-frères les ducs de Bourgogne et de Bourbon, son neveu le duc d'Alençon ; Dunois est son compagnon d'armes. Sur la simple prière du roi, va-t-il s'engager contre eux ? Qu'il assure la victoire au roi et les vaincus retrouveront dans la faveur royale une place que lui, serviteur utile, mais peu aimé, n'obtiendra jamais !

Voilà des objections que Richemont ne se fait pas[2] ! — Pour lui, il faut que la lutte qui s'engage finisse et au plus vite par la victoire du roi ! La prise des dernières places de l'Ile-de-France, la conquête de la Normandie, l'expulsion des An-

[1] Gruel, 215.
[2] *Appendice*, n° 16.

glais sont à ce prix. La prière du roi est un ordre pour le connétable.

Il équipe un bateau, le charge d'hommes dont il est sûr, s'embarque, passe de nuit sous le pont de Blois et arrive à Amboise, « où le roi qui ne dormait pas lui fit grande chère et dit qu'avec lui il ne craignait rien[1]. » Flatteur éloge que le connétable allait justifier.

Il n'y avait pas un moment à perdre. Le roi l'avait compris ; il avait arrêté un des conjurés dont il voulait faire un exemple, et pour lequel l'échafaud était déjà dressé. Le connétable obtint sa grâce sur la seule promesse de bien servir le roi. Cet acte de clémence était d'une habile politique. Il préparait le retour des hésitants en leur montrant comment le roi accueillerait le repentir.

Le premier conseil du connétable au roi fut « de prendre les champs » ; et, pour le déterminer, il osa lui rappeler l'exemple du roi Richard II, son beau-frère, emprisonné et assassiné dans sa prison[2].

Le conseil fut suivi. Richemont avec Lohéac et l'amiral de Coëtivy, marcha aussitôt sur Loches où était le duc de Bourbon : il attaqua brusquement les routiers qu'il mit en fuite. Bourbon te-

---

[1] Gruel, p. 215.
[2] Richard II, fils du Prince Noir, avait épousé (1379) Isabelle, sœur aînée de Charles VII. Devenue veuve (1399) elle épousa Charles duc d'Orléans (1406), (le prisonnier d'Azincourt, dont nous allons parler), et mourut en 1409.

nait dans le château. Le roi survenant en ordonna le siège ; mais Bourbon s'enfuit en Auvergne. Faute insigne qui divisait les forces de la ligue.

Sans perdre un jour, le roi et le connétable vont assiéger Melle, puis ils courent à Niort pour enlever le dauphin au duc d'Alençon. Celui-ci parle de négociations sous la médiation de ses oncles Richemont et de la Marche. Mais c'est une feinte : au même moment il sollicite le secours des Anglais de Guyenne ; et il s'enfuit avec le dauphin pour rejoindre Bourbon en Auvergne.

Le roi et le connétable se mettent à leur poursuite, laissant derrière eux assez de monde pour combattre les rebelles du Poitou, comme la Trémoille, ceux du Berry et de l'Ile-de-France. Des lettres du roi ont défendu aux villes de recevoir le dauphin et ses complices. La plupart des villes se sont fermées devant eux et leurs routiers. Elles s'ouvrent au roi ; celles qui résistent sont prises.

Bientôt Dunois, voyant l'affaire compromise, vient faire sa soumission. Au commencement de juillet, le Bourbonnais et le Forez sont aux mains du roi. Le 15 juillet, le duc de Bourbon et le dauphin demandent et obtiennent la paix à Cusset. Bourbon livrera des places voisines de Paris, Corbeil, Vincennes, Brie-comte-Robert ; et tous les deux prennent l'engagement de licencier leurs troupes et d'observer l'ordonnance relative aux gens de guerre.

C'est à ces conditions qu'ils obtiennent leur pardon ; et, dans les lettres d'abolition, le roi prend soin de rappeler que « toute la guerre appartient au roi et à ses officiers, non à d'autres; qu'il n'est nul si grand au royaume qui puisse mouvoir guerre ni tenir gens d'armes¹ sans l'autorité, commission et mandement du roi ; et qui fait le contraire doit perdre corps et biens selon les droits. »

Et, quelques jours après, le roi confisquait les biens d'un seigneur capitaine de routiers pillards qui venait de mourir, et ceux d'autres capitaines qui, continuant leurs ravages, étaient exilés de France.

Victorieux, le roi pouvait faire acte de clémence. Une amnistie générale fut publiée le 2 septembre.

Quant au connétable, il sortait de l'épreuve « plus décidé à poursuivre ses réformes et armé d'une autorité plus forte pour les réaliser². »

Laissant le roi en Auvergne, il revint à Paris où son lieutenant le sire de Rostrenen venait de mourir (13 août)³.

---

¹ Il faut entendre *tenir en campagne*, car le roi reconnaissait aux seigneurs le droit d'avoir garnison dans les châteaux. Ci-dessus, p. 143.

² M. Cosneau, p. 308.

³ Le sire de Rostrenen fut inhumé avec les princes du sang, derrière le grand autel des Jacobins, où d'Argentré a vu sa tombe. *Hist.* f° 70, 1°.

Comme on devait s'y attendre, l'éloignement de la plus grande partie de l'armée avait été fatale à la cause française en Normandie. Le duc d'York revenu d'Angleterre avec le titre de gouverneur faisait assiéger Harfleur. A son retour, le premier soin du connétable fut d'y envoyer un secours commandé par Dunois. Le 14 octobre, celui-ci assaillit les assiégeants par terre et par la Seine ; mais il fut repoussé ; et, quelques jours après, Harfleur capitula.

Comme compensation, quelques places de Normandie, notamment Louviers, avaient été prises ; et, en même temps, le connétable s'emparait de Saint-Germain-en-Laye (19 octobre 1440[1]) et rentrait à Paris.

Pendant le court séjour qu'il allait faire à Paris, le connétable reçut d'étranges nouvelles de Bretagne.

Gilles de Laval, baron de Retz, un des héroïques compagnons de la Pucelle, avait porté la sainte Ampoule au sacre de Charles VII, et le roi l'avait créé maréchal de France, quand il avait vingt-cinq ans à peine. Mais, après la journée de Sillé[2], il ne parut plus à l'armée. Peu après, ses folles prodigalités avaient motivé un arrêt

[1] Gruel, p. 216.
[2] Ci-dessus, p. 97.

du parlement lui interdisant la vente de ses seigneuries. Retiré dans ses châteaux de Machecoul et de Tiffauges, il se livrait à la magie et à de cruelles débauches qui semblent des accès de démence. En septembre 1440, une double information commençait contre lui. La justice ecclésiastique le poursuivait pour magie, la justice ducale pour ses crimes. Excommunié par sentence de l'évêque du 25 octobre, le maréchal, fut, le lendemain, condamné au feu par le président de Bretagne. Il confessa tous ses crimes, en témoigna un sincère repentir, en accepta l'expiation qu'il jugeait insuffisante, et monta sur le bûcher (27 octobre 1440[1]).

Dans l'hiver, le connétable dut partir pour la Champagne où le roi allait le rejoindre. Il s'agissait de réprimer les « pilleries » des routiers et de faire justice des plus coupables. En janvier 1441, le roi était à Bar-sur-Aube. Il manda devant lui Alexandre de Bourbon dont la férocité avait mérité un châtiment exemplaire. Il le remit au connétable qui le livra au prévôt des maréchaux pour être jugé et exécuté.

La maison de Luxembourg avait refusé de signer le traité d'Arras. En 1441, elle avait pour chef Louis, comte de Saint-Pol. Au mois de février, s'étant avisé de piller un convoi d'artillerie royale, il attira sur lui le connétable qui prit sa ville de Marle, et saisit l'occasion de le

---

[1] *Appendice*, n° 47.

ramener au roi. Bientôt le comte vint faire sa soumission (avril 1441). — Telles furent les premières relations du connétable avec Louis de Luxembourg, dont il épousa la sœur, quelques années plus tard[1].

Le roi et le connétable avaient en même temps remplacé les capitaines de places qui ne voulaient ou ne savaient empêcher leurs routiers de ravager les campagnes ou de courir sur les terres de Bourgogne. Ces courses étaient des infractions au traité d'Arras ; le duc s'en plaignait vivement, et le roi avait tout intérêt à lui donner, s'il pouvait, entière satisfaction.

En effet le roi pouvait craindre une nouvelle Praguerie.

Après une captivité de vingt-cinq années, le duc d'Orléans avait débarqué à Gravelines en terre encore anglaise (12 novembre 1440) : quelques jours après, il avait épousé à Saint-Omer, Marie de Clèves, nièce de Richemont et de Philippe-le-Bon[2]. En janvier, il rentrait en France ; et, le 16 de ce mois, le connétable recevait à Paris le duc et la duchesse.

Le duc d'Orléans, aîné de Richemont de deux

---

[1] Louis de Luxembourg devint le connétable de Saint-Pol (octobre 1465), accusé de trahison et décapité en place de Grève (19 décembre 1475). *Appendice*, n° 48.

[2] Lobineau. *Hist.* p. 617. Elle était en même temps nièce par alliance de Richemont et du duc de Bourbon, étant fille de Marie, sœur de Mᵐᵉ de Guyenne et d'Agnès, duchesse de Bourbon. Vingt-deux ans plus tard, Marie de Clèves devint mère d'un fils qui sera le roi Louis XII.

années seulement, était son ami depuis l'enfance; il avait été son compagnon d'armes et de captivité ; il le traitait avec une amicale familiarité dont Richemont sentait le prix[1]. Et pourtant, quand celui-ci faisait fête au duc et à la duchesse, sa joie de retrouver son vieil ami était-elle entière ?

Le connétable s'était-il flatté de trouver le duc dévoué au roi et à la politique préconisée par lui-même : conquérir par les armes une paix avantageuse ?... Bientôt il dut reconnaître non seulement qu'il ne pouvait compter sur le duc, mais que la présence de celui-ci en France pouvait créer de sérieux embarras.

Philippe-le-Bon avait richement doté Marie de Clèves. Or ce don venait fort à propos au moment où le duc d'Orléans avait à payer une énorme rançon, 400.000 écus (plus de vingt-deux millions de notre monnaie[2].) La libéralité de Philippe méritait la reconnaissance ; mais peut-être Philippe en attendait-il un autre prix.

Quoi qu'il en soit, lorsque, après un séjour de plusieurs semaines en Bourgogne, le duc d'Orléans vint en France, il n'alla pas saluer le roi son suzerain, son cousin et autrefois son beau-

---

[1] Le duc l'appelait « ma lippe, ma vieille lippe ». On dit *lippe* de la lèvre inférieure trop grosse ou avancée. Sur quoi M. Cosneau dit (p. 458 note 5.) : « Le duc reprochait familièrement à Richemont une disposition habituelle à faire la moue. » — Le mot a peut être une autre explication. — *Appendice*, n° 49.

[2] Lobineau. Hist. p. 613. *Appendice*, n° 49.

frère. Au contraire, il se rapprocha du duc de Bourbon, de son frère de Vendôme et du duc d'Alençon. Il semblait même que le duc de Bourgogne aurait volontiers vu le duc d'Orléans à la tête du gouvernement.

Pour obtenir sa libération, le duc s'était engagé vis-à-vis d'Henri VI à faire conclure la paix ; pour qu'il pût tenir sa promesse, il fallait qu'il eût le pouvoir. Ainsi la cause ou le prétexte du changement de gouvernement projeté c'était la nécessité d'assurer la paix.

Or le parti de la guerre l'emportait dans le conseil que dominait le connétable. Celui-ci soutenait que l'occasion de pousser les hostilités était propice, puisque les Anglais ne pouvaient plus faire face aux dépenses de la guerre; il disait que des succès militaires ne pouvaient qu'avancer la paix, et qu'ils permettraient d'obtenir de meilleures conditions. Il revenait à son projet interrompu par la Praguerie : assiéger Creil et Pontoise.

Le conseil du roi décida que, tout en continuant les négociations pour la paix, le siège serait mis devant Creil.

Pendant que les envoyés du roi, au nombre desquels les ducs de Bourbon et d'Alençon et Georges de la Trémoille (choix assez singuliers) partaient pour reprendre les négociations de Calais[1], le connétable accompagné de l'amiral

---

[1] V. *Appendice*, n° 10.

de Coëtivy mettait le siège devant Creil. Après quelques jours, la brèche était praticable, et le capitaine, désespérant de tout secours, se résignait à capituler sans attendre l'assaut (24 mai).

Ce succès avait été obtenu plus vite et plus facilement que ne comptait peut-être le connétable : il exalta l'ardeur de l'armée, les espérances et le dévouement des villes : heureuses dispositions dont il fallait profiter. Aussitôt le roi décida le siège de Pontoise[1].

Le connétable alla asseoir le siège avec sept ou huit mille hommes ; et le roi y arriva avec le dauphin. Malheureusement la place ne put être investie de tous côtés.

Un mois après, Talbot arrivait avec quatre mille hommes. Le connétable et les capitaines se promettaient d'écraser cette petite armée. Le roi refusa la permission de combattre, et Talbot put faire entrer ses troupes fraîches en ville. Au commencement d'août, c'était le duc d'York lui-même qui arrivait à la tête de sept ou huit mille hommes. Il offrit en vain la bataille, ravitailla la place, releva la garnison et se retira. A la fin d'août et aux premiers jours de septembre, Talbot était de retour, manœuvrant, mais n'engageant que des escarmouches.

Cette attitude expectante indignait certains

---

[1] Lettre du roi écrite de Senlis, le 28 mai, pour demander des secours à Saint-Quentin. M. Cosneau, *Appendice*. LXXVI, p. 584. *Appendice*, n° 57.

capitaines et inquiétait les Parisiens. Il fallait en finir. C'est alors que le connétable marcha résolument aux Anglais qui évitèrent le combat. En face d'une armée nombreuse et aguerrie, craignant une diversion en Normandie, mal assurés de leurs subsistances, ils se retiraient laissant le champ libre ; la tactique du roi avait eu le même résultat qu'une victoire qu'il eût chèrement payée. Alors l'assaut général fut résolu. Il fut donné le 19 septembre. Le roi et le dauphin y prirent part. Après un combat acharné, les Français furent maîtres de la ville. Le roi y était entré un des premiers.

Cinq jours auparavant Evreux avait été pris par escalade.

Ces succès consolidaient le pouvoir royal et grandissaient au profit du roi l'autorité du connétable.

Le 25 septembre, le roi faisait une entrée solennelle à Paris, avec le dauphin, le connétable et les principaux chefs de l'armée. Charles VII resta un mois à Paris ; et, quand il partit pour Chinon, le connétable se rendit en Bretagne où il avait à régler quelques affaires personnelles.

C'est pendant son absence que Mme de Guyenne mourut à Paris, le 2 février 1442, « après des regrets fort touchants d'avoir trop aimé la vanité du siècle », dit Lobineau[1]. Le grave historien

---

[1] *Hist.* p. 619.

aurait pu en même temps rappeler ses mérites : elle avait préparé autant qu'il était en elle le succès de la cause française, quand elle avait travaillé à faire monter son époux au premier rang, et à réconcilier son frère avec le roi son beau-frère.

Jean V apprit la triste nouvelle; et, par une singulière discrétion, n'en dit rien. Le connétable ne fut informé qu'à son retour à Parthenay[1].

Le séjour de Richemont auprès de Jean V avait été très utile à la cause française. Il était parvenu à détacher son frère de la ligue des princes.

C'était d'un grand intérêt. Jean V avait conclu un nouveau traité avec le roi d'Angleterre (18 octobre 1440) ; il avait signé une trêve de vingt ans avec le duc de Bourgogne (19 décembre 1440)[2] ; pendant le siège de Pontoise, il avait reçu en Bretagne les ducs d'Alençon, d'Orléans, le comte de Vendôme et Dunois. En le quittant, les trois derniers s'étaient rendus près du duc de Bourgogne : le duc d'Alençon était resté en Bretagne pour accompagner Jean V, à Calais[3].

Mais le duc n'allait pas faire le voyage[4].

On dirait que Jean V tint à marquer avec quelque exagération ses dispositions nouvelles.

---

[1] *Hist.* p. 619.

[2] Morice. *Pr.* II. 1342 et 1344.

[3] Morice. *Pr.* II. 1347-1349. — Sûretés accordées de la part du duc d'York pour le voyage du duc de Bretagne et du duc d'Alençon à Calais.

[4] Lobineau, p. 618.

L'année précédente, bien qu'il n'eût envoyé aucun secours matériel aux princes, Jean V s'était compromis en adhérant à leurs menées. Il avait été compris dans l'amnistie ; mais il s'était imaginé (crainte chimérique) que le roi allait menacer quelques places bretonnes. Il ne voulait plus se compromettre. Donc qu'il ne se rendît pas aux conciliabules quasi-séditieux que les princes tinrent d'octobre à décembre 1441), c'était sagesse. Mais le roi autorisa l'ouverture de conférences à Nevers (janvier 1442) ; lui-même y appela le duc de Bretagne ; et les princes le supplièrent de venir délibérer avec eux[1]. En se rendant à Nevers, Jean V n'eût fait qu'obéir au roi. Pourtant il resta en Bretagne. — Son obstination marquait publiquement qu'il était désormais étranger aux agissements des princes. C'était un nouvel échec pour la Praguerie[2].

Dès avant les conférences de Nevers, le roi avait annoncé une grande expédition en Guyenne. Tandis qu'il la préparait, il travaillait à éteindre les derniers ferments de la Praguerie dans l'Angoumois et le Poitou. Pendant les conférences et lorsque le duc d'Alençon était à Nevers, Charles VII apprit que les Anglais de Guyenne avaient des intelligences dans Niort[3]. Aussitôt il mit la main sur la ville.

[1] Morice. *Pr.* II. 1350-1351.
[2] Le roi excuse pleinement l'absence du duc. *Appendice*, n° 51.
[3] Ci-dessus, p. 154.

Avant le mois de février, le roi étant à Bourges, Dunois délégué des princes vint lui présenter un mémoire d'observations respectueuses relatives à trois points :

1° L'absence du duc de Bretagne aux conférences : les seigneurs demandent que le roi l'y appelle de nouveau ;

2° La dépossession du duc d'Alençon à Niort : les seigneurs demandent pour lui la restitution de la châtellenie ou du prix que le duc en a payé au roi ;

3° La conclusion de la paix négociée en ce moment même. Les seigneurs se préoccupaient de l'expédition de Guyenne qui selon eux pouvait nuire aux succès des négociations. Du moins auraient-ils désiré que le roi retardât son départ, pour que le duc de Bretagne appelé de nouveau pût venir, et que le roi avant de partir voulût bien répondre à leurs demandes[1].

Au nom du roi, le chancelier répondit que le roi regrettait, comme les seigneurs, l'absence du duc de Bretagne ; mais qu'il ne l'appellerait pas de nouveau ; — qu'il rembourserait au duc d'Alençon le prix payé de Niort car il garderait la place ; — que lui-même désirait la paix, qu'il poursuivrait les négociations entamées,

---

[1] *Morice. Pr.* II. 1350-1351. — La pièce n'est pas datée ; elle est antérieure au 10 février (1442). V. à ce sujet les dates indiquées (col. 1351). — Le titre *Mémoire des ducs de Bourgogne et de Bretagne*, etc. est inexact. Le nom du duc de Bretagne absent des conférences est à retrancher.

et que l'expédition qu'il allait faire dans le Midi ne serait pas un obstacle à la paix ; — que cette expédition était nécessaire pour réduire à son obéissance les seigneurs d'Armagnac et de Foix, et qu'elle ne pouvait être différée parce qu'il avait donné sa parole d'être le 1ᵉʳ mai devant Tartas[1].

Le roi ajoutait que son absence ne pouvait nuire au repos du royaume et que « toute entreprise de ses anciens ennemis et autres serait aussitôt réprimée[2] ».

Dans cette réponse modérée mais ferme, relevons la confiance du roi en son autorité rétablie, et remarquons aussi sa déclaration d'aller réduire à son obéissance deux grands seigneurs du Midi. Ce sont les pairs de ceux auxquels il parle : que ceux-ci prennent la leçon pour eux !

Voilà parler en roi sûr désormais de son autorité souveraine et qui saura user de son pouvoir ! Sept ans auparavant, même après Jeanne d'Arc, mais avant que Richemont fût libre d'exercer son office, ce langage, si le roi eût osé le tenir, aurait été une vaine forfanterie : en 1442, il était l'expression de la vérité ; et il eut son effet.

Le duc d'Orléans allait faire sa soumission.

---

[1] Morice. *Pr.* II. 1351. — En réponse, les princes demandent de proposer au roi d'Angleterre la prorogation de la journée de Tartas à une date plus éloignée (1353) comme il fut fait, ainsi que nous verrons plus loin.

[2] *Appendice*, n° 52.

Il vint trouver le roi, en mai, et le rencontra à Limoges déjà en route pour le Midi.

Dans le même temps le roi, qui avait eu d'abord la pensée de laisser le connétable à son gouvernement[1], le manda auprès de lui.

[1] Gruel, p. 218.

CHAPITRE X

Expédition en Guyenne. — Trêve de Tours.
(1442-1444).

Une fois encore, le connétable se voyait contraint de renoncer à la guerre en Normandie ; mais lui-même comprenait mieux que personne que, si cette expédition du Midi dérangeait ses plans vers le Nord, elle était une nécessité et que sa présence y était indispensable.

La Guyenne était vraiment anglaise. Depuis plus d'un demi-siècle, pas un effort sérieux n'avait été fait pour la reconquérir. Après les succès obtenus dans le Nord, il importait de montrer au Midi une puissante armée française.

D'autre part, les grands feudataires de ces provinces lointaines se faisaient indépendants. Le plus puissant d'entr'eux était Jean IV, comte d'Armagnac. Ce frère aîné du comte de la Marche, si fidèle serviteur du roi, était allié des Anglais, et prétendait faire monter une de ses filles sur le trône d'Angleterre en la mariant au roi Henri VI. Le duc de Glocester ne repoussait pas ces espérances, estimant que l'alliance d'un grand seigneur du Midi pouvait relever la fortune de l'Angleterre qui fléchissait vers le Nord.

Ces deux motifs justifiaient une grande expédition dans le Midi : mais une autre raison eût suffi à déterminer et devait hâter le départ du roi.

Charles II d'Albret, vicomte de Tartas, était resté fidèle à la France. A la fin de 1440, les Anglais l'avaient assiégé ; et, en janvier 1441, l'avaient contraint de signer la convention suivante : Tartas avec son territoire resterait à son fils, mais sous la suzeraineté de l'Angleterre pour vingt années ; cette convention pouvait être dénoncée trois mois d'avance ; et après ce délai, la ville serait remise à « celui qui serait le plus fort devant ses murs. » Or le vicomte, d'accord avec Charles VII, avait dénoncé la convention, et pris *journée* pour le 1er mai 1442 ; mais, sur la demande des Anglais, la journée avait été remise au 24 juin. C'est pourquoi le roi, qui comptait d'abord partir le 1er mars, put remettre son départ au milieu de mai.

Jamais Charles VII n'avait eu une telle armée : à la fin d'avril, 30,000 hommes avec une nombreuse artillerie étaient réunis à Limoges. Pour vivre en route, l'armée se partagea en deux corps égaux dont le rendez-vous fut indiqué à Toulouse. L'un des corps, avec le roi et le dauphin, marcha par le Rouergue ; l'autre sous les ordres du connétable, prit à gauche par l'Auvergne. Après la réunion à Toulouse, les deux corps se séparèrent de nouveau, pour se retrouver réunis, le 22 juin, près de Mont-de-Marsan, à deux lieues de Tartas. Le lendemain, 23 juin, l'armée était rangée en bataille sous les murs de la place. Le délai accordé aux Anglais leur avait été inutile ; se jugeant moins forts ils ne parurent pas, et Tartas fut remis au roi.

Quelques jours après, l'armée assiégea Saint-Sever, entouré de cinq enceintes. Deux attaques furent dressées : celle du roi et du dauphin, et celle du connétable. Celui-ci proposait que les deux assauts fussent donnés en même temps ; mais, pour avoir seul l'honneur de la victoire, le roi lui défendit « d'assaillir, dont le connétable fut fort déplaisant[1]. » Le roi et le dauphin enlevèrent les quatre premières enceintes ; à la cinquième, ils furent repoussés à grande perte ; et le roi se vit contraint d'appeler le connétable « à la rescousse ». Un quart d'heure après, les Bretons étaient dans la place, et le dauphin pouvait dire : « Si les Bretons n'avaient tiré les mains aux gens du roi, ceux-ci ne seraient pas entrés[2]. »

Le connétable et le comte de la Marche furent impuissants à empêcher d'affreuses violences ; et, la nuit, comme ils s'opposaient à des fureurs bestiales, ils manquèrent d'être tués par des soldats qui ne les connaissaient pas. Des mères affolées avaient fui abandonnant leurs nourrissons au nombre d'une centaine : le connétable fit venir un troupeau de chèvres pour les allaiter[3].

[1] Gruel, p. 218.
[2] *Idem.*, p. 219.
[3] *Ibidem.*

Saint-Sever pris, une partie de l'armée se répandit dans le pays vers Bordeaux qu'elle menaça ; l'autre alla mettre le siège devant Dax. La disette des troupes était extrême : on vit un soir le connétable soupant avec des oignons et un morceau de pain auprès d'une fontaine « qui bien y servit[1] ». Les vaillants assiégés faisaient de fréquentes sorties dans lesquelles les archers anglais, plus nombreux que les archers français, causaient beaucoup de mal aux assiégeants. Les Anglais avaient compté sur un secours qui ne vint pas. Aux premiers jours d'août, l'assaut général allait être donné quand le connétable détermina la garnison à se rendre sans condition.

Bayonne seul restait à prendre. Le roi ne pouvait faire vivre son armée : renonçant à poursuivre la campagne vers le Midi, il remonta vers la Garonne et marcha sur Agen, où le connétable devait le rejoindre pour s'emparer de places voisines et revenir sur La Réole et Bordeaux.

La route que le connétable suivait de Mont-de-Marsan à Agen passait par Nérac, où se trouvaient avec le comte de la Marche, le sire d'Albret, sa femme Anne d'Armagnac et leur fille Jeanne. Le comte de la Marche avait négocié le

---

[1] Gruel (p. 219). Il ajoute : « Lui vint (au connétable) une pipe de vin qui lui coûta bon prix et lui dura plus que jamais vin ne lui avait duré ; car tout homme qui en envoyait quérir avait sa bouteille remplie, à la condition qu'il apportât une bouteille d'eau à mettre par la bonde. »

mariage de sa nièce avec son ami le connétable ; et les conventions en étaient arrêtées dès le siège de Dax[1]. Le mariage fut célébré le 29 août.

Ce jour même, Jean V reposait sur le lit funèbre. Il était mort la veille au manoir de la Touche, près de Nantes ; mais le connétable n'allait apprendre cette nouvelle qu'après un mois écoulé.

Pendant ce temps, le roi avait pris quelques places aux environs d'Agen et préparait le siège de La Réole ; mais les troupes mourant de faim s'étaient répandues de proche en proche dans les campagnes jusqu'aux environs de Toulouse. Pour assiéger La Réole, il fallait les rallier et les ramener. L'entreprise sembla nécessiter la présence du roi ou du connétable. Celui-ci s'en chargea et comme il approchait de Toulouse, au lieu dit Gavre[2], il fut joint par des messagers de son neveu François, le nouveau duc de Bretagne.

François Ier annonçait à son oncle la mort de son père et le priait de venir assister à son couronnement et à son mariage ; mais le connétable ne pouvait partir sans le congé du roi. A ce moment, Charles VII avait moins besoin de lui. Après avoir menacé Bordeaux[3], il renonçait au

[1] M. Cosneau a publié (*Appendice* LXXIX, p. 603-4) un acte du connétable (Dax, 28 juillet) acquittant par avance le sire d'Albret d'une obligation souscrite par lui dans « le traité de mariage naguère promis et accordé. » Remarquez que pour le mot *Albret* il est écrit *Lebret*. V. *Appendice*, n° 14.

[2] Aujourd'hui Gaure. V. *Appendice*, n° 14.

[3] Des hommes d'armes se jetant dans des gabares étaient allés, comme par défi, le 1er août, prendre dans le port et sans opposition deux navires. M. Cosneau, p. 338-39 note 3.

siège de cette grande ville, et allait se borner à celui de La Réole dont il s'empara bientôt (7 octobre). D'autre part, le roi tenait à complaire au jeune duc de Bretagne. Il accorda le congé ; et le connétable partit avec les ducs d'Alençon et d'Orléans, le comte de Vendôme, Dunois et plusieurs seigneurs bretons.

Pendant qu'ils étaient en route, Yolande d'Aragon, reine de Sicile, mourut, le 14 novembre au château de Saumur. C'est à elle, comme nous l'avons vu[1], que le connétable avait dû son élévation ; et en mourant, elle pouvait s'applaudir d'avoir fait un choix heureux pour la France.

Richemont avait conduit Jeanne d'Albret à Parthenay et avait poursuivi sa route. Il arriva avec les ducs à Ploërmel, où il trouva ses trois neveux François, Pierre et Gilles, la noblesse, les évêques et les principaux abbés de Bretagne, enfin la jeune fiancée de François, qui avait débarqué à Auray, le 30 octobre.

C'était Isabelle, fille du roi d'Ecosse, Jacques Stuart, et sœur de Jacques II régnant et de Marguerite, femme du dauphin[2].

Le mariage fut célébré à Ploërmel ; et aussitôt après, la cour partit pour Rennes où le nouveau duc devait prendre la couronne. Après le couronnement de François, à l'offrande de la messe, le connétable arma le duc chevalier, devant le

---

[1] Ci-dessus, p. 46.
[2] *Appendice*, n° 53.

même autel, où, quarante ans auparavant, lui-même avait été armé (7 décembre 1442[1]).

Après quelques jours passés à Rennes, il repartit pour Parthenay, et au mois de mai 1443, il était de retour auprès du roi à Poitiers.

.*.

Les Anglais n'avaient pas mis à profit autant qu'on aurait pu le craindre, l'éloignement du roi, du connétable et de l'armée. S'ils avaient pris quelques petites places en Normandie, ils avaient perdu Granville fortifiée par eux, et que le connétable munit d'une grosse garnison. Depuis neuf mois (novembre 1442), Talbot assiégeait Dieppe que Guillaume de Coëtivy avait ravitaillée par mer et que Tugdual de Kermoysan défendait avec des « insurgés » Normands. Mais Talbot venait de construire un fort qui bloquait la place, et Kermoysan appelait du secours.

Sur l'avis du connétable, le roi chargea le dauphin de faire lever le siège.

Il fallait se hâter, car on annonçait la prochaine arrivée du duc de Somerset, ayant le titre de lieutenant-général[2]. Il devait débarquer au pays de Caux avec une armée de sept mille hommes[3].

---

[1] Ci-dessus, p. 4.

[2] Avant d'accepter le commandement de cette expédition le comte de Somerset avait exigé le titre de duc et de lieutenant-général. Il se faisait payer d'avance les services qu'il n'allait pas rendre.

[3] Lobineau dit même 8000. (*Hist.* p. 622).

Le dauphin était à Abbeville. Avant de rien faire, il appela Kermoysan pour avoir son avis : Kermoysan conseilla d'attaquer aussitôt le fort anglais ; et, chargé de l'investir, il repartit en hâte. Le dauphin le suivant de près arriva devant Dieppe le 11 août, assiégea le fort le 12, donna l'assaut le 14; et obligea ainsi les Anglais à lever le siège de Dieppe.

Cet heureux succès était dû pour une grande part à la faute de Somerset. Entré en France dès les premiers jours d'août, il aurait pu être devant Dieppe avant le dauphin. Mais il jalousait le duc d'York qui commandait à Rouen : il prétendit agir en dehors de lui ; au lieu d'entrer dans la Seine et de marcher sur Dieppe, il alla débarquer à Cherbourg ; et, le 12 août, quand il aurait dû être à Dieppe, il entrait à Coutances.

Jamais expédition ne fut plus follement entamée. La suite allait répondre au début. Traversant la Normandie et le Maine, Somerset arriva devant Angers à l'abbaye de Saint-Nicolas, sur la rive droite de la Maine. Entre le point où il se tenait et les remparts de la ville et du château, il voyait devant lui la grande rivière servant de fossé. La vue de la position lui suffit : et il alla s'établir devant Pouancé. De là passant la frontière bretonne il courut sommer La Guerche[1], dans laquelle s'enfermèrent en hâte

---

[1] C'est ainsi que je comprends le récit de Gruel, p. 220. — Je dois avouer, non sans appréhension, que d'autres, plus savants que moi, rangent en autre ordre les opérations de Somerset. — V. *Appendice*, n° 54.

quelques chevaliers au nombre desquels Guillaume du Guesclin[1]. Le duc n'avait pas prévu cette violation de son alliance avec l'Angleterre : la place mal close et sans munitions fut rendue.

La félonie des Anglais était d'autant plus flagrante que le duc de Bretagne venait d'envoyer son frère Gilles offrir ses services au roi d'Angleterre ; et, le 26 août, Henri VI avait répondu amicalement à ces avances[2].

A la première nouvelle, le connétable accourut à Châteaugontier où il trouva le duc d'Alençon. Lohéac et d'autres capitaines survinrent avec quelques troupes. Le connétable les supplia vainement d'attendre un jour seulement la venue de deux cents lances. Impatients de combattre, ils se mirent en marche. Ils se heurtèrent avec des forces insuffisantes à un corps anglais commandé par Mathieu Goth, un des principaux officiers anglais[3] ; ils furent battus et perdirent nombre des leurs tués ou prisonniers.

Le connétable parvint à former une petite armée ; mais il reçut du roi l'ordre de se tenir sur la défensive.

Le duc de Bretagne racheta La Guerche pour

---

[1] Neveu du connétable, fils de son frère Olivier. — V. *Appendice*, n° 54.

[2] Lobineau. *Hist.*, p. 623. — Réponse du roi à l'ambassade de Gilles, 26 août 1443. Morice, *Pr.* II, 1360-62.

[3] Mathieu Goth, capitaine célèbre en ce temps, lié avec Gilles de Bretagne, et que nous retrouverons à Formigny. C'est lui que Lobineau (d'après les chroniqueurs), appelle *Matago*. (*Hist.*, p. 622).

20,000 écus (environ un million de notre monnaie[1]). Cette agression sur la Bretagne coûtera cher aux Anglais, comme nous verrons[2].

Comment expliquer la défensive sinon la quasi-inaction prescrite par le roi au connétable? Craignait-on de compromettre les négociations pour la paix?

.•.

L'expédition de Somerset avait consterné — et très justement — le roi et le peuple d'Angleterre. Le peuple, las de la guerre, réclamait hautement la paix; et un motif personnel portait Henri VI à se rapprocher de la France. Il aspirait à la main de Marguerite d'Anjou, fille de René, roi de Sicile, nièce du roi et de Charles d'Anjou, comte du Maine. Marguerite était âgée de quinze ans; et sa beauté était déjà renommée.

En preuve de ses dispositions pacifiques, Henri VI consentit à ce que les conférences fussent suivies dans une ville appartenant à Charles VII[3]; et il annonça l'envoi d'une ambas-

[1] Les 20,000 écus furent payés en janvier 1444 (Morice, *Hist.*, II, p 4). — Lobineau dit (p. 623) : « Le duc donna quelque argent à Somerset. » C'est donc Somerset qui reçut les 20,000 écus. Est-ce à ce propos qu'il fut accusé de concussion ? (M. Cosneau, p. 345).

[2] Le roi désavoua Somerset, (le désaveu est toujours facile et nous en verrons un autre exemple) — et promit au duc une réparation — qui ne vint jamais.

[3] Ci-dessus, p. 160 note 1. et *Appendice*, n° 50.

sade dont le comte de Suffolk, chancelier d'Angleterre, était le chef, pour négocier la paix et demander la main de Marguerite.

En France, le peuple désirait aussi la paix, espérant obtenir avec elle l'allègement des charges qui pesaient sur lui depuis tant d'années. Les ducs de Bourgogne et de Bretagne la conseillaient avec insistance. Mais le conseil du roi était divisé. Si les uns voulaient la paix, les autres, au nombre desquels le connétable, prétendaient arracher aux Anglais au moins la Normandie. Le connétable voulait seulement une trêve un peu longue qui lui donnât le temps d'accomplir les réformes projetées.

Les conférences devaient s'ouvrir à Tours. Charles VII appela en cette ville les principaux vassaux de la couronne. Il tenait à ce que le duc de Bretagne parût aux conférences et fût compris au traité comme sujet et allié de France. Or à ce moment Gilles de Bretagne était à la cour de Henri VI qui le traitait en ami ; et le roi avait promis au duc François de le faire comprendre au traité comme allié d'Angleterre[1]. Charles VII craignait quelques hésitations de la part du duc. Le connétable se chargea de les faire cesser. Il partit pour Nantes : il ne manqua pas de représenter à son neveu la prise de La Guerche comme une rupture des trêves et de son alliance avec

---

[1] « Afin de se faire un droit sur la Bretagne, » dit Lobineau. *Hist.* p. 623. — Réponse du roi à l'ambassade de Gilles de Bretagne. Morice, *Pr.* II, 1360-1362.

l'Angleterre ; et, le 12 avril, le duc partit avec lui venant à Tours comme allié du roi de France.

François Ier allait pour la première fois voir le roi. Aussi, dit Gruel, « Dieu sait comment il était accompagné ! C'était belle chose à voir que les seigneurs, chevaliers et écuyers bretons, car quand il alla saluer le roi à Montils, sa compagnie occupait tout le chemin de la porte de la ville à la résidence royale[1] ».

Les ambassadeurs d'Angleterre arrivèrent le 16 avril, et les conférences commencèrent.

Charles VII renouvela les offres qu'il avait déjà faites de la Normandie et de la Guyenne cédées à l'Angleterre sous la seule condition de l'hommage. Mais Henri VI s'obstinait à ne pas reconnaître à Charles VII le titre de roi de France. A ces conditions, la paix n'était pas possible. Ce dont le connétable se consola facilement. Car tout le monde fut d'accord sur l'opportunité d'une trêve. Elle fut signée le 20 mai, pour vingt-deux mois, jusqu'au 1er avril 1446, sauf prolongation[2]. Le duc de Bretagne y fut compris comme vassal et allié du roi de France; et cette qualité prise par le duc dut être écrite non seulement dans l'acte signé par Charles VII, mais dans l'acte signé au nom de Henri VI[3].

---

[1] Gruel, p. 210. — Montils est à près d'une lieue de Tours. M. de la Borderie, *La Bretagne...* p. 158.

[2] En fait, la trêve fut prolongée de sept mois, puis de cinq, puis de douze mois jusqu'au 1er avril 1448. Après quoi suivit une autre prolongation dont nous parlerons.

[3] *Appendice*, n° 55.

En même temps, le mariage de Marguerite d'Anjou fut décidé. Marguerite parut aux fêtes qui suivirent dans tout l'éclat de sa jeune beauté, et les fiançailles se firent le 23 mai. La première condition de cette union fut que les Anglais rendraient tout ce qu'ils possédaient dans l'Anjou et le Maine. Henri VI ne pouvait, disait-on, posséder les dépouilles du père et de l'oncle de la reine[1].

Cette concession devait être fatale à la jeune reine que, dès le premier jour, elle allait rendre impopulaire en Angleterre. En effet, ces deux provinces étaient de l'héritage des Plantagenets et les Anglais prétendaient des droits anciens sur elles[2].

A ce point de vue, l'union de Marguerite d'Anjou était avantageuse à la France. Trente ans auparavant le père de Henri VI demandant Isabelle à son père Charles VI prétendait fixer lui-même les conditions de son mariage[3]. Aujourd'hui Henri VI demande la fille d'un vassal de France; il achète sa main en cédant des territoires autrefois héritages d'Angleterre... Les temps sont changés !

[1] V. la très curieuse notice : *Le Mariage de Henri VI et de Marguerite d'Anjou*, d'après les documents publiés en Angleterre, par le regretté André Joubert (1883).

[2] Geffroy Plantagenet, comte d'Anjou et du Maine, avait épousé (1127) Mathilde, héritière de Henri I" roi d'Angleterre ; et leur fils Henri II réunit les deux comtés à la couronne quand il devint roi (1151).

[3] Ci-dessus. p. 13.

⁂

La trêve signée donnait au roi et au connétable près de deux années pour exécuter les réformes militaires : mais elles n'allaient pas sans de sérieuses difficultés.

Que faire des routiers ? Les licencier, n'était-ce pas exciter une révolte ? Avec quelles forces et après quelles luttes l'aurait-on réprimée ?

D'autre part la trêve n'était pas la paix : il fallait laisser des troupes aux places frontières; et, si la guerre reprenait avant l'organisation de la nouvelle armée, il ne fallait pas être pris au dépourvu : c'est pourquoi on ne pouvait licencier tous les routiers.

On résolut de faire des routiers ce que du Guesclin avait fait autrefois des *Grandes compagnies*: les emmener combattre hors de France, pour en débarrasser le pays.

Une double occasion se présente. René duc de Lorraine, l'empereur d'Allemagne Frédéric III demandent l'appui de Charles VII. Le duc de Lorraine a affaire aux Messins, l'empereur aux cantons Suisses. Le roi donnera secours à l'un et à l'autre et deux armées sont formées. Avec l'une le roi et le connétable iront investir Metz; l'autre sous les ordres du dauphin passera en Suisse.

Les routiers laissés dans les villes françaises reçurent l'ordre de rester dans leurs garnisons sous les peines les plus sévères. Les autres partirent distribués entre les deux armées.

Le dauphin entra le premier en campagne. Dès le mois d'août 1444, il avait battu les Suisses près de Bâle. Mais la campagne heureusement commencée manqua d'amener la rupture avec la Bourgogne. Au mois de décembre, le dauphin vint rejoindre le roi qui prenait ses quartiers d'hiver à Nancy ; mais il laissa ses routiers en Alsace. Ceux-ci se répandirent sur les terres de Bourgogne, et s'y livrèrent à leurs excès habituels dont le duc se plaignit avec aigreur. Une rupture avec la Bourgogne était à craindre.

Le roi avait chargé le connétable d'investir Metz, et était allé le rejoindre.

Metz, Toul et Verdun, villes impériales, c'est-à-dire dépendantes de l'Empire, étaient françaises de mœurs et de langage ; et, sous le nom des *Trois-Evêchés*, elles ont gardé longtemps entre la France et l'Allemagne une sorte d'indépendance. La ville de Metz surtout était puissante. Peuplée, riche, bien fortifiée, faite à la guerre par ses luttes armées contre la Lorraine, elle allait résister à Charles VII, pendant six mois, jusqu'en février 1445. Au mois de décembre, le roi revint à Nancy. Le connétable restait chargé de la direction du siège, mais faisait de fréquents séjours à Nancy pour assister aux délibérations du conseil.

Après de nombreuses escarmouches, des succès et des revers et les cruelles souffrances d'un hiver rigoureux, le roi accepta les propositions des Messins, qui s'engagèrent à verser la somme de 200.000 écus d'or, — plus de onze millions de francs de nos jours — (28 février 1445). Cette somme allait servir à la réforme de l'armée. Toul et Verdun s'obligèrent à payer au roi un droit annuel de garde ou de protection[1].

C'est pendant le séjour de Charles VII à Nancy, que, de l'avis de son conseil et du connétable, le roi signa l'ordonnance sur la réforme militaire dont nous parlerons plus loin (9 janvier 1445).

C'est aussi pendant ce séjour que le comte de Suffolk vint à Nancy pour épouser au nom de Henri VI Marguerite d'Anjou. Il emmena la fiancée du roi ; le duc d'York, son cousin[2], vint au devant d'elle, jusqu'à Pontoise ; et elle fit une entrée solennelle à Rouen le 23 mars. Qui aurait dit que le duc d'York, si gracieux pour la nouvelle reine, serait avant longtemps son plus cruel ennemi ?

Quand il partait pour cette campagne, le connétable avait laissé Jeanne d'Albret malade. Comme il arrivait en Lorraine, à la fin de sep-

[1] Les Messins payèrent d'autres sommes à certains conseillers du roi pour obtenir la paix; et l'occasion fut perdue de prendre Metz, dont le connétable de Montmorency s'empara seulement le 18 avril 1552.

[2] Richard, duc d'York, petit-fils d'Édouard, quatrième fils d'Édouard III, et Henri VI, petit-fils de Jean duc de Lancastre, troisième fils d'Édouard III, étaient cousins issus de germains.

tembre, il reçut la nouvelle de sa mort. Quelques mois après, Charles d'Anjou, qui en 1443, avait épousé Isabelle de Luxembourg, sœur de Louis, comte de Saint-Pol, arrangea le mariage du connétable avec Catherine, sœur d'Isabelle. Le contrat fut signé à Châlons, le 30 juin 1445. Le connétable allait avoir cinquante-deux ans.

On a vu que pas une maison française n'avait été plus dévouée à l'Angleterre que la maison de Luxembourg; et que le frère de Catherine, Louis, devenu en 1433, chef de la maison et comte de Saint-Pol, n'était revenu au roi que quatre années après la paix d'Arras[1]; mais cette soumission tardive avait effacé le passé. Philippe le Bon avait agréé le mariage du connétable avec la sœur de son puissant vassal; et cette union venait fort à propos pour la France.

Nous venons de dire que les excès des routiers en Bourgogne avaient presque amené une rupture. La duchesse Éléonore vint voir le roi aux fêtes du mariage; et, d'accord avec le connétable, elle réussit à rétablir la bonne harmonie.

Mais les deux alliances de la maison de Luxembourg avec les maisons d'Anjou et de Bretagne, vues avec plaisir par le roi et le duc de Bourgogne, portèrent ombrage à Pierre de Brézé, favori du roi et en ce moment sénéchal de Poitou. Il s'imagina que le connétable, ses

---

[1] Ci-dessus, p. 158, et *Appendice*, n° 68.

beaux-frères de Bourgogne, de Luxembourg et d'Anjou, de connivence avec le roi de Sicile et le dauphin, conspiraient contre lui ; il accusa le connétable de fomenter une nouvelle Praguerie !

L'accusation était ridicule et devait tomber d'elle-même. Le connétable la repoussa dédaigneusement, il fit mieux : il la pardonna, il admit Brézé à travailler de concert avec lui à la grandeur de la France, et tous deux combattront côte à côte à Formigny. Quant au dauphin, devenu roi, il se servira de Pierre de Brézé ; mais il ne lui pardonnera pas.[1]

Assurés de la trêve avec l'Angleterre, libres d'inquiétude du côté de la Bourgogne, le roi et le connétable qui garde toute sa confiance vont, sans perdre un moment, mettre à exécution les réformes militaires.

[1] Au jour de son sacre Philippe-le-Bon lui conseillait et le priait de pardonner à tous ceux qui l'avaient offensé. Louis XI en excepta sept dont Pierre de Brézé. — *Guizot. Hist. de France*, t. II, p. 375. — Rentré au service mais non dans la grâce de Louis XI, il fut tué à Montléry (1465)..

CHAPITRE XI

Réformes militaires.
(1444-1448).

Nous ne pouvons entrer dans le détail des réformes militaires ; mais il suffit d'en donner une idée claire pour en faire apprécier l'importance[1].

L'honneur et le mérite de ces heureuses innovations sont à partager entre le connétable et le roi Charles VII. Sans le roi, le connétable n'aurait rien pu faire ; et, sans le connétable, comment le roi aurait-il pu mener heureusement à fin une telle réforme ?

C'est le connétable qui en conçut la pensée. Il la rapporta d'Angleterre où il avait étudié l'organisation militaire. Nous l'avons vu se désespérant des « roberies et des pilleries » contre lesquelles son autorité de connétable était impuissante. La réforme lui semblait le seul remède à ces affreux désordres ; et elle allait être son vœu le plus cher pendant vingt années.

Charles VII en comprit la nécessité ; et, malgré des oppositions intéressées, il en posa le principe, comme nous l'avons vu, dans l'ordonnance d'Orléans (1439)[2].

---

[1] V. Sur ce point M. Cosneau, Chapitre V, *La réforme de l'armée*, p. 355-376.
[2] Ci-dessus, p. 145.

La Praguerie qui survint, la guerre qui continuait, empêchèrent le roi de passer à l'exécution ; mais, dès que son autorité fut reconnue, aussitôt après la trêve de Tours, il y donna tous ses soins.

Nous l'avons vu, pendant son séjour à Nancy dans l'hiver de 1444-45, rendre et faire publier les ordonnances de réforme[1].

Deux choses sont à faire : il faut licencier l'armée ancienne pour en créer une nouvelle ; — assurer la solde et la subsistance de cette armée, pour empêcher enfin les « pilleries » en leur enlevant tout prétexte.

Le roi et le connétable apportèrent à l'exécution une volonté ferme et en même temps beaucoup de prudence et de ménagements.

Pour opérer le licenciement sans soulever une révolte, on garda les principaux capitaines en leur promettant un commandement égal ou même supérieur dans l'armée nouvelle ; et on fit un choix parmi les gens de guerre ; on garda ceux dont on pouvait attendre de bons services, on renvoya les autres. Le roi accorda aux hommes congédiés une « rémission », une amnistie générale, sans parler des rémissions particulières qu'il ne marchanda pas.

---

[1] Ci-dessus, p. 183. Ordonnances du 9 janvier 1445 (Nancy) — du 20 avril 1445 (dont on n'a pas le texte, mais rappelée dans — Ordonn. du 26 mai. (Luppé-le-Châtel, aujourd'hui canton de Vaubécourt, arr. de Bar-le-Duc. M. Cosneau, App. XXXIV, p. 610 et suiv.

Le connétable fut chargé de tenir la main (mai 1445) à la sévère exécution des ordonnances. Il se mit au travail avec une joyeuse ardeur. Il passa toutes les compagnies en revue et put promptement remplir ses cadres de gens de guerre bien armés et bien montés. Il réunit ainsi une cavalerie de neuf mille hommes d'élite.

Au dire du biographe, le connétable accomplit si heureusement son œuvre que pas un des hommes qui fut renvoyé ne songea à se plaindre[1]. Le biographe est plus croyable quand il nous dit : « Et fut ainsi ôtée la pillerie de dessus le peuple qui longtemps avait duré, dont mondit seigneur fut bien joyeux[2]. »

Les gens de guerre conservés furent distribués en pelotons dits *lances fournies*, composés de six hommes : l'homme d'armes qui en était le chef, souvent noble, son valet ou page et un coustilleur[3], deux archers et un valet de guerre, en tout six hommes et six chevaux.

Les lances furent assemblées par compagnies dites *compagnies d'ordonnance* ou de la *grande ordonnance* comprenant chacune cent lances,

---

[1] Gruel, p. 221. « Oncques homme qui fut cassé ne lui dit que ce fut mal fait... »

[2] « Car c'était l'une des choses que plus il (le connétable) désirait, et toujours avait tâché de le faire; mais le roi n'y avait voulu entendre jusqu'à cette heure. » Pour être juste, il fallait dire : n'y avait *pu* entendre.

[3] Quelquefois *coustiller*... qui portait la *coustille*, long couteau ou courte épée, dague.

000 hommes[1]. Les capitaines des compagnies nommés par le roi et toujours révocables par lui, devaient faire *montre* à toute réquisition des commissaires ou *élus* du roi. Ils furent choisis parmi des hommes possédant quelques biens, et ils furent rendus pécuniairement responsables de leurs soldats : sérieuse garantie de discipline. Souvent même les capitaines furent de très hauts personnages[2].

Les compagnies soit entières, soit par détachements, comme les régiments d'aujourd'hui, furent distribuées dans les villes, notamment dans les grandes. Elles étaient, selon l'usage qui a duré jusqu'au dernier siècle, logées chez les habitants[3], qui devaient fournir blé, viande, vin, ainsi qu'avoine, foin et paille pour les chevaux. Peu après, ces fournitures furent remplacées par leur équivalent en argent, suivant une évaluation discutée ou convenue entre les villes et les commissaires du roi.

Jusqu'à ces derniers temps, on a dit et répété que Charles VII avait créé une armée perma-

---

[1] *Compagnies d'ordonnance* (sous-entendu *du roi*), par opposition aux compagnies levées autrefois *sans ordonnance*. Ci-dessus, p. 114.
Le nombre de cent lances par compagnie ne fut pas invariable. On voit des compagnies commandées par de grands personnages ne comprenant que 80, 60 et même 50 lances.

[2] *Appendice*, n° 56.

[3] Les casernes sont d'invention presque moderne puisqu'elles ne datent que du dernier siècle. Auparavant les hommes de guerre étaient logés chez l'habitant, usage très onéreux aux habitants et fatal à la discipline.

nente avec un effectif fixe et déterminé de 9000 hommes.... Est-ce bien exact?

Dans la création de Charles VII il faut distinguer deux choses, l'organisation et l'effectif de l'armée.

L'armée créée par lui fut *permanente* en ce sens que les compagnies une fois rassemblées restèrent en service à la disposition du roi, à la différence des armées féodales s'assemblant pour une expédition déterminée et dissoutes à la fin de la campagne. Mais, dans la pensée du roi, le nombre des hommes ne devait pas être permanent.

Charles VII cherchait dans l'organisation nouvelle un moyen de soulager le peuple : il aurait bien voulu se contenter d'un effectif moindre que 9000 hommes. Mais c'était impossible, la guerre pouvant recommencer. Toutefois, craignant de rendre sa réforme impopulaire, si dès le premier jour il imposait au peuple des charges trop lourdes, le roi se réduisit à 9000 hommes seulement. Mais il savait bien, ou du moins il reconnut bien vite que cet effectif serait insuffisant; et, dès le début de l'année suivante, et la trêve durant encore, l'armée comprenait en plus 500 lances, (c'est-à-dire 3000 hommes) réparties dans le pays de Languedoc[1]; et dix ans plus tard (1457) le roi se voyait contraint de maintenir l'armée à ce chiffre de 12000 hommes[2].

[1] Ord. du 26 avril 1446. M. Cosneau, p. 364, note 4.
[2] Ord. de février 1457. M. Cosneau, p 364, note 5.

De même l'impôt nommé *taille* destiné à l'entretien de l'armée ne fut pas et ne put pas être, comme on l'a dit, *perpétuel*. La taille varia comme l'effectif, selon les besoins du moment; et elle fut votée après discussion par les Etats des provinces.

Telle fut l'importante réforme opérée en 1445 : mais, pour être complet sur ce qui regarde l'organisation de l'armée, nous devons faire connaître d'autres institutions militaires postérieures de quelques années.

En 1449, le roi créa une autre milice ; ce furent les compagnies dites de *petite ordonnance* ou de *petite paie*, dont les hommes étaient payés moins cher et qui formaient comme des troupes auxiliaires. Ces nouvelles lances, dont le nombre varia presque chaque année, furent maintenues pendant tout le règne de Charles VII au nombre de 512 à 800, soit 3092 à 4800 hommes[1].

Ajoutons la garde du roi composée d'hommes d'armes, d'archers et de cranequiniers ou arbalétriers, et nous aurons énuméré tous les éléments des troupes à cheval.

Voilà pour la cavalerie.

Mais l'infanterie appela aussi l'attention du roi Charles VII et sans aucun doute du connétable. Son biographe remarque en plus d'un endroit que les archers anglais sont en plus grand nombre que les archers français : on peut croire

[1] Entre 1450 et 1458. A supposer que les *petites paies* fussent de six hommes comme les *lances fournies:* ce qui peut-être est douteux.

qu'en parlant ainsi le biographe se fait l'écho des observations et des regrets du connétable.

Richemont avait vu les archers anglais à l'œuvre ; il était tombé sous leurs coups à Azincourt, où ils avaient eu la part principale à la victoire ; et depuis, notamment à Dax, il avait reconnu leur supériorité[1]. Pour compenser l'infériorité numérique des archers français, on appelait à l'armée les hommes des villes et des campagnes voisines des opérations militaires[2]. Or, ces hommes savaient se défendre derrière les murs des villes ; mais peu exercés, peu aguerris, ils ne pouvaient être d'un grand secours en plaine.

Nous avons vu que, devenu connétable, Richemont enlevait tant d'hommes en Bretagne, que le duc Jean V « arma les communes : » c'est-à-dire ordonna que les plus forts et robustes de chaque paroisse seraient réunis en compagnies pour apprendre à tirer de l'arc et se tiendraient toujours prêts à partir au premier signal[3].

Le mandement de Jean V avait été délibéré au conseil où le connétable siégeait avec le maréchal et l'amiral de Bretagne. Nul doute que le connétable n'ait été l'instigateur de cette mesure ;

---

[1] Ci-dessus, p. 171.

[2] Et même à quelque distance en cas de besoin pressant, *Appendice*, n° 57.

[3] Ci-dessus, p 16 et *Appendice*, n° 21. Mandement de Nantes (20 mars 1425 n. s.) — Morice. *Pr.* II (1161-67) Lobineau. *Hist.* p. 565. *Pr.* 999.

et l'ordonnance signée, le 28 avril 1448, à Montils lès-Tours paraît calquée sur le mandement publié par le duc Jean V, vingt-trois ans auparavant. L'exemple est donc venu de Bretagne.

Le roi ordonne que par cinquante feux (ménages), il soit fourni « un bon compagnon » archer ou arbalétrier. — Ces hommes seront inscrits à un rôle paroissial, et exercés au tir tous les jours non ouvrables ; — ils seront soumis à l'active surveillance du châtelain de la paroisse et réunis en compagnies commandées par des capitaines qui devront faire montre devant les élus et commissaires du roi. Les paroisses sont chargées d'armer les archers pauvres. — Ceux qui ont quelque bien doivent s'équiper eux-mêmes, mais ils sont exempts d'impôts. D'où le nom de *Francs-Archers*.

L'exemption des impôts porta des bourgeois à s'enrôler dans les rangs des archers, et en tel nombre que les commissaires purent faire un choix parmi eux. Pour ménager les finances, le roi ordonna qu'on choisirait de préférence ceux qui, bien exercés, ne payaient qu'une faible contribution[1].

Ces troupes n'étaient pas permanentes : mais elles rendirent de très utiles services dans la

[1] Ordonn. du 3 avril 1460. M. Cosneau, p. 374. — Les bourgeois riches ne furent exemptés que « d'une raisonnable et petite portion des tailles et aides ». On peut conclure de là que leur enrôlement volontaire n'avait pas pour unique cause l'exemption de l'impôt ; mais que le service dans les francs-archers était devenu de mode.

campagne de Normandie, en 1450. Deux ans après leur création, les francs-archers formeront au siège de Caen, en juin 1450, un corps de 8000 hommes.

Cette création d'une armée régulière n'empêcha pas le roi Charles VII de recourir à la milice féodale, de réclamer le service de guerre dû par les seigneurs et de convoquer le ban et l'arrière ban. Tout noble fut invité à faire savoir « en quel habillement il pouvait ou voulait servir : soit comme homme d'armes à deux chevaux avec un coustilleur bien monté (grande ordonnance), — comme homme d'armes avec un cheval (petite ordonnance), — comme coustilleur, archer ou arbalétrier à cheval, — comme homme d'armes à pied avec un valet, — comme archer[1]. »

A la différence de ce qui se faisait autrefois, les nobles appelés à l'armée étaient soudoyés pour le temps du service, selon les tarifs de la grande, de la petite ordonnance ou des francs archers. L'armée féodale ainsi organisée devient une armée régulière.

Après ces ordonnances, les troupes royales forment une armée sur le modèle des armées modernes, soldées, disciplinées, obéissant à des chefs hiérarchiques. Nous allons voir cette armée à l'œuvre dans les deux campagnes de Normandie... Mais auparavant il nous faut revenir un peu en arrière.

[1] Ord. du 30 janvier 1455, M. Cosneau, p. 374.

CHAPITRE XII

RÉCONCILIATION ENTRE LES MAISONS DE MONTFORT ET DE PENTHIÈVRE. — GILLES DE BRETAGNE.

1445-1450.

Commencées au mois de mai 1445, les opérations de la réforme militaire étaient finies quatre mois plus tard. En octobre, le connétable put se rendre en Bretagne.

Il voulait mettre fin à deux querelles : la première qui se perpétuait depuis cent années était celle de la maison de Montfort et des Penthièvre, la seconde venait de naître entre le duc François et son jeune frère Gilles.

Nous parlerons d'abord de la querelle des Penthièvre parce que la première elle eut son dénouement.

Le connétable n'imaginait pas qu'il dût être un jour duc de Bretagne; mais, sincèrement attaché au duché et à sa maison de Montfort, il jugeait la réconciliation des Penthièvre avec le duc très utile sinon nécessaire à la paix du duché et à la prospérité de la maison régnante.

Le traité de Guérande avait réglé que la succession du duché se transmettrait de mâle en mâle et passerait aux Penthièvre, à défaut d'héritiers mâles dans la maison de Montfort. Les Penthièvre n'avaient pas su attendre que cette éventualité se réalisât... Seraient-ils plus sages à l'avenir?... D'autre part, ils se résignaient mal à la confiscation de leurs vastes domaines, notamment de leur comté situé au milieu du duché, où ils avaient des partisans dévoués[1]. N'essaieraient-ils pas de s'en rendre maîtres?

C'est à ce danger que le connétable voulait parer. La paix lui parut possible à ces conditions : de la part des Penthièvre, renonciation absolue aux droits éventuels sur le duché résultant pour eux du traité de Guérande; — de la part du duc restitution aux Penthièvre des seigneuries confisquées.

Quelques années auparavant, la paix eût été difficile sinon impossible. A la vérité Olivier et Charles de Penthièvre, auteurs du guet-apens de 1420, étaient morts (1433 et 1434); mais leurs ambitieuses jalousies survivaient; et, en 1437, Jean V fut averti d'une nouvelle conspiration ourdie contre lui dans le Maine : les amis des Penthièvre (sinon eux-mêmes) avaient tenté de le faire empoisonner[2]. Mais la mort de Marguerite de Clisson (1441) et celle de Jean V (1442) avaient changé la situation.

[1] La confiscation au profit du duc avait été prononcée en même temps que leur condamnation à mort par les Etats siégeant à Vannes, le 16 février 1421 (n. s.). ci-dessus p. 28. et Morice, *Pr.* II. 1010-30.
[2] Lobineau, *Hist.* p. 607.

Jean, seigneur de Laigle et comte de Périgord, que la mort d'Olivier avait fait comte de Penthièvre et vicomte de Limoges, devait perdre toute espérance du duché non seulement pour lui-même mais pour les siens. Le duc François était jeune et pouvait espérer des fils. A défaut de fils, son frère Pierre lui succèderait. Il n'aurait pas d'enfant[1] ; mais après lui venaient son frère Gilles, son oncle le connétable, son cousin François, comte d'Etampes. Au contraire, les Penthièvre n'avaient pas d'héritiers mâles. Le comte Jean était sans enfants, son frère Charles, sire d'Avaugour, n'avait laissé qu'une fille ; et leur jeune frère Guillaume, prisonnier par leur faute, n'était pas marié[2].

François Ier hésiterait-il à recevoir les Penthièvre en grâce ? Que répondrait-il à son oncle Richemont si celui-ci lui disait: « Le comte de Penthièvre a tenté d'assassiner votre père mon frère, en 1422[3] ; il m'a combattu dans le Poitou, aux ordres de la Trémoille, mon ennemi mortel ; entré au conseil du roi, il a contribué de tout son pouvoir à me tenir éloigné de l'armée[4]. Pourtant dans votre intérêt et pour la paix de votre duché, je lui pardonne. Faites comme moi, vous y êtes plus intéressé que moi. »

[1] *Appendice*, n° 58.
[2] Guillaume libre enfin en 1448, comme nous verrons, et marié en 1450, ne laissera que des filles en 1455.
[3] Ci-dessus, p. 16-17.
[4] Ci-dessus, p. 72, 75.

Mais les avances devaient venir du comte de Penthièvre : or, au commencement de 1446, il ne semblait pas disposé à la paix. Il venait de voir François Ier à la cour de Chinon, il avait été témoin des faveurs dont le roi l'avait comblé ; le duc prend congé et part pour Nantes ; le comte dépêche après lui un sergent qui faisant diligence l'atteint en route et lui notifie un ajournement devant le roi. Insigne maladresse à laquelle le roi va répondre « en cassant » l'ajournement.(1er avril 1446); et l'acte royal porte que « le comte de Penthièvre a consenti à cette annulation ». Ce qui veut dire que le roi a exigé du comte le retrait de son acte[1]. Voilà celui-ci dûment averti qu'il n'a plus à compter sur l'appui du roi contre le chef de la maison de Montfort ; et l'attitude de Charles VII est d'autant plus significative qu'il n'a pas eu de plus fidèle serviteur que Jean de Penthièvre.

Pour celui-ci le plus sage était donc de faire la paix. La restitution des domaines de Penthièvre valait mieux que l'espérance incertaine d'une éventualité bien improbable. On peut croire aussi que le comte se repentait du malheur de son jeune frère Guillaume, qui, innocent des crimes de sa maison, mais livré comme otage à Jean V, en 1420, expiait en prison depuis vingt-six années la félonie de ses frères[2].

[1] Lobineau, *Hist.* p. 626 et *Pr.* 1031-81. — D. Morice ne donne pas cet acte à ses *Preuves*.
[2] *Appendice*, n° 59.

Le comte de Penthièvre se résolut à aller faire amende honorable au nom de tous les siens. Mais n'osant se présenter seul devant le duc, il demanda au connétable de l'accompagner, et celui-ci le conduisit à Nantes où François vint les recevoir.

Le duc accueillit gracieusement son cousin; et, « considérant, dit l'acte, la grande humilité en quoy le comte de Penthièvre s'est présenté devant nous » le reçut en grâce. Le traité de Nantes fut l'instrument de cette paix si tardive (27 juin 1448[1]).

Ce long traité peut se résumer en quelques mots. Les Penthièvre renonçaient purement et simplement aux droits à la couronne que leur ouvrait éventuellement le traité de Guérande. Guillaume était remis en liberté. Les Penthièvre gardaient le titre de comte de Penthièvre; mais, en leur rendant la plus grande partie de leurs biens saisis, le duc se réservait de leur livrer au lieu du Penthièvre les seigneuries d'Ingrande et Chantocé, s'il pouvait les recouvrer avant deux années[2]; ce délai passé, le Penthièvre leur serait rendu.

Traité tout avantageux aux Penthièvre ! Leur

---

[1] Morice, *Pr.* II, 1415 et suivantes. On a dit que la réconciliation n'avait pas été sincère de la part du comte de Penthièvre. Le contraire est bien démontré. *Appendice*, n° 60.

[2] Le duc pouvait le croire puisque Coëtivy s'était engagé à les céder, en échange de seigneuries en Bretagne, contrat qui lui était avantageux. — Morice, *Pr.* II. 1415. *Appendice*. 61 et ci-dessous, p. 202.

droit éventuel à la couronne de Bretagne semblait à ce moment absolument compromis. Renoncer au comté de Penthièvre, en gardant le grand nom de Penthièvre, ne pouvait leur coûter beaucoup. Devenus étrangers à la Bretagne, et grands seigneurs en France, ils avaient intérêt à posséder des seigneuries en France plutôt qu'en Bretagne.

Par malheur, François Ier mourut avant d'avoir la libre disposition d'Ingrande et de Chantocé; et son successeur Pierre II rendit le comté de Penthièvre en décembre 1450[1].

Le connétable avait efficacement concouru à une réconciliation très heureuse pour la Bretagne; mais dont les résultats allaient être amoindris par la restitution du Penthièvre, et compromis, dix-sept ans plus tard, quand le duc François II commit la faute de saisir de nouveau le Penthièvre (1465[2].)

.·.

L'intervention de Richemont dans la querelle de François Ier et de son frère Gilles n'obtint pas cet heureux succès. Il eut du moins le mérite de s'interposer entre ses deux neveux comme un père aurait pu faire entre ses deux fils.

Gilles était né à la fin de 1425 ou au commen-

---

[1] Le comte fut remis en possession du Penthièvre, le 29 décembre 1450 (Morice, *Pr.* II, 1354) en vertu de lettres ducales du 5 décembre. — V. *Appendice*, n° 60.

[2] *Appendice*, n° 61.

cement de 1426[1]. Il avait été presque élevé en Angleterre. Quand il avait huit ans, en 1432, Jean V l'y avait envoyé comme chef honorifique d'une ambassade. Sa grand'mère Jeanne de Navarre l'y avait retenu ; et son cousin Henri VI, son aîné seulement de trois ans[2], l'avait pris en grande affection.

A la mort de Jean V, Gilles avait seize ou dix-sept ans, François en avait trente-deux. Il ne paraît pas avoir compris le devoir de protection affectueuse que le frère aîné doit à un frère bien plus jeune; et il allait bientôt donner la preuve de ces fâcheuses dispositions.

Malgré la défense du roi et l'opposition du duc d'Anjou et des Laval, Jean V avait acquis de Gilles de Laval, maréchal de Retz, les seigneuries d'Ingrande et de Chantocé situées en Anjou[3], et il avait dû recourir aux armes pour s'en mettre et maintenir en possession. Cependant, en 1439, il les avait données en apanage à Gilles. Cette propriété litigieuse faisait Gilles vassal d'Anjou et sujet de France et pour tous ces motifs ne pouvait lui convenir ; aussi, à la mort de

---

[1] Le 23 décembre 1445, Gilles déclare qu'il est encore mineur. Morice, *Pr.* II, 1393. C'est dire qu'il était né après le 25 décembre 1425, la majorité étant acquise à vingt ans passés, sous la Très-Ancienne coutume. Hévin, *Coutumes de Bretagne*, sur l'article 483.

[2] Henri VI était né le 6 décembre 1421.

[3] Aujourd'hui communes du canton de Saint-Georges-sur-Loire, arrondissement d'Angers.

Jean V demanda-t-il à François I" un apanage en Bretagne. François le refusa.

Peu après, le duc résolut de réclamer le comté de Richemont ; et il crut ne pouvoir choisir un plus utile ambassadeur que Gilles. Celui-ci fut gracieusement accueilli de Henri VI ; mais n'obtint qu'une réponse évasive (26 août 1443[1]). Pourtant le duc ne se rebutant pas le laissa en Angleterre pour suivre les négociations.

Charles VII prit ombrage de l'intimité de Gilles avec Henri VI et de son séjour en Angleterre ; et, le 28 août, déclarant Gilles « rebelle » il saisissait Ingrande et Chantocé, dont il allait gratifier l'amiral de Coëtivy, devenu l'époux de Marie de Retz[2]. — Ce don va faire de l'amiral un dangereux adversaire de Gilles. Pour s'assurer la paisible possession des deux seigneuries, Coëtivy excitera contre lui l'animosité du roi.

Les seigneuries confisquées avaient été assignées à Gilles pour une rente de 6000 livres (environ 250000 francs de notre monnaie). La saisie ne privait pas Gilles du revenu dont le duc restait débiteur, à titre de pension ; mais elle lui enlevait toute puissance territoriale.

Gilles sentit vivement l'injure, et, pour mettre Henri VI dans ses intérêts, il s'engagea à le ser-

---

[1] Morice, *Pr.* II, 1360-63.

[2] Saisie, Morice, *Pr.* II, 1362. — Le don fait à Coëtivy est mal à propos placé auparavant, *Pr.* 1359, sous la date 27 avril 1443. Il faut lire 1444 (n. s.) L'année 1444 avait commencé la veille, 21 avril.

vir « à la paix et à la guerre », stipulant des avantages en Angleterre en compensation de ceux qu'il perdait en France¹. »

A ce moment même Somerset, en pleine paix, s'emparait de la Guerche². L'engagement de Gilles était une trahison envers la Bretagne et la France : or ce marché reçut aussitôt un commencement d'exécution : le 12 décembre 1443, Henri VI donnait à Gilles une pension de 2.000 nobles, (5.000 livres tournois, plus de 200.000 francs de notre monnaie): pension accordée, dit l'acte « en récompense des services rendus au roi par Mgr Gilles et de ceux qu'il pourra lui rendre à l'avenir³. »

Bien plus, pour s'attacher plus étroitement son cousin, Henri VI lui offrit le titre de connétable. Gilles, connétable d'Angleterre, n'aurait pas été, comme en France, chef suprême de l'armée ; mais, grand officier de cour, il eût présidé « la cour de chevalerie » et paradé dans les grandes solennités⁴. Ces fonctions honorifiques pouvaient flatter sa jeune vanité. Pourtant il déclina l'offre du roi.

Rentrant en Bretagne, Gilles allait par un riche

---

¹ Cet acte qui avait échappé à nos historiens bénédictins a été publié par les *Bibliophiles bretons. Mélanges historiques.* II, 238-243. Il est écrasant pour le malheureux Gilles.

² Ci-dessus p 175-176.

³ Morice, Pr. II. 1364 et Mélanges... note 1 ci-dessus.

⁴ M. de la Borderie. *La Bretagne...* III, 588. Appendice, n° 62.

mariage se faire une grande situation dans le duché (1444).

Françoise de Dinan, fille de Jacques, sʳ de Beaumanoir et de Montafilant, et de Catherine de Rohan, avait sept ou huit ans. Les morts presque simultanées de son père et de son oncle le maréchal de Bretagne venaient de réunir sur sa tête les biens des maisons de Dinan et de Châteaubriant[1]; elle fut aussitôt recherchée par plusieurs prétendants, au nombre desquels Arthur de Montauban, frère puîné de Jean, maréchal de Bretagne, et favori du duc[2]; mais, dès que Gilles lui-même demanda la main de Françoise, comment la recherche d'un cadet de Montauban aurait-elle été agréée?

Catherine de Rohan, petite-fille de Jean IV par sa mère sœur de Jean V, et cousine germaine de Gilles, pouvait voir en celui-ci le successeur de Pierre au duché; et ce fut de son plein consentement que Gilles put enlever et épouser sa fille.

De ce jour, Arthur de Montauban va être pour son rival heureux un ennemi mortel. Il excitera sans relâche l'animosité du duc contre son frère; et il aura pour auxiliaire un chambellan du duc, Jean Hingant, chevalier, dont Gilles s'est fait un ennemi, « en le maltraitant de paroles[3]. »

---

[1] *Appendice*, n° 31 et 63.
[2] *Appendice*, n° 64.
[3] Lobineau. *Hist.* p. 626. Sʳ du Hac (Cⁿᵉ du Quiou, arr. de Dinan), capitaine des archers de la garde (1447).

Les efforts combinés de Coëtivy, Montauban et Hingant auraient suffi à perdre Gilles ; mais Henri VI, soit maladresse ou calcul, va venir en aide aux adversaires de son malheureux cousin.

Gilles et Françoise vinrent avec Catherine de Rohan habiter le château du Guildo, appartenant à Françoise, place forte à l'embouchure de l'Arguenon dans la Manche[1], lieu propice au débarquement et peu éloigné de la Normandie encore anglaise. Gilles tint au Guildo une petite cour que gouvernait pour sa fille enfant la dame de Montafilant. Des officiers anglais y étaient reçus « en grande chère » par Mme de Montafilant et même par « ses damoiselles. » Parmi eux fut Mathieu Goth, que nous avons déjà nommé[2] et que nous retrouverons. D'autre part, Gilles passant la frontière bretonne allait parfois « s'ébattre » en Normandie, où les Anglais lui faisaient fête[3].

En refusant le titre de connétable, Gilles avait mécontenté Henri VI qui avait interrompu sa correspondance et ne faisait plus payer la pension. Pour se remettre en grâce, Gilles s'adressa au chancelier d'Angleterre à Rouen.

Le 5 avril 1445, le chancelier le remerciait

[1] Com. de Créhen, canton de Plancoët, arr. de Dinan.
[2] Ci-dessus p. 176. Lettres de Goth. Morice, *Pr.* II, 1384, 85-98.
[3] Lettre de Henri VI à Gilles. Morice, *Pr.* II, 1391.

« d'un gracieux présent de lamproies salées[1] », se portait garant de la bienveillance royale, promettait d'écrire au roi, et conseillait à Gilles d'écrire lui-même et d'envoyer à Henri VI[2].

En effet, au mois de juillet, Gilles députait en Angleterre son écuyer Thomas de Lesquen, porteur d'une cédule non écrite mais seulement signée par lui, dans laquelle il suppliait le roi de lui faire avoir un apanage en Bretagne : il le nommait son « principal seigneur ; » se déclarait son « loyal serviteur » ; et, à ces titres, demandait l'autorisation de « se servir des sujets (des soldats) anglais en France. » Enfin il se mettait « lui et ses places au bien et service du roi[3]. »

Mais la mauvaise humeur de Henri VI n'était pas passée. A peine débarqué en Angleterre Lesquen fut invité à reprendre la mer. Il revint rapportant la cédule, qui, on ne sait comment, tomba aux mains du duc.

François y vit la preuve d'une trahison, et aussitôt (c'était justice) il appela Gilles devant le conseil convoqué au château de Rieux.

Le connétable intervint. Il détermina Gilles à demander son pardon et le conduisit à Rieux. Le 17 octobre, Gilles comparut devant le conseil. Là siégeaient, auprès du connétable et du prince

---

[1] Un poisson très à la mode en ce temps-là. Cf. M. de la Borderie. Règne de Jean IV.
[2] Morice, *Pr.* II, 1374.
[3] Instructions du 5 juillet 1445. Morice, *Pr.* 1380-81.

Pierre, le maréchal de Montauban, frère d'Arthur et Jean Hingant[1].

L'attitude de Gilles fut déplorable. Quand la cédule incriminée lui fut présentée, au lieu de reconnaître franchement sa faute, comme le connétable y comptait sans doute, il dit qu'il avait remis un blanc-seing à Lesquen, « qui pouvait y avoir écrit ce qu'il avait voulu. » C'était accuser son fidèle envoyé d'abus de blanc-seing. Puis, effrayé du serment à prêter sur la Vraie-Croix et le livre des Evangiles ouvert devant lui, il se démentit et confessa qu'il avait dicté la cédule dans un moment de colère et « mal averti » (mal conseillé), sans doute par ses commensaux anglais.

Le duc demanda l'avis du conseil. Le connétable le premier et les autres unanimement implorèrent la grâce de Gilles à cause de son jeune âge, et « parce que le message n'avait pas eu son effet. »

Le duc pardonna (19 octobre); mais aux conditions que voici : Gilles renoncerait aux capitaineries de Saint-Malo et de Moncontour[2]; —

---

[1] Procès verbal. *Réconciliation.* Morice, *Pr.* II, 1385-88. Le sire de Montauban, dit *beau-cousin* du duc, est le maréchal et non comme on l'a cru, (M. Cosneau, p. 370) Arthur, son frère, qui n'était pas *sire* de Montauban, et qui, bien que favori du duc, n'avait aucun droit au titre de *cousin.*

[2] Jean V, à la prière de Henri VI, avait donné à Gilles le titre de capitaine de Saint-Malo (Traité de 1440) — (Morice, *Pr.* II, 1342); et François l'avait fait capitaine de Moncontour., arr. de Saint-Brieuc (Morice, *Pr.* II, 1347).

les capitaines des places de Françoise de Dinan prêteraient serment au duc; — Gilles ne correspondrait plus et n'enverrait plus en Angleterre sans l'assentiment du duc ; — Gilles et Françoise suivraient la cour.

Cette dernière condition eût été la sauvegarde de Gilles ; mais par malheur le duc lui permit de retourner au Guildo. C'est au Guildo que Gilles reçut de son frère de « bonnes et gracieuses lettres » dont il le remerciait, le 11 décembre, par une lettre soumise et respectueuse[1] ; et, au 1er janvier suivant (1446) le duc lui donnait de riches étrennes, comme à son frère Pierre[2].

Le pardon de François semblait sincère. Mais, en supposant que les correspondances anglaises de Gilles aient jamais cessé, elles allaient bientôt reprendre. Quand il recevait les étrennes de son frère, Gilles avait déjà renoué ses intrigues avec l'Angleterre!

Le traité de Rieux était muet sur la question de l'apanage en Bretagne. L'apanage d'Anjou, enlevé à Gilles ne devait-il pas être remplacé ? Fils du duc de Bretagne, Gilles n'allait-il avoir d'autres titres que ceux des seigneuries de sa

---

[1] MM. de Geslin et de Barthélemy. *Anciens duchés de Bretagne.* III, 322.

[2] Morice, *Pr.* II, 1394-97. Une coupe et un gobelet d'or. — Mme de Chantocé (Françoise de Dinan) et sa mère reçoivent aussi des étrennes. — Bien que l'année commençât à Pâques, les étrennes, suivant l'usage romain, se donnaient au 1er janvier. Cf. comptes de chancellerie, et Lobineau, *Hist.* p. 573.

femme ?.... Gilles ne pouvait s'y résoudre, et le roi d'Angleterre encouragea ses prétentions.

Répondant à une lettre de Gilles, le 25 octobre 1445, il lui communiquait une lettre qu'il avait écrite au duc pour demander un apanage en Bretagne. Mais il avait en même temps fait des reproches au duc, « allié, disait-il, d'Angleterre », de ce qu'il trouvait mauvais que Gilles fut allé « s'ébattre dans son duché de Normandie[1]. » — Ces maladroites récriminations n'étaient pas de nature à amadouer le duc. Henri VI ajoutait que, selon le désir de Gilles, il recommandait à son chancelier en France « de lui faire bon service. »

Vers le même temps, Gilles avait adressé un mystérieux message au comte de Buckingham, très avancé dans la faveur du roi[2].

Enfin, le 23 décembre, il protestait par acte authentique contre le don d'apanage que son père lui avait fait quand il était mineur[3].

Henri VI connaissait sans doute cette protestation, lorsque, le 26 janvier (1446), il faisait écrire à Gilles par Mathieu Goth qu'il le recevra en Angleterre, qu'il lui donnera plus de terre qu'il n'en aurait en Bretagne, notamment

---

[1] Morice, *Pr.* II, 1391.

[2] Morice, *Pr.* II, 1392. Réponse du comte. Le comte est Humphrey de Stafford, général de Henri VI contre le duc d'York, depuis duc de Buckingham.

[3] Morice, *Pr.* II, 1393. Il se dit encore mineur... Ci-dessus, p. 201, note 1.

le comté de Richemont.... qu'il vient de refuser au duc[1].

A ce moment même[2], avec une suite nombreuse, dont Arthur de Montauban et Hingant faisaient partie, le duc allait à Chinon faire hommage au roi. Le duc trouva le roi très mécontent de Gilles ; Arthur et Hingant se mirent aussitôt d'accord avec Coëtivy pour le noircir encore dans l'esprit de Charles VII.

Les griefs portés contre Gilles furent examinés au conseil du roi. Le connétable s'opposa vivement à toute mesure de rigueur contre son neveu ; or, tandis qu'il se croyait sûr du conseil, l'arrestation de Gilles était décidée dans des conciliabules secrets. Mais le duc ne se soucie pas d'y employer ses hommes d'armes. Le roi enverra quatre cents lances commandées par l'amiral de Coëtivy et Pierre de Brézé mal disposé pour Gilles[3]. Elles se tiendront au Mont-Saint-Michel aux ordres du duc. Gilles arrêté sur un signe

---

[1] Morice, Pr. II, 1398. — La possession de Richemont par Gilles aurait été une nouvelle cause de brouille avec son frère... Henri VI ne pouvait en douter.

[2] Le duc partit en janvier puisqu'il passa plus de deux mois à la cour (M. Cosneau, p. 381); et qu'il était de retour avant le 1er avril, date de la cassation de l'ajournement du comte de Penthièvre. Ci-dessus, p. 198.

[3] Brézé n'aimait pas Richemont, il se sentait en haine au dauphin. (Ci-dessus, p. 185 et note 1); et s'appuyant sur le duc de Bretagne il devait chercher à lui complaire.(M. Cosneau p. 381, note 4). Il avait pour lieutenant un breton Renaud du Dresnay, bailli de Sens, qui fut aussi de l'expédition du Guildo.

de son frère, mais par des lances royales, semblera le prisonnier du roi et non du duc.

Le duc croit sauver ainsi l'odieux de l'arrestation ; et hypocritement, chaque fois qu'il exercera une violence publique contre son frère, il essaiera, nous le verrons, de faire peser sur d'autres au moins une part de la responsabilité.

Avant le mois d'avril, François était de retour : et Gilles alla le voir au château de Kerango, près de Vannes. Encore une fois, il réclama un apanage en Bretagne, sans pouvoir l'obtenir. Il quitta brusquement le duc ; et, outré de colère, se mit à dire à qui voulait l'entendre qu'il ne demanderait plus au duc l'apanage qui lui était dû ; qu'il l'obtiendrait par le roi d'Angleterre ; qu'il en aurait des troupes ; qu'à la tête de cinq ou six mille hommes il tiendrait la campagne ; et qu'il s'emparerait de « bonnes places » qu'il garderait en apanage[1].

Aussitôt, il fait venir pour sa garde personnelle vingt-quatre soldats anglais d'Avranches ; et le chancelier lui fait savoir qu'il en aura un plus grand nombre quand il lui plaira[2].

Cependant Gilles avait su l'arrivée des lances royales. Il craignit pour sa sûreté et confia ses craintes au chancelier d'Angleterre. Celui-ci saisit l'occasion de l'attirer hors de Bretagne. Il

---

[1] Morice, *Pr.* II, 1407-1408. — Déposition de Tanguy de Bretagne (10 janvier 1447), frère naturel et ami de Gilles.

[2] Rouen, 9 mai 1446. Morice, *Pr.* II, 1400-1401.

lui écrit le 3 mai : « Sur ma parôle, le roi ne vous faudra (manquera) jamais. Vous venu ici serez le plus redouté homme qui oncques partit de Bretagne. Et maintenant montrez que vous êtes chevalier[1]. » Promesses fallacieuses qu'un Anglais d'Avranches bien informé et plus sincère allait démentir[2].

Un officier anglais nommé Lillebonne avait apporté le message et joignait ses instances à celles du chancelier. Mais Gilles n'entendait pas se faire rebelle. Résistant à la tentation, il resta au Guildo, où par malheur Lillebonne resta auprès de lui.

Informé des agissements de Gilles, le connétable, pour rétablir la paix, écrivit à celui-ci une lettre qu'il chargea le duc de lui faire remettre. Le duc lui-même écrivit à son frère. Il l'appelait à lui pour régler la question d'apanage ; mais, pour porter ce message de paix, il choisit Jean Hingant. Insigne maladresse, si le duc eût été sincère !

Hingant arriva au Guildo le matin du 21 juin ; et remit aussitôt ses lettres ; mais c'est seulement le soir, « après avoir soupé, dansé, et fait bonne chère » avec des officiers anglais, que Gilles rendit sa réponse. Il chargeait Hingant de dire au duc « qu'il n'irait pas à la cour ; qu'il allait partir pour l'Angleterre avec sa femme ; qu'il en reviendrait conquérir des bonnes villes

---

[1] Morice, *Pr.* II, 1403.
[2] Morice, *Pr.* II, 1400-1402.

en Bretagne, que sans imiter la félonie des de Blois, il combattrait comme eux¹ ».

Le lendemain de grand matin, sans avoir pris congé, Hingant galopait vers Rennes. Pendant ce temps, des serviteurs fidèles remontraient à Gilles la gravité de ses paroles de la veille. En les voyant pleurer, Gilles pleurant aussi reconnut sa faute ; il écrivit au duc qu'il se rendrait à son appel, et demanda un sauf-conduit. Mais Lillebonne déchira la lettre. Sur quoi Gilles, sans écrire de nouveau, dépêcha deux officiers au duc avec ordre de lui présenter ses excuses, de lui annoncer qu'il avait renvoyé les Anglais, et de demander le sauf-conduit.

Courant après Hingant, les messagers de Gilles arrivèrent à Rennes à la première heure du 23 juin. En ce moment Hingant écrivait au duc pour rendre compte de sa mission. Sur ce que lui dit le messager de Gilles, il ajouta quelques phrases à sa lettre. Il disait le retour de Gilles à la raison, le renvoi des Anglais, la prochaine arrivée auprès du duc des officiers de Gilles ; et Hingant, ne doutant pas que le duc ne les reçût, le priait même de leur faire bon accueil. Le duc refusa de voir les envoyés de son frère ; et c'est après avoir lu le rapport qui lui apprenait le repentir de Gilles qu'il appela les lances royales !

Le 26 juin, elles arrivaient devant le Guildo. La résistance eût été facile et le duc s'y atten-

¹ Morice, *Pr.* II, 1378-89.

dait[1]. Mais Gilles fit ouvrir la porte comme à des amis. Il fut aussitôt arrêté et emmené à Dinan où le duc arrivait. Sa femme arrêtée en même temps fut conduite à la duchesse[2]. La correspondance anglaise fut saisie.

Cependant Charles VII n'avait pu cacher au connétable le départ et la destination des lances. Le connétable protesta s'écriant que « c'était mal au roi de détruire la maison de Bretagne, qu'on pouvait apaiser la chose sans mettre les deux frères en guerre. » Charles VII se repentant peut-être des ordres qu'il avait donnés, ému des plaintes et de la douleur du connétable : « Beau cousin, dit-il, pourvoyez-y, et faites diligence ; autrement la chose ira mal, car le duc et les autres sont tous délibérés de le prendre[3]. »

Partant en hâte, le connétable arriva à Dinan. Il y trouva Pierre et Françoise d'Amboise accourus à la première nouvelle. Il obtint, non sans peine, que le duc vit son frère : Gilles amené au château se mit à genoux devant le duc lui demandant pardon, sans obtenir un mot de réponse. Pierre et même le connétable s'a-

---

[1] Le duc demandait d'autres troupes. Réponse de Charles VII, Morice, *Pr.* II, 1406.

[2] Morice, *Pr.* II, 1407 (*Etat des joyaux de M*^{me} *de Chantocé*). De ce texte il résulterait que Mme de Montafilant ne fut pas arrêtée, comme on l'a dit.

[3] Gruel p. 221-222. Donc le message de paix envoyé par le duc à son frère n'était pas sincère.

genouillèrent aussi demandant grâce et merci pour Gilles. « Tous les trois pleuraient en grande humilité ; mais le duc ne fit qu'en rire¹... »

Le connétable partit indigné. Pierre et Françoise continuèrent d'intercéder pour Gilles, et un jour, fatigué de leurs instances, le duc leur ordonna de retourner à Guingamp. Mais de cette retraite, ils ne se lassèrent pas de recommander Gilles au duc, au connétable et au roi².

Peu après, un valet de chambre de Gilles, jugeant les prières inutiles, imagina un autre moyen de sauver son maître. Passant en Angleterre, il fut si bien accueilli qu'au retour il osait dire : « Nous aurons messire Gilles par prise de place ou autrement, et il ne demeurera guère³. » Paroles imprudentes qui ne pouvaient qu'aigrir l'animosité du duc!

Gilles fut confié à la garde du maréchal de Montauban et conduit au château de Moncontour, dont il avait été capitaine. Le duc annonça l'intention de le faire juger par les États convoqués à Redon pour le mois d'août (1446).

A cette époque, l'action criminelle n'était pas, comme de nos jours, exercée par le ministère public, au nom du souverain. D'ordinaire, une affaire criminelle était un procès entre le plai-

---

¹ Gruel, p. 222.
² Albert Le Grand, *Françoise d'Ambroise*, p. 532-154.
³ *Anciens Évêchés de Bretagne*. III, 326. Enquête fa par Juvénal des Ursins, chancelier de France. (1449).

gnant *demandeur* et l'accusé *défendeur*. Le duc se portant plaignant contre Gilles allait l'accuser non seulement de trahison, mais encore de crimes de droit commun, notamment de violences sur des femmes.

Hypocritement, et pour rejeter sur d'autres la responsabilité de cette poursuite, le duc résolut de soumettre la question à un conseil. A Dinan même, en présence et contre l'avis du connétable, il ordonna à son procureur général Olivier du Breil[1] d'enquérir sur la trahison et les crimes qu'il imputait à Gilles. Du Breil s'excusa; mais, menacé de révocation, il obéit.

Le conseil qui devait statuer fut composé de huit membres, dont cinq (la majorité) notoirement défavorables à Gilles, savoir : le sire de Montauban, son gendre Louis de Rohan, sire de Guémené, chancelier, Arthur de Montauban, Jacques d'Espinay, évêque de Rennes, dont le frère avait épousé une sœur des Montauban[2], enfin Jean Hingant. — Les autres, qui dans cet étrange conseil représentaient seuls la justice, étaient Jean Lespervier, évêque de Saint-Brieuc, Guillaume de la Lohérie, président de Bretagne[3] et Jean Loaisel, sénéchal de Rennes.

[1] Par *procureur général* il faut entendre non le haut officier de justice de nos jours, mais le *mandataire général* du duc.

[2] Du Paz. *Hist. gén. de la maison de Montauban*, p. 289 et 662.

[3] *Président ou juge universel de Bretagne*, le plus haut dignitaire judiciaire du duché.

Inutile de suivre les délibérations du conseil[1]. Qu'il suffise de dire que le conseil siégeait en présence du duc ; que les trois membres de la minorité opinèrent pour l'abandon de la plainte ; que le procureur général était du même avis ; mais que la majorité fut d'opinion contraire et nomma des juges, au nombre desquels le président de Bretagne et le sénéchal de Rennes, pour informer au criminel.

Aux premiers jours d'août, les États allaient s'ouvrir. Le duc avait demandé au roi des membres de son conseil pour donner leur avis en son nom... Nous verrons tout à l'heure pourquoi[2]. Deux commissaires royaux en arrivant le 1er août à Redon y trouvèrent le duc et le connétable.

Le 5 août, l'affaire de Gilles fut exposée en séance et le duc demanda « leur bon avis » aux commissaires et aux États. Si le duc espérait une réponse immédiate, il fut loin de compte. Commissaires royaux, clergé, noblesse, bourgeois des villes furent unanimes à demander du temps « pour délibérer entr'eux, afin de

---

[1] D'Argentré a exposé en jurisconsulte tous les actes des informations, la première extra-judiciaire et la seconde faite par les commissaires judiciaires, le président de Bretagne et autres. *Hist.* fo 632 vo F. et suivants.

[2] Morice, *Pr.* II, 1404-1406. Compte-rendu des commissaires royaux. L'un d'eux était Guillaume Cousinot, maître des requêtes, chargé les années suivantes de négocier avec les Anglais.

mieux juger. » Après une semaine, le 11 août[1], le duc président, le sire de Guémené, chancelier, gendre du sire de Montauban, demanda l'avis de l'assemblée, en interrogeant d'abord les commissaires royaux. Ceux-ci répondirent par un mémoire où ils exposaient :

Que Gilles n'ayant pas été entendu, l'affaire n'était pas en état ; — que, si les faits allégués étaient démontrés, le duc « avait eu juste cause de faire arrêter son frère ; » mais que « l'amour fraternel devait l'émouvoir à pitié et compassion ; » — que Gilles avait surtout offensé le duc et que pour cette raison « ils remettaient l'affaire en son ordonnance. »

C'était le langage de la justice et de l'humanité. Le connétable s'y associa hautement, et les trois États presque unanimement renvoyèrent l'affaire en se réservant « de demander grâce et merci pour Gilles. »

L'échec du duc était complet. Il avait appelé les commissaires du roi comptant que leur opinion défavorable à Gilles et exprimée d'abord entraînerait la majorité ; et les commissaires déclaraient l'information incomplète ; et, au nom du roi, reconnaissaient au duc « principal offensé » et auteur de l'arrestation, le plein pouvoir de faire juger Gilles et de le recevoir en grâce !... Gilles resta en prison.

[1] Les commissaires donnent trois dates : 1er août (lundi) arrivée à Redon, — vendredi 5 août, exposé de l'affaire, — jeudi suivant, décision. Il est imprimé *8 août*. Erreur certaine, il faut lire *11 août*.

Au commencement de 1447, le duc alla saluer le roi au château de Rasilly, près de Chinon[1]. Il ne manqua pas de faire communiquer l'information au conseil. Encore une fois le connétable défendit son neveu ; mais hors de sa présence, le duc, Arthur de Montauban et Hingant mirent tout en œuvre pour aigrir encore le roi contre lui. Ils vengeaient ainsi l'échec qu'ils avaient subi à Redon[2].

Au retour de Razilly, le duc séjourna à Châteaubriant. Il y fit amener son frère ; et, malgré l'opposition du président de Bretagne et de l'évêque de Saint-Brieuc, le conseil fit continuer l'information criminelle qui se poursuivit en divers lieux jusqu'au mois de juillet.

Les informations revenues au procureur général, le duc lui ordonna avec colère de dresser enfin sa plainte. Pour sauver Gilles et lui procurer la liberté, du Breil imagina d'opposer aux sommations du duc une objection juridique : « Par la coutume, dit-il, l'aîné n'a pas de justice criminelle sur son juveigneur ; ainsi vous ne pouvez faire punir le prince Gilles par votre justice[3] ».

L'erreur de droit était certaine. Que le duc en fût mal instruit, on peut le croire ; mais il aurait dû s'étonner que ce scrupule de droit vînt si tard à son procureur général ; et le premier ju-

[1] Aujourd'hui Sacilly, cⁿᵉ de l'Ile Bouchard, arr. de Chinon.
[2] D'Argentré. *Appendice*, n° 65.
[3] D'Argentré. *Hist.* f° 633. v° E. *Appendice*, n° 65.

riste venu l'aurait éclairé. Or, sans plus insister, le duc laissa là l'information ;... mais il garda Gilles en prison. Ce n'est pas là ce qu'attendait l'honnête procureur général. Au lieu de sauver Gilles, il l'avait perdu !

Nous avons dit que Gilles avait été remis à la garde du maréchal de Montauban. Celui-ci « le traita assez gracieusement[1] », suivant sans doute les instructions du duc, qui, au 1ᵉʳ janvier 1448, donnait encore des étrennes à son prisonnier[2]. Mais, sur la fin de cette année, la garde de Gilles fut remise par Montauban, avec l'assentiment ou par la volonté du duc, à un officier subalterne ; et, de ce moment, commencèrent les mauvais traitements. L'influence d'Arthur de Montauban toujours ardent à exciter l'animosité du duc suffirait à expliquer ce changement ; mais la maladroite attitude du roi d'Angleterre put y être pour quelque chose.

Aussitôt après l'arrestation de Gilles, Henri VI, justement ému, avait supplié le duc de le mettre en liberté[3]. Après la découverte des lettres saisies au Guildo, le duc devait être peu disposé à faire droit à cette demande. Au début de 1447, Henri VI s'adressait au roi. Charles VII sem-

[1] C'est l'expression même de Gilles dans sa requête au roi. Morice, *Pr.* II, 1438-1439.

[2] A Mᵍʳ Gilles, coupe et aiguière d'or. Morice, *Pr.* II, 1412.

[3] Lettre du 23 janvier 1447 (n. s.) (Morice, *Pr.* 1397) rappelle cette première démarche.

blait disposé à la pitié et envoyait à ce sujet une ambassade au duc; mais en ce moment même les Anglais menaçaient divers points de la Bretagne[1]. L'affaire en resta là. En 1448, Henri VI reprit ses démarches auprès du roi et du duc; mais les Anglais venaient de mécontenter l'un et l'autre en faisant par un faux figurer le duc comme « allié d'Angleterre » dans la trêve du Mans (mars 1448)[2]. C'est ainsi que les agissements des Anglais contrariaient et rendaient inutiles leurs démarches en faveur de Gilles.

Toutefois le roi ni le duc n'opposaient à Henri VI un refus absolu. Ils craignaient de nouveaux engagements de Gilles avec l'Angleterre; et le roi prescrivait de multiples et minutieuses précautions à prendre au cas de libération[3]. Mais il ne songeait pas à un moyen très simple et certain d'assurer la fidélité de Gilles : c'était la concession de l'apanage breton. L'obstination du duc à refuser cet apanage avait été la cause de l'inimitié des deux frères ; la concession eût ramené Gilles; et elle était à ce moment pour le duc un devoir de stricte justice. N'avait-il pas ratifié la renonciation de son frère à l'apanage angevin quand il avait reconnu la possession des deux seigneuries à l'amiral de Coëtivy[4]?

[1] Ci-dessous p. 233. — [2] Id. p. 234.
[3] Sur ce point notamment : Instructions données par Charles VII à ses ambassadeurs en Bretagne. Juin 1448. Morice, *Pr.* II, 1412-1415, et lettre de Henri VI au roi, 20 août 1448, Morice, *Pr.* II, 1429-1430.
[4] Ci-dessus, p. 199, note 2.

D'autre part, le roi se demandait s'il était « honorable et convenable » d'accorder à la prière des Anglais la libération de Gilles « sujet de France, et ne devant avoir aucune alliance avec l'Angleterre. » Le duc répondait à Henri VI, qu'il avait fait arrêter son frère « sur le conseil du roi et d'aucuns de son conseil, et que, sans l'avis du roi, il ne ferait pas cesser sa détention. » Enfin, avant le mois d'août 1448, Henri VI fit une nouvelle démarche auprès du duc ; et celui-ci envoya en ambassade au roi Henri de Villeblanche et Loaisel, le sénéchal de Rennes, toujours favorable à Gilles. Ils étaient chargés de dire au roi « que le duc le rendait maître de ce qui touchait son frère. » Les ambassadeurs trouvant le roi en bonnes dispositions pour le prisonnier insistèrent pour que « le roi y donnât provision et en diligence, car la longueur y pourrait trop nuire ; » et ils osèrent ajouter : « S'il arrivait un malheur, on vous en donnerait tout le blâme, et il serait bien difficile de vous en excuser[1]. »

Voilà avec quelle noble liberté des Bretons, outrepassant les instructions du duc, osaient parler au roi de France ! Le roi ne s'offensa pas du conseil, mais il n'en tint compte. Il accepta la garde de Gilles ; mais il ne s'en occupa pas et laissa le duc agir selon sa volonté. Voilà pour-

---

[1] Lobineau, *Hist.* p. 631 et *Pr.* 1084. — Je supplée le mot *malheur* effacé dans le texte, mais qui semble bien compléter le sens de la phrase.

quoi Charles VII, s'il ne porte pas « tout le blâme », selon la parole des ambassadeurs bretons, a du moins une part de responsabilité dans les faits qui suivirent.

L'officier auquel avait été remise la garde de Gilles avait été choisi par les Montauban, et il était à leur dévotion, comme vassal de la seigneurie de Montauban. C'était un écuyer nommé Olivier de Méel[1].

Aux premiers mois de 1449, Gilles, se sentant perdu, adressa au roi de touchantes supplications. Il rappelait qu'il était détenu depuis plus de deux ans et demi[2]; il disait que « son frère l'ôtant des mains du sire de Montauban l'avait mis au mains de ses ennemis; qu'il croyait que son frère avait encore bon vouloir pour lui; et que le mal qui lui arrivait venait non du duc mais de ses ennemis[3] ». Il disait que cruellement battu il avait passé dix jours en basse-fosse; que sa vie allait finir; et il suppliait le roi de le

---

[1] Gilles dit (requête au roi ci-dessous que « son frère l'a ôté des mains de Montauban ». Mais Montauban gardait la *charge* de Gilles *en nom*, et l'avait encore comme nous verrons (ci-dessous p. 227) en avril 1450. — *Appendice*, n° 66.

[2] Cette indication date approximativement la requête. L'arrestation de Gilles étant du 26 juin 1446, la requête est postérieure au 26 décembre 1448.

[3] « .. Par le pourchas (poursuites) et appétit de ces hayneux, » c'est-à-dire pour le profit et la rapace avidité ou ambition de ces ennemis. — Allusion évidente à Arthur de Montauban.

prendre sous sa main et de lui donner les juges qu'il ne pouvait obtenir de son frère.

Un breton, Guillaume de Rosnyvinen, premier échanson[1], se chargea de remettre la requête au roi. Le connétable et Pierre de Bretagne joignirent leurs supplications à celles de Gilles. L'affaire fut soumise au conseil. Cela prit du temps; enfin, par justice autant que par pitié, le roi ordonna de mettre Gilles en liberté. Mais le porteur de l'ordre était l'amiral de Coëtivy, qui, le roi aurait dû le prévoir, allait mettre peu de zèle à cette affaire. Il arriva en Bretagne au mois de mai. Le duc ne pouvant résister aux ordres du roi, donna des instructions pour l'élargissement de son frère ; et Coëtivy se rendit à Moncontour pour le délivrer au nom du roi. Mais, quand il arriva, les geôliers avaient reçu des instructions contraires.

Dans la nuit du 24 au 25 mars précédent, les Anglais avaient surpris Fougères, et le bruit avait couru que ce fait de guerre en pleine trève était une représaille de l'arrestation de Gilles. Si le duc gardait un doute, les ambassadeurs Anglais qui faisaient semblant de négocier la paix avec la France allaient le détromper. N'osaient-ils pas soutenir que Gilles était vassal du roi d'Angleterre, qu'à ce titre son arrestation avait été la rupture de la trève, et qu'à ce titre en-

---

[1] Nomination à Montils-les-Tours, le 6 janvier 1446 (1447 n. s.). Morice, *Pr.* II, 1409. — *Appendice*, n° 67.

core ils requéraient sa délivrance (28 juin 1449[1].

Henri VI aurait voulu perdre son cousin qu'il n'aurait pu employer des moyens plus décisifs. De ce jour, le duc ne vit plus dans son frère qu'un ennemi de son duché, complice sinon instigateur de la prise de Fougères. Il le fit transférer de Moncontour à Touffou[2].

La prise de Fougères avait déterminé l'alliance du duc avec le roi ; et le roi avait déclaré la guerre à l'Angleterre (31 juillet 1449). Avant cette date, le maréchal de Montauban était déjà en Normandie où le duc lui-même allait entrer en septembre[3]. Un peu après, Méel reçut d'Arthur de Montauban l'ordre du duc de transférer Gilles à la Hardouinaie[4]. Peu après, Méel alla rendre compte au duc qu'il trouva au siège de Fougères (octobre). Le duc lui dit qu'il « voudrait que son frère fût en paradis. » Méel comprit la discrète invitation à faire mourir Gilles ; et sur ses objections le duc reprit : « Le roi ne m'en voudrait pas : il le sait mauvais homme. »

[1] Procès verbaux des négociations. Morice, *Pr.* II, notamment 1478-1491-1493-1496.

[2] Touffou, châtellenie ducale renfermant cinq ou six paroisses, avec une forêt. Le château était en la paroisse, aujourd'hui commune, de Bignon à 13 kilomètres au S. S. E. de Nantes. Les derniers débris du château se voient à gauche de la route de Nantes à la Rochelle

[3] Nous allons suivre la *confession* de Méel condamné à mort à Vannes, en 1451. — Morice, *Pr.* II, 1551-1556.

[4] Château appartenant à Françoise de Dinan, dans une forêt, comm^e de Saint-Launeuc, c^on de Merdrignac, arr. de Loudéac.

Peu après, Méel revit le duc à Dinan. Le duc lui signala à la Hardouinaie « une basse-fosse où il y avait de l'eau, » et lui ordonna d'y mettre Gilles.

Malgré l'insistance du duc, Méel s'y refusa. Enfin, un jour que Méel était allé trouver le duc à Rennes, le maréchal de Montauban et Arthur le tirèrent à part ; et, en présence de son frère, Arthur lui dit : « Le duc m'a promis la main de Françoise de Dinan quand elle sera veuve. Je serai ainsi seigneur de Châteaubriant ; je vous en donnerai la capitainerie. Je compte sur vous et sur les gardiens de Gilles ; et vous aurez tous votre récompense. Mais il importe que la chose se fasse secrètement et sans esclandre ». Méel ayant répondu qu'il ne voyait pas comment s'y prendre, les Montauban dirent : « Nous avons délibéré la mort de Gilles ; pour plus de secret nous emploierons le poison. Nous en avons fait venir d'Italie ; il est aux mains de Jean Raiart, maître d'hôtel du sire de Montauban. Raiart vous le remettra pour que vous le donniez. »

Méel refusa d'administrer lui-même le poison, en ajoutant : « Trouvez quelqu'un pour le donner ; je lui laisserai toute liberté... » Arthur reprit qu'il savait à qui s'adresser et nomma « deux hommes » de son frère, ajoutant que si le poison n'agissait pas, ces hommes auraient recours à d'autres moyens.

En même temps le maréchal dit à Méel que, quelques ordres qu'il eût reçus du duc, il se gardât bien de mettre Gilles dans la basse-fosse où il y avait de l'eau. — Il ne fallait pas que sa mort prochaine pût être attribuée à l'insalubrité de sa prison !

Peu de temps après, Gilles envoya Méel au duc pour lui demander des juges ou la liberté, menaçant au cas de refus de se tuer. Le duc répondit : « Je ne le mettrai jamais en liberté. Je n'ai pas délibéré de lui donner des juges ou de le faire mourir. S'il se tue, je m'en rapporte à lui. »

Propos odieux que Méel redit le même jour à Pierre et au connétable ; et à son retour à la Hardouinaie il rendit cette cruelle réponse à son prisonnier. Gilles était maintenant informé du « bon vouloir » de son frère !

Aux premiers jours d'avril 1450, le connétable préparait à Dinan une seconde expédition en Normandie. Le sire de Montauban vint lui dire : « Monseigneur, je vous avertis qu'on veut faire mauvaise compagnie à M^{er} Gilles et je m'en décharge. » Et incontinent le connétable le vint dire au duc ; et il y eut grande altercation ; et (le duc) lui demanda qui lui avait dit cela et le connétable dit que c'était M^{er} de Montauban ; et lors le duc se courrouça très fort à M^{er} de Montauban, et lui voulut courir sus si on ne l'eût empêché[1]. »

Mais, c'est au duc que Montauban doit compte de la sûreté de Gilles. Pourquoi s'adresse-t-il au connétable ? Comment expliquer cette colère du

[1] Oruel, p. 243.

duc ? La révélation faite au connétable et la colère du duc démontrent que celui-ci était déjà instruit de l'assassinat préparé.

Le connétable ne pouvait rien pour Gilles ! Il lui fallait partir pour vaincre à Formigny ; quant au duc, il n'avait qu'un mot à dire pour sauver son frère ; ce mot il ne le dit pas. C'était consentir à la mort de son prisonnier ! Quelques jours après, les prévisions de Montauban s'étaient réalisées. Les gardiens de Gilles essayèrent sur lui le poison auquel il résista ; enfin dans la nuit du 24 au 25 avril, il périt étranglé.

Le lendemain les moines de Boquen, abbaye fondée autrefois par un ancêtre de Françoise de Dinan[1], vinrent chercher le corps du prince pour l'inhumer dans leur église. Geoffroy de Beaumanoir et quelques gentilshommes du voisinage soupçonnant un crime assistaient seuls à ces hâtives obsèques. Le prince fut inhumé devant le grand autel. L'abbé fit poser sur sa tombe une de ces larges ardoises encore exploitées dans le pays, et plus tard un madrier de chêne sur lequel était sculptée en relief l'image du malheureux Gilles[2].

Dix jours auparavant, le connétable avait été vainqueur de Formigny ; et les meurtriers de

---

[1] Sainte-Marie de Boquen, abbaye de Cisterciens, commune de Plénée-Jugon, canton de Jugon, arrondissement de Dinan. Fondation du 15 octobre 1137 (Morice, *Hist.* II, CXLI), par Olivier II de Dinan, dixième aïeul de Françoise.

[2] Cette effigie est aujourd'hui au musée de Saint-Brieuc. On a cru qu'elle accusait une ressemblance. Serait-ce vrai ?

Gilles répandaient le bruit que le prince ami des Anglais n'avait pas voulu survivre à leur défaite, et qu'il s'était laissé mourir de faim !

Telles furent la mort, les funérailles, la modeste sépulture, l'oraison funèbre d'un prince qui, plus sage, ayant un frère autre que François et survivant seulement sept années, aurait été duc de Bretagne, et aurait pu donner à la maison ducale les fils qui allaient lui manquer.

Admirez la puissance du roman prétendu historique[1] ! Combien de personnes croient aujourd'hui, sur la parole de son auteur, que Gilles fut innocent de toute faute et que François Ier, en ordonnant la mort de son frère, prit place auprès de Caïn !

La vérité est que Gilles fut un étourdi, ambitieux jusqu'à trahir les intérêts de la Bretagne, et que François fut mauvais frère ; c'est assez pour que sa mémoire soit flétrie.

.
. .

Nous n'avons pas voulu interrompre l'exposé de ces faits ; mais, pendant qu'ils s'accomplissaient, de graves événements se passaient sur lesquels il nous faut revenir. Nous devons remonter à l'avènement du duc François Ier.

---

[1] Cf. Le roman intitulé: *Le Fratricide ou Gilles de Bretagne, Chronique du XVe siècle*, par le vicomte Walsh (plusieurs éditions.)

CHAPITRE XIII

Conquête de la Normandie

(1449-1450).

Maître de Paris et de l'Ile-de-France, le connétable avait projeté la conquête de la Normandie ; mais la Praguerie, puis l'expédition de Guyenne, enfin les réformes militaires avaient mis obstacle à ses projets. D'ailleurs, le roi ne disposait que de moyens insuffisants. Pour forcer les Anglais dans ce quartier général qui s'étendait de Cherbourg à Rouen, il fallait une armée que le roi n'avait pas, ou une puissante intervention de la Bretagne ; mais Jean V n'était pas l'allié de la France. Pourtant, bien qu'il eût signé le traité de Troyes (septembre 1427[1]), le duc était sympathique à la cause française : il n'empêchait pas ses seigneurs d'aller combattre l'Anglais en France ; mais, résolu à ne pas sacrifier l'intérêt de son duché aux intérêts français, il prétendait maintenir la Bretagne en état de paix.

En prenant la couronne (1442) François Ier se promettait de suivre la même ligne que son père.

Mais le connétable l'entend autrement. Dès le début, il met tout en œuvre pour amener le

---

[1] Ci-dessus. p. 71-72.

duc à l'alliance française ; et il compte bien que cette alliance ne sera pas stérile pour la France.

Charles VII entrant dans ces vues ne négligera rien pour s'attacher son neveu de Bretagne. Nous l'avons vu, au cours de l'expédition de Guyenne, permettre au connétable et à de nombreux seigneurs bretons de quitter l'armée pour assister au mariage et au couronnement de François[1] : gracieuseté qui a charmé le jeune duc et que suivront beaucoup d'autres.

Par bonheur Henri VI, auquel l'alliance de son cousin le duc était nécessaire, va, par une série de maladresses, faire le jeu du roi de France. Il aurait eu pour but d'agacer le duc de Bretagne pour le pousser dans l'alliance française, qu'il n'aurait pas agi autrement.

En 1443, il refuse au duc la restitution du comté de Richemont qui est à sa libre disposition ; et — fâcheux contraste, — il accorde à Gilles de Bretagne une grosse pension, comme pour le consoler de la saisie d'Ingrande et Chantocé. Cet acte inquiète et mécontente en même temps le roi et le duc de Bretagne ; et, au même moment, en pleine trêve, Somerset surprend La Guerche[2]. Le duc répond à cette félonie en figurant aux conférences de Tours, comme allié de la France (avril 1444).

Les années suivantes, les complaisances de Henri VI pour Gilles irritent le duc de Bretagne

[1] Ci-dessus, p. 173.
[2] Ci-dessus p. 175-176.

qui se détermine à une démarche décisive : il va rendre au roi l'hommage qu'il différait depuis quatre années (14 mars 1446).

François I⁰ʳ passa près de deux mois à la cour : le roi le combla d'attentions. Malgré les protestations du chancelier, il admit le duc à l'hommage simple debout et l'épée au côté ; — lui accorda l'amnistie pour tous les actes accomplis par des Bretons au préjudice de la France'; — le duc n'ayant pas d'hôtel à Paris, le roi lui donna l'hôtel de Nesle². — Nous avons vu Charles VII annuler la citation donnée au duc par le comte de Penthièvre ; et mettre à sa disposition une troupe armée pour le cas où, dans l'intérêt de la France et de la Bretagne, le duc jugerait nécessaire de faire arrêter Gilles³

A ce moment, Henri VI aurait-il espéré ramener à lui le duc de Bretagne? On le dirait quand on le voit ne plus refuser le comté de Richemont. Mais il met une condition : l'hommage que François devra faire en personne⁴. L'affaire en resta là ; et, l'année suivante (1446), le roi n'ayant plus à ménager le duc, protestait contre l'arrestation de Gilles et tentait une entreprise

---

¹ « Ce qui chagrina fort les Anglais. » Lobineau, *Hist.* p. 626. — Le roi comprend nommément dans l'amnistie « le comte de Richemont, notre connétable.. » Morice, *Pr.* II, 1400.

² *Appendice*, nº 66.

³ Ci-dessus p. 210-211.

⁴ Lettre du 4 juin 1446. *Arch. de la Loire Inférieure.* E. 122. Cit. de M. Cosneau, p. 380, note 3.

ouverte sur la Bretagne. Le duc invoquait le secours de Charles VII qui lui dépêchait le connétable « avec bon nombre de capitaines de gens de guerre[1] ».

En même temps qu'il s'aliénait le duc de Bretagne, Henri VI mécontentait Charles VII, comme s'il eût voulu en confondant leurs intérêts rendre leur rapprochement plus intime.

Une des conditions de la trêve de Tours et du mariage de Marguerite d'Anjou c'était que le Mans fût rendu à la fin de la trêve. Or la trêve était expirée depuis le 1er avril 1446[2], et l'année 1448 commençait. C'est que la promesse de rendre le Mans avait soulevé l'exaspération de l'Angleterre ; et le roi cherchait à éluder ou retardait par tous moyens l'exécution de sa promesse.

En janvier 1448, Charles VII se décida à recouvrer le Mans même par les armes ; il fit partir une armée de six ou sept mille hommes sous les ordres de Dunois et de Charles d'Anjou, auxquels il réservait l'honneur de la reddition de cette place ; mais leur défaut d'entente les condamnait à l'inaction et contraignit le roi d'y envoyer le connétable[3]. A peine arrivé, celui-ci commence

---

[1] Lobineau, *Hist.* p. 630.

[2] Cela s'entend de la trêve conclue à Tours. Depuis, le terme primitif de cette trêve avait été prorogé, mais non le terme fixé pour la restitution du Mans.

[3] « Et ne voulait le roi aucunement que Mgr le connétable y allât : toutefois il y fut mandé... » Gruel, p. 221.

l'attaque, et les assiégés sachant sa venue n'attendent pas l'assaut (16 mars).

Pendant le siège (11 mars) les négociateurs des deux rois étaient convenus d'une trêve qui devait durer jusqu'au 1er avril 1450, dont la première condition était la remise immédiate du Mans. Le duc de Bretagne était compris dans la trêve ; et la minute du traité lui donnait la qualité d'allié de la France. Sous un vain prétexte, les Anglais demandèrent que la remise de la place eût lieu la nuit ; l'échange des traités se fit en même temps, et on reconnut depuis que le mot *allié d'Angleterre* avait été substitué au mot *allié de France*. Jamais piège ne fut plus grossier ni faux plus maladroit ; il ne pouvait avoir d'autre résultat que d'exciter le mécontentement du duc de Bretagne. Et, au même moment, par une sorte de contradiction qui dénotait leur mauvaise foi, les Anglais, malgré les protestations du duc, fortifiaient Saint-James de Beuvron pour s'assurer une entrée sur la terre de leur prétendu allié[1].

Quelques mois après, la trêve durant encore, ils allaient entrer en Bretagne. C'était l'exécution d'un projet conçu et préparé depuis plusieurs années.

Nous avons vu qu'en 1446 un écuyer de Gilles avait sollicité « un fait de guerre en Bretagne », comme moyen d'obtenir la délivrance du prince[2].

---

[1] Lobineau, *Hist.* p. 631.
[2] Ci-dessus, p. 215.

Le fait de guerre sur lequel comptait ce zélé mais maladroit serviteur allait se produire.

Nous avons parlé de Surienne qui, en 1432, avait pris Montargis pour le roi d'Angleterre moyennant une somme de 10.000 saluts, et qui, en 1438, avait vendu la place à Charles VII pour la même somme[1]. Cet aventurier célèbre sous le nom de l'Aragonnais avait, disait-on, pris trente-deux villes.

Aussitôt après la démarche faite par l'officier de Gilles, sans plus tenir compte à Surienne de sa félonie de 1438, Henri VI lui fournit l'occasion d'ajouter à sa renommée ; il lui fit proposer de prendre encore une place. Surienne se fit prier : il demanda de l'argent et des honneurs, le titre de conseiller du roi avec mille livres de gages annuels, une pension de 300 nobles pour lui, sa femme et ses enfants[2], la terre de Dorchester avec un château et un port, enfin l'ordre de la Jarretière réservé aux souverains et aux grands personnages. Ces conditions furent agréées, tant le roi tenait à prendre une place en représaille de l'arrestation du prince Gilles !

Henri VI donna à Surienne le choix entre le château de Montauban, dont le seigneur avait la garde de Gilles, Laval, Vitré appartenant à la

---

[1] Ci-dessus, p. 136, note 1.
[2] 1000 livres, plus de 100 000 francs de notre monnaie, 300 nobles environ 750 livres tournois, plus de 30 000 francs monnaie actuelle.

comtesse de Laval, et Fougères, qui était du domaine ducal de Bretagne. Surienne alla voir, s'enquit, donna la préférence à Fougères, et se mit à l'œuvre ; mais en prenant son temps.

En juillet 1447, il installait comme tailleur à Fougères un espion avec deux garçons qui étaient des hommes d'armes. Mais l'entreprise ouverte des Anglais sur la Bretagne, en tenant les Bretons en éveil, contrecarra les menées occultes de Surienne[1]. L'année 1448 passa sans qu'il pût rien tenter de décisif. A la fin de cette année, le danger passé, la surveillance se relâcha ; Surienne saisit le moment : il vint s'établir en Normandie, non loin de Fougères ; enfin, dans la nuit du 23 au 24 mars 1449, il se glissa avec quelques centaines d'hommes dans les fossés, et escaladant la muraille se rendit maître du château sans coup férir.

Aussitôt le duc de Bretagne avertit Charles VII, et, de l'aveu du roi, protesta contre la violation de la trêve. Le duc de Somerset s'empressa de désavouer Surienne, en même temps qu'il le félicitait « d'avoir fait au roi le meilleur service que chevalier lui eut jamais fait ». Le gouvernement Anglais lui-même désavoua Surienne, mais comme il avait autrefois désavoué Somerset après la prise de La Guerche. Surienne, resté maître de Fougères, se mit à rançonner cruellement la ville et ses environs.

[1] Ci-dessus, p. 232-233.

La prise de Fougères souleva toute la Bretagne ; et l'indignation des Bretons fut partagée par la cour de France. D'accord avec le connétable, les conseils du roi, notamment le comte de Penthièvre, pressaient Charles VII de déclarer la guerre aux Anglais. Le roi attendit : il avait besoin de quelque délai pour organiser les francs-archers ; mais il encouragea le duc à entrer en campagne, et envoya le connétable pour l'assister.

Le connétable trouva le conseil du duc hésitant sinon hostile à la guerre ; mais, bien résolu à vaincre ces résistances, il conseilla de faire fortifier Saint-Aubin du Cormier ; et, dès la fin d'avril, il s'y rendait avec le titre de lieutenant général du duc. Il y emmenait le maréchal de Bretagne, Jean de Montauban ; et il fut bientôt rejoint par le maréchal de Lohéac et d'autres officiers qui amenaient 300 lances du roi, et par son beau-frère et lieutenant Jacques de Luxembourg.

La place mise en état, quelques courses furent faites aux environs de Fougères : un jour la garnison sortit, fut refoulée et perdit une centaine d'hommes. Le connétable remit Saint-Aubin à la garde de Joachim Rouault, depuis maréchal de France[1], laissa ses ordres à Lohéac et repartit pour Rennes où le rappelait une importante affaire.

---

[1] Le nom Rouault existe en Bretagne ; mais le maréchal n'était pas breton. *Appendice*, n° 69.

En 1448, le duc était allé trouver le roi pour convenir des dispositions à prendre ; et depuis la prise de Fougères le roi avait envoyé au duc une ambassade dont le chef était Dunois, pour conclure une alliance offensive et défensive. Richemont devait prendre part à la discussion des articles du traité au pied duquel il apposa sa signature (17 juin 1449)[1].

Les ordres du connétable avaient été exécutés. Ses lieutenants passant le Couesnon avaient pris d'assaut Saint-James de Beuvron (20 juin)[2]. Le connétable s'empressa d'aller visiter la place, y mit une garnison, laissa l'ordre d'attaquer Mortain et revint à Rennes où sa présence était utile pour vaincre la résistance du conseil[3].

Bientôt il apprit que Lohéac et le maréchal de Bretagne avaient pris Mortain après un assaut qui avait duré tout le jour, et dans lequel tous les héroïques défenseurs de la place, moins cinq, avaient été ou tués ou blessés.

Pendant ce temps, des négociations étaient suivies entre la France et l'Angleterre. Henri VI n'avait guère désir de guerre, Charles VII y était décidé ; s'il continuait ces oiseuses négociations, c'était pour bien démontrer qu'il n'avait négligé

---

[1] Sur la date du traité, *Appendice*, n° 70.

[2] Gruel, p. 222.

[3] Le connétable n'était pas au siège de Saint-James ni à celui de Mortain. Cf. Lobineau. *Hist.* p. 638, (M. Cosneau, p. 396) ; Gruel, p. 222. Le 18 juillet (au temps de la prise de Mortain), Richemont était au Gâvre. (M. Cosneau, p. 396 note 4).

aucun moyen d'assurer la paix, et aussi pour gagner du temps, ses armements n'étant pas achevés. Le roi s'en était ouvert au duc de Bourgogne. Celui-ci conseillait de commencer la guerre ; et, s'il gardait la neutralité, autorisait les seigneurs Bourguignons à passer en France.

Le 31 juillet, le roi déclara la guerre.

Les Anglais allaient payer de la Normandie la possession éphémère de Fougères : juste châtiment de leur félonie !

.ᐟ.

Première campagne (1449)

Il était convenu que deux armées entreraient en campagne en même temps. Une armée française aux ordres de Dunois opérerait dans l'Est de la province ayant pour objectif Rouen. Une armée bretonne sous les ordres du duc et du connétable envahirait le Cotentin et s'emparerait de Coutances, Saint-Lô et Carentan.

La double campagne si heureusement entamée par les Bretons s'ouvrait sous d'heureux auspices. Le duc de Somerset, successeur du duc d'York, n'avait pas su ou voulu maintenir la discipline. Pendant les trêves, les soldats Anglais

---

[1] Ainsi seulement peut s'expliquer la longueur des négociations pour la paix suivies du 20 juin 1449 à la fin de juillet (Morice, *Pr.* II, 1434-1508) à Port Saint-Ouen, Vénables, Louviers et Bonport, abbaye de Cisterciens (aujourd'hui arrondissement d'Evreux.)

mal ou pas payés avaient rançonné les populations et soulevé leurs colères. Les Normands savaient au contraire la discipline désormais imposée aux troupes françaises et bretonnes ; et la présence du connétable dans l'armée bretonne était une garantie à cet égard. En outre, ils étaient informés de la volonté du roi d'accorder de bonnes conditions aux villes qui se rendraient à lui et de les bien traiter.

Pour ces motifs, les deux armées pouvaient compter sur l'appui et le concours des populations. — Au contraire, les Anglais sentaient les haines déchaînées par eux, au moment où après tant d'échecs ils avaient perdu confiance en leur supériorité.

Ainsi s'explique que le succès de la campagne fut relativement facile : nous allons voir les populations urbaines sommer les garnisons anglaises peu nombreuses de se rendre, et celles-ci obéissant sans se faire beaucoup prier, ou d'autres fois se retirant d'elles-mêmes à l'approche de l'armée bretonne.

L'armée française fut prête la première. — Dunois avait déjà pris plusieurs places notamment Mantes[1] et Verneuil[2] : et il menaçait Rouen, quand l'armée bretonne n'avait pas encore passé a frontière. Enfin, le 1ᵉʳ septembre, l'armée

[1] Mantes était une place de l'Ile de France, mais très voisine de la Normandie. — Ci-dessus, p. 127 note 1.
[2] Il est de tradition à Verneuil que la place fut reprise grâce à la courageuse initiative d'un meunier nommé Jean Bertin. *Appendice*, n° 71.

était réunie à Dinan ; mais le conseil s'opposait au départ du duc tant que le roi lui-même ne prendrait pas la campagne. Le connétable, laissant dire le conseil, entraîna son neveu ; et, le 4 septembre, ils passaient le Couesnon.

François Ier laissait en Bretagne son frère Pierre créé lieutenant-général avec ordre de bloquer Fougères ; et il était suivi d'une armée d'environ 6.000 hommes, en comptant les 300 lances du roi aux ordres de Lohéac.

On comprend bien que si le duc est le chef nominal de cette armée et s'il traitera au nom du roi, c'est pourtant son oncle et lieutenant général le connétable qui exerce le commandement.

L'armée laissa de côté Avranches que surveillaient St James de Beuvron et Mortain, et elle marcha sur Coutances. A la première sommation, les habitants obligèrent le capitaine à capituler ; et il rendit la place à de bonnes conditions. Ce qu'apprenant les Anglais évacuèrent les châteaux et les postes du voisinage.

Bientôt les habitants des campagnes viennent au-devant de l'armée ; les uns apportent des vivres, les autres arrivent en armes demandant à combattre. Leurs troupes sont commandées d'ordinaire par l'un d'eux, d'autres fois par un gentilhomme qu'ils ont pris pour chef[1]. Près

---

[1] Dans le pays de Caux, les noms d'un simple terrassier, Desmarets, d'un paysan Le Carnier, ou Le Charuyer, sont restés justement populaires. M. Cosneau, p. 221, 236. — Dans le pays de Vire, les insurgés avaient pour chef Michel d'Amphernet. — *Appendice*, n° 72.

de Saint-Lô, qui capitula le 15 septembre, le duc et le connétable voient ces volontaires réunis au nombre de dix mille.

Nous avons vu le connétable chevauchant joyeux au milieu des Parisiens dans la grande matinée du 13 avril 1436, et les remerciant de leur zèle pour le roi[1] ; il nous apparaît le même au milieu des paysans Normands; mais ceux-ci entendent mériter ses remerciments. Ils s'écrient : « Les bourgeois de Carentan ont traité de lâches les bourgeois de Saint-Lô qui se sont rendus au roi. Ils se vantent de vous opposer une résistance désespérée... Menez-nous à Carentan ! » Le connétable va lancer sur Carentan ses dévoués auxiliaires.

Le 26 septembre, le duc fait sommer la ville au nom du roi. Une grêle de traits répond à la sommation. Le signal de l'assaut est donné : des milliers de fascines comblent le fossé, et les assaillants se précipitent. A leur vue, la belliqueuse ardeur des assiégés tombe : ils demandent la capitulation. Le duc au nom du roi leur pardonne et permet aux Anglais de sortir un bâton blanc à la main (29 septembre).

Peu après, Valognes ouvrait ses portes et à son exemple d'autres places et châteaux se rendaient. Les places qui résistèrent furent prises, notamment Gavray, bâti sur un roc, que du Guesclin avait tenu assiégé pendant neuf mois, et dont il

---

[1] Ci-dessus, p. 119.

n'avait eu raison que par la famine (1378)[1]. Le connétable en obtint la capitulation après trois jours (11 octobre) sans avoir employé l'artillerie.

Les habitants de Vire appelaient l'armée libératrice ; mais, au moment où le duc et le connétable allaient marcher sur cette place, Pierre de Bretagne les rappela vers Fougères. Ils partirent laissant derrière eux Vire, Avranches, Cherbourg et promettant aux habitants de bientôt revenir.

Ils étaient devant Fougères le 15 octobre. Surienne, sans se faire beaucoup prier, abandonna le service du roi d'Angleterre pour passer au service de la France ; et le duc de Bretagne reçut la soumission de la place, le 5 novembre.

L'expédition de l'armée française dans l'Est de la Normandie n'avait pas eu un moindre succès. Au cri de *Bretagne*[2] ! l'armée royale avait pris Conches, le Pont-de-l'Arche sur la Seine ; et passant le fleuve elle avait investi Rouen. Dunois espérait entrer dans cette ville avec l'aide des bourgeois, comme Richemont était entré à Paris. Une première tentative échoua ; mais les bourgeois se révoltèrent : le duc de Somerset comprit que la résistance était inutile ; et il capitula rendant aux Français tout le pays de Caux, moins Harfleur. Charles VII entra en ville le 10 novembre.

[1] Gavray ou Ganray, ayant titre de vicomté, fut donné au connétable, sa vie durant. Aujourd'hui chef-lieu de canton, arrondissement de Coutances. *Appendice*, n° 14.

[2] « Et criaient *Bretagne* ! » Gruel, p. 222.

La mauvaise saison était venue : l'armée bretonne avait souffert de la contagion devant Fougères[1] ; le duc et le connétable durent se résigner à ne pas achever dans cette seule campagne la conquête de tout le Cotentin.

Seconde Campagne (1450.)

Le duc de Bretagne n'avait donné à ses troupes qu'un congé de trois mois[2], tant il était impatient de reprendre la guerre ; et il avait envoyé le chancelier annoncer au roi qu'il allait mettre sur pied « une puissante armée ». Dès le 16 janvier 1450, Charles VII en le remerciant lui donnait pleins pouvoirs dans la Basse-Normandie[3].

Après tant d'échecs, le duc de Somerset établi à Caen se flattait de reprendre toute la Normandie en une seule campagne ; et le gouvernement Anglais allait faire un grand effort. Une armée de quatre ou cinq mille hommes débarqua, le 15 mars, à Cherbourg. Thomas Kiriel, lieutenant-général, la commandait et devait rejoindre Somerset à Caen. Il se mit en route, il reçut un millier d'hommes des garnisons de Caen et de Vire et huit cents combattants amenés par Mat-

---

[1] C'est là que mourut Alain de Rohan, comte de Porhoët, fils de Alain IX et de Marguerite de Bretagne, sœur de Richemont.

[2] D'Argentré, Ed. de 1588 f° 646 r°.

[3] M. Cosneau, *Appendice* XCIII, p. 626.

thieu Goth, capitaine de Bayeux[1]. Les Français devaient empêcher cette armée d'atteindre Caen.

Le roi qui était à Alençon et le duc de Bretagne furent aussitôt informés du débarquement des Anglais. Comme l'année précédente, chacun devait lever une armée; mais au lieu d'opérer parallèlement, comme dans la campagne dernière, ces armées devaient au contraire se joindre; et leur jonction était d'autant plus nécessaire que réunies elles n'égalaient pas l'armée anglaise.

L'armée française comptait au plus 3,000 hommes[2]. Le roi en avait donné le commandement à Jean de Bourbon, comte de Clermont, son gendre, neveu par alliance de Richemont, jeune homme de vingt quatre ans, qui avait à faire l'apprentissage du commandement[3]. Il avait sous ses ordres le comte de Castres, fils du comte de Perdiac, l'amiral de Coëtivy, Pierre de Brézé, sénéchal de Normandie, Rouault le futur maréchal et plusieurs capitaines bretons.

L'armée française partit la première et déjà trop tard : quand elle se mit en marche, Kiriel assiégeait Valognes.

[1] Un des correspondants anglais du prince Gilles. Ci-dessus. p. 209.

[2] V. *Appendice*, n° 73, le décompte des deux armées.

[3] Il commandait une armée pour la première fois. » Morice, *Hist.* II, p. 3. Il va faire faute sur faute. Le comte de Clermont, fils du duc Charles Ier et d'Agnès de Bourgogne, sœur de Mme de Guyenne, depuis Jean II de Bourbon, avait épousé Jeanne, fille du roi (1447).

A l'approche des Anglais, le capitaine de Valognes avait adressé des messagers au duc de Bretagne, au connétable, au maréchal de Lohéac. Pendant que le duc formait son armée à Dinan, le connétable rassemblait des troupes au-delà de Rennes. A la première nouvelle, il courut à Dinan supplier le duc de passer aussitôt en Normandie. Mais, au moment du départ, le maréchal de Montauban vint avertir le connétable du danger que courait le prince Gilles[1]. Richemont s'emporta en violents reproches contre le duc; et celui-ci, mécontent, écoutant trop les objections de son conseil, refusa de partir. De guerre lasse, le connétable en partant pour Dol, où il allait faire ses pâques, obtint la promesse que le duc le rejoindrait le lundi de Pâques (6 avril). Le duc vint en effet à Dol, le mercredi (8 avril); « et il eût volontiers passé outre; mais son conseil ne le permit pas[2]. »

Le connétable avait différé son départ de jour en jour avec l'espoir que son neveu se rendrait enfin à ses prières. Cet espoir perdu, il se mit en route.

Il avait au plus deux mille hommes[3]. Il était accompagné du maréchal de Lohéac et du comte

---

[1] Ci-dessus, p. 227.

[2] D'Argentré. Ed. de 1588 f° 646, 7°. — Il accuse positivement le conseil de trahison. Le duc réunissait, dit-il, ses capitaines à Dinan; « mais les Anglais furent avertis de l'entreprise par aucun de son conseil. » — Dans cette édition et les suivantes, au lieu de *Dol*, il est imprimé *Rade*, nom inconnu.

[3] *Appendice*, n° 73.

de Laval, de son beau-frère et lieutenant Jacques de Luxembourg, des seigneurs de Boussac, de Derval[1] et de quelques autres.

Nombre de capitaines ou seigneurs bretons se désespéraient d'être retenus par le duc ; et se demandaient anxieusement ce que le connétable pourrait faire avec si peu de monde. Plusieurs l'accompagnèrent pendant quelques lieues, au nombre desquels Tugdual de Kermoisan. Le connétable le consolant lui disait avec sa bonhomie habituelle : « Je ne te vis jamais jusques à ce jour empêché de bonne besogne. » Et l'héroïque capitaine faisant allusion à la petite armée du connétable répondait « presque pleurant : « Monseigneur, vous ne combattrez pas. — Je voue à Dieu, reprit le connétable, qu'avec la grâce de Dieu, je verrai les Anglais avant de retourner. »

Le connétable se mit en route le 10 avril[2], se hâtant au secours de Valognes ; le 12, il couchait à Grandville, le lendemain 13 à Coutances. C'est là que des lettres du comte de Clermont et de l'amiral lui apprirent que Valognes avait succombé le 10 ; que Kiriel en était parti le 12, et qu'il marchait sur Saint-Lô. — Le connétable y était le lendemain (14 avril).

Pendant que l'armée bretonne marchait de Dol à Coutances, l'armée française était arrivée

[1] Sur les sires de Boussac et de Derval. *Appendice*, n° 74.
[2] J'infère cette date de son arrivée à Grandville, le 12. *Appendice*, n° 75.

à Carentan. Le comte de Clermont y avait su la prise de Valognes ; et, mal servi par ses éclaireurs, il avait cru que les Anglais laissant Carentan à gauche marchaient sur Saint-Lô. C'est pourquoi, au lieu d'appeler à lui le connétable, il le dirigeait sur Saint-Lô, où la rencontre de l'ennemi pouvait être fatale à l'armée bretonne isolée.

Or, le 12 avril, Kiriel était parti de Valognes ; et, quittant la route de Saint-Lô qui l'écartait de la ligne directe vers Caen. il avait pris sur sa gauche, pour passer au gué de Saint-Clément, dans le Grand-Vey, au fond de la baie qui sépare le Cotentin du Bessin. Il osait affronter la traversée des vastes grèves qui sont l'estuaire commun de quatre rivières : la Douve, la Taute, la Vire et l'Aure. Audacieuse entreprise surtout au voisinage et comme sous les yeux de l'ennemi !

Les paysans connaissaient le péril de ce passage, bien mieux que les chefs de l'armée ; et ils suppliaient le comte de Clermont d'y attaquer les Anglais pour les détruire, en les retardant et les livrant à la marée montante. Le conseil de guerre résolut de les laisser passer pour les combattre dans le Bessin : résolution qui semble extraordinaire et que motiva peut-être le désir d'attendre les renforts bretons.

Furieux et criant à la trahison, les paysans coururent aux grèves, malgré la défense du comte de Clermont. Celui-ci se décida à envoyer, mais trop tard, semble-t-il, quelques lances pour les soutenir ou peut-être leur porter secours. Ces troupes donnèrent sur l'arrière garde anglaise qu'elles mirent en désordre[1]. Ce fait ne démontre-t-il pas qu'une troupe plus nombreuse lancée à propos et attaquant en tête eût fait beaucoup de mal à l'armée anglaise ?

Le soir, Kiriel dut s'estimer heureux d'avoir passé même avec quelques pertes et de marcher sur la route de Bayeux et de Caen. Arrivé à quatre lieues du Grand-Vey et à la même distance de Bayeux, au village de Formigny près de Trévières, il s'arrêta et se fortifia pour passer la nuit.

Le comte de Clermont fit prévenir le connétable qu'il attaquerait les Anglais le lendemain et l'appela à Formigny[2]. Or il y a six lieues de Carentan à Saint-Lô, et c'est seulement le 15 au point du jour, que le connétable reçut le message !

Le premier il entend appeler au guet ; il donne l'alarme, se fait armer, court entendre la messe, monte à cheval à la porte de l'église, et part en hâte, lui sixième, donnant à tous l'ordre de le suivre. Après une lieue, il est rejoint par toute l'armée. Il indique sa place à chaque capitaine ; il donne à Lohéac le commandement de l'avant-garde et il marche en hâte.

Le comte de Clermont avait trop tard averti le connétable : c'était une première faute. Ne pas

---

[1] *Appendice*, n° 76.
[2] M. Cosneau, p. 407. — *Appendice*, n° 77.

l'attendre et engager seul l'action contre une armée supérieure en nombre, c'était une seconde et plus lourde faute. Si le connétable avait cru que son neveu l'attendait, il fut vite détrompé : bientôt il vit accourir des paysans envoyés au-devant de lui pour hâter sa venue : ils lui apprirent que l'armée avait engagé le combat contre un ennemi double en nombre[1].

A cette nouvelle, le connétable précipita sa marche[2], guidé par les paysans qui lui firent passer le pont de l'Aure à Trévières, puis prendre à gauche sur une colline.

Pendant que le connétable se hâtait vers Formigny voici ce qui se passait.

.°.

Le village de Formigny est situé sur une hauteur à quelques cents mètres de la route conduisant de Bayeux à l'Est (droite) vers Isigny, à l'Ouest (gauche.) A droite de Formigny, à plus de trois kilomètres, la route franchit sur un pont la rivière d'Aure ; et, à gauche du village, à moins d'un kilomètre, elle passe un ruisseau dit du Val sur lequel était un pont avec un gué.

L'armée anglaise était fortement retranchée entre Formigny, le ruisseau du Val et la route.

---

[1] Ci-dessus, 245-46-47. *Appendice*, n° 78 et ci-dessous p. 255.
[2] « A cette nouvelle, commença à faire marcher au galop... » D'Argentré... f° 646 v°.

Elle était divisée en deux corps : l'un à gauche aux ordres de Mathieu Goth gardait le pont et le gué du ruisseau. L'autre plus considérable, sous les ordres de Kiriel même, occupait le village et les hauteurs. A droite le pont de l'Aure était fortement gardé.

Les Anglais espéraient d'un moment à l'autre voir venir des renforts de Bayeux : ils n'étaient pas disposés à quitter leurs retranchements ; c'est le comte de Clermont qui, allant les y attaquer, les contraignit de combattre. Comment expliquer cette précipitation ? — Le comte voulut-il prévenir l'arrivée des renforts anglais ? Prétendait-il, en n'attendant pas le connétable, avoir seul l'honneur de la victoire ?

Le comte de Clermont attaqua à gauche avec toutes ses forces, pendant que des couleuvrines tiraient sur le camp. Matthieu Goth lança une troupe d'archers qui passant résolument le pont firent reculer les Français et s'emparèrent des couleuvrines. Les archers français lâchaient pied, lorsque Pierre de Brézé, à la tête de ses compagnies d'hommes d'armes, les ramena sur le ruisseau. Là s'engagea une mêlée furieuse. Les compagnies d'ordonnance récemment créées faisaient leur apparition sur un champ de bataille ; elles firent merveille : « et dit un témoin, n'eussent été les gens d'armes, qui tinrent bon, je crois qu'ils (les Anglais) eussent fait grand outrage à nos gens[1]. »

[1] Gruel, p. 224.

Cependant Kiriel laissait le corps de Goth combattre seul ; et, comme s'il eût craint d'engager toute son armée, il maintenait immobiles dans le camp les forces qui restaient disponibles. Pourquoi ? Le chef anglais, bien servi comme d'ordinaire par ses espions, redoutait-il l'arrivée du connétable, et gardait-il des troupes fraîches à lui opposer ? Jugeait-il que Goth suffirait pour venir à bout du comte de Clermont ?.. Peut-être ne se trompait-il pas. Après trois heures de combat, les compagnies d'ordonnance commençaient à faiblir.

A ce moment, une armée apparaît sur les hauteurs qui bordent l'Aure en face de Formigny, à environ deux kilomètres. Les Anglais restés dans le camp l'aperçoivent les premiers : ils croient que c'est le secours annoncé par Somerset et poussent des cris de triomphe. Mais leur joie est de courte durée : ils ont reconnu les bannières françaises et bretonnes!

Le connétable a bien vite pris ses dispositions. Sur son ordre, le maréchal de Lohéac avec l'avant-garde marche à gauche vers le pont et le gué. Les Anglais craignant d'être coupés avaient reculé vers le ruisseau; à l'approche du maréchal, ils se retirent vers le village et leurs retranchements, non sans perdre du monde. L'armée française toute entière passe le ruisseau. Les deux armées sont enfin réunies ; et le connétable prend le commandement.

Alors s'adressant à l'amiral de Coëtivy :

« Allons ensemble voir leur contenance ; » et le menant « entre les deux batailles » : « Que vous semble ? Comment les devons-nous prendre, par les bouts ou par le milieu ? » Et l'amiral, sans donner son avis, exprimant la crainte que les Anglais ne restent dans leurs retranchements : « Je voue à Dieu, reprend le connétable ; ils n'y demeureront pas avec la grâce de Dieu. »

Comme il parlait, Brézé vient lui demander d'attaquer à droite au pont de l'Aure pour couper aux Anglais la route de Bayeux. Le connétable approuve le mouvement. En même temps, il attaque à gauche vers le ruisseau, pendant que le comte de Clermont combat au centre. Brézé culbute les Anglais de droite, les pousse sur le camp et les y poursuit[1]. Le camp et Formigny sont attaqués de tout côté. Kiriel s'obstine longtemps dans une résistance inutile. Les Anglais sont massacrés dans le village : les archers qui tendent leurs arcs désarmés sont exterminés. La fuite même ne les sauve pas : des troupes de paysans massacrent ces hommes isolés, vengeant cruellement sur eux une oppression de plus de trente années.

Le soir on compta près de quatre mille morts, et douze ou quatorze cents prisonniers, au nombre desquels Kiriel et les principaux chefs.

---

[1] C'est justice de signaler la part glorieuse prise à la victoire par Pierre de Brézé qui fut à Formigny le plus utile auxiliaire du connétable. Ci-dessus, p. 185.

C'était presque toute l'armée. Seul Mathieu Goth avait pu réunir une petite troupe et la sauver à Bayeux.

Formigny est pour le connétable et la France la revanche d'Azincourt. « Depuis le début de la guerre de Cent-Ans, la France n'avait pas remporté une pareille victoire[1]. »

Mais à qui en revenait l'honneur? Cette question, qui semble oiseuse aujourd'hui, fut, dit-on, gravement discutée ! Plusieurs l'attribuèrent au comte de Clermont. Et le roi fut de cet avis ! Et pourquoi ? Parce que « le comte avait été « commis lieutenant du roi à faire la poursuite des Anglais... » Oui, il avait été « commis » pour vaincre ; mais, au lieu de préparer la victoire, il avait assuré la défaite, et, sans l'heureuse intervention du connétable, il était vaincu par sa faute. Que Richemont appelé tardivement à un combat imprudemment engagé fût arrivé quelques heures plus tard, l'armée française pouvait être écrasée ; et il aurait eu seul sur les bras l'armée anglaise victorieuse et supérieure en nombre... Que fut-il advenu ?

C'est ce que purent reconnaître ceux qui combattaient sous le comte de Clermont. Quatre jours après, l'amiral de Coëtivy écrit à son frère, et dans cette lettre intime il dit : « Je crois que Dieu nous y amena Mgr le connétable : car, s'il ne fût venu à l'heure et par la manière qu'il

---

[1]. M. Cosneau, p. 412.

vint, je doute que nous, qui les avions atteints (attaqués) les premiers et fait mettre en bataille, nous en fussions jamais sortis sans dommage irréparable, car ils étaient de la moitié plus que nous n'étions¹. »

Voilà la réponse au jugement intéressé ou étourdi de courtisans flatteurs ou mal informés, et la constatation par un des combattants et non des moindres de l'imprudence commise, du danger couru et du salut apporté par le connétable !

L'histoire juste une fois pour Richemont lui a reconnu l'honneur de la victoire de Formigny².

* *

Après la victoire, les deux armées se séparèrent. Le comte de Clermont alla mettre le siège devant Bayeux, le connétable devant Vire. Pendant ce temps, le duc de Bretagne assiégeait Avranches. Vire pris, le connétable courut à Avranches : il y arriva le 1ᵉʳ mai. Ce jour même, le duc apprit la mort de Gilles, il la dit au connétable qui s'emporta de nouveau en reproches trop mérités. Mais la nouvelle fut gardée se-

---

Morice, *Pr.* II, 1521. *Appendice*, nº 78.

² L'histoire... mais pas les dictionnaires dits *historiques*: Je lis dans l'un d'eux, vº *Dunois* : « Dunois expulsa les Anglais de Normandie par la victoire de Formigny. » Or Dunois n'était pas à Formigny ! Il est vrai qu'aux mots *Richemont* et *Formigny*, l'auteur se contredit, et Richemont devient pour lui le vainqueur de Formigny.

crête, de peur d'exciter un soulèvement dans l'armée qui aurait soupçonné un crime[1]. La place se rendit le 13 mai.

Le connétable et le duc allèrent assiéger Tombelaine qui se rendit à la première sommation; puis ils entrèrent au Mont Saint-Michel, où le duc fit célébrer des services pour son frère.

Là le connétable le quitta, et le duc malade et triste prit la route de Bretagne. Comme il passait la grève à la tête de ses troupes, un cordelier vint lui demander un entretien secret. Le duc se penchant sur l'arçon pour l'écouter, le religieux lui dit : « J'ai reçu la confession du prince Gilles : il m'a chargé de vous citer devant Dieu dans quarante jours. J'ai rempli ma commission... Je prie Dieu qu'il ait pitié de vous. »

Le duc continua sa route; mais, au lieu d'entrer en triomphe à Rennes, il se hâta vers Vannes où il allait mourir au terme assigné (17 juillet)[2]

En quittant l'armée, le duc avait laissé au connétable les comtes de Laval et de Penthièvre,

---

[1] Lobineau, *Hist.* p. 643-644. Gruel, p. 225 : « Lui vinrent les nouvelles que Ms' Gilles son neveu estoit mort, dont il fut bien courroucé, puis le duc le lui dist, et eurent grandes paroles ensemble, toute fois la chose se dissimula sur l'heure, de peur de plus grand scandale. »

[2] Les chroniques donnent deux dates 17 ou 19 juillet. Ces dates placent la citation du cordelier au 7 ou 9 juin, c'est-à-dire, après la reddition de Tombelaine et le séjour au Mont Saint-Michel. Il est difficile de concilier cette tradition populaire avec la déclaration d'Olivier de Méel. (Morice. *Pr.* II. 1553) : « Il ne fut pas parlé de confession. »

le maréchal de Bretagne Jean de Montauban, Jean de Raguenel, sire de Malestroit, qui allait succéder à Montauban, Tugdual de Kermoysan et trois cents lances, environ dix-huit cents hommes.

Le connétable prit avec eux la route de Bayeux qui avait capitulé le 16 mai. De Coutances, il détacha son lieutenant Jacques de Luxembourg qui, après dix jours de siège, s'empara de Saint-Sauveur-le-Vicomte et obtint la capitulation de Briquebec. En même temps le maréchal de Lohéac assiégeait Valognes qui après quelques jours demanda la capitulation.

Le 1er juin, le connétable était à Bayeux : il y attendit le retour de Luxembourg et de Lohéac, et l'approche du comte de Clermont qui le ralliait pour aller investir Caen[1]. Le 3 juin, le connétable se mit en route, et le soir il campait à Cheux, à deux lieues de Caen[2]. Le lendemain était la Fête-Dieu que le connétable célébra à Cheux ; le lendemain matin il fut rejoint par le comte de Clermont ; dans la journée les deux armées réunies paraissaient devant Caen ; et, le jour même, l'armée bretonne emportait le boulevard défendant la porte du côté de Bayeux. Huit jours plus tard, le roi lui-même

[1] M. Cosneau. *Appendice*, XCVIII, p. 635.
[2] Cheux aujourd'hui commune du canton de Tilly sur Seulles, arrondissement de Caen, à 13 kilomètres de cette ville. *Appendice*, n° 79.

arrivait avec Dunois, René d'Anjou, roi de Sicile, le duc d'Alençon, Saintrailles et d'autres capitaines.

L'armée royale comptait dix-sept mille hommes dont six mille francs-archers et une nombreuse artillerie[1]. En outre le connétable fit venir du Cotentin une troupe de maçons, charpentiers, mineurs et pionniers[2]. Il prenait toutes précautions, comptant que Somerset avec de puissantes ressources opposerait une résistance désespérée.

Somerset avait promis de reprendre la Normandie. La bataille de Formigny avait démenti ses folles promesses. Il sent quelle responsabilité pèse sur lui, il sait l'accueil qui l'attend en Angleterre : que du moins il défende vigoureusement et, s'il se peut, sauve Caen, la plus grande ville de Normandie après Rouen ; ce dernier succès lui vaudra quelque indulgence.

Caen avait une garnison de trois ou quatre mille hommes aguerris, des vivres et des munitions, de puissantes murailles et des fossés que remplissaient les eaux de deux rivières, un château et un donjon qui dominait le château d'une centaine de pieds. La garde de la ville, du château et du donjon était aux mains de trois capitaines sur lesquels Somerset pouvait compter ; mais il ne pouvait espérer de secours.

---

[1] M. Cosneau. *Appendice*. XCIX p. 635 et 636.
[2] M. Cosneau. *Appendice*, C. p. 636.

La place fut complètement investie et deux attaques furent formées, française et bretonne : cette dernière était conduite par Tugdual de Kermoysan. Ses pionniers arrivèrent les premiers au pied du mur ; et Kermoysan fit sauter une tour et un pan de muraille. Dès ce jour, l'assaut pouvait être donné. Les Bretons le réclamaient et le connétable avait grand'peine à les contenir. Ils se plaignaient amèrement que le roi leur eût refusé l'honneur d'emporter la place[1]. Mais, le roi par pitié pour la population, aimait mieux obliger les Anglais à capituler. Après vingt jours, Somerset s'y résignait ; mais le capitaine de la ville déclara qu'il attendrait l'assaut et ne rendrait pas la ville. Les habitants soulevés s'écrièrent qu'ils ouvriraient les portes. La capitulation fut signée le 24 juin ; et, le 1er juillet, le bailli de la ville apporta les clés de la ville, du château et du donjon au connétable qui les remit à Dunois nommé capitaine.

Falaise, Domfront et Cherbourg restaient seuls à prendre. Le roi se chargea des deux premières places : Falaise capitula le 22 juillet, Domfront, le 2 août. Pendant ce temps, le connétable et le comte de Clermont mettaient le

---

[1] Gruel s'est fait l'écho de ces plaintes (p. 226): « Le roi ne voulut bailler nulles bombardes de ce côté de peur que les Bretons n'assaillissent. » De même, Lobineau. *Hist.* p. 645. D. Taillandier (*Hist.* II, 635) dit : « Le connétable eût emporté la ville d'assaut si le roi ne l'eût empêché pour préserver la ville du pillage. » C'est la pleine justification du roi.

siège devant Cherbourg qui passait pour la plus forte place de Normandie. Les Anglais chassés des garnisons normandes s'y étaient retirés ; ils avaient reçu un dernier renfort, et ils étaient décidés à résister jusqu'au bout.

Les approches furent difficiles. L'amiral de Coëtivy périt dans la tranchée; et huit jours après Tugdual de Kermoysan y finit sa vie héroïque. La maladie ravageait les assiégeants et le siège se prolongeait ; il fallait en finir.

Sur l'ordre du connétable une batterie de quatre bombardes (gros canons) fut établie dans la mer même sur des rochers découvrant à marée basse. Quand la mer montait on les couvrait d'une enveloppe de cuir enduite de graisse ; et, quand la mer se retirait, « on mettait le feu, et elles faisaient aussi bonne besogne que si elles eussent été en terre ferme ; de quoy les Anglais furent émerveillés plus que d'aucune autre chose[1]. » Ces canons tirant sur un point peu défendu parce qu'on le jugeait inattaquable eurent un succès complet. Les assiégés désespérant de tout secours demandèrent la capitulation, qui fut signée le 12 août Le lendemain (13)[2] la ville était ouverte au connétable qui en reçut les clefs et les remit aussitôt à l'amiral du Bueil.

[1] Gruel, p. 226.
[2] Lobineau donne deux dates, 13 ou « selon quelques uns » 22 août. La première « la surveille de la mi-août » est donnée par Gruel (p 226) qui était présent

La Normandie était redevenue française.

Personne ne niera que les Bretons n'aient eu une grande part à l'heureux succès de ces campagnes décisives. Pour obtenir ce succès il fallait de toute nécessité que la Bretagne intervînt.

Qu'on nomme une province de France qui, pour chasser l'envahisseur, ait fait un effort aussi vigoureux que la Bretagne en 1449 et 1450 ! Et pourtant la Bretagne n'était pas française ; et il n'était pas une partie de la France actuelle à laquelle le dévoûment à la France pût coûter aussi cher, puisque, plus qu'aucune autre la Bretagne était exposée aux représailles de l'Angleterre.

Et la gloire principale n'est-elle pas au connétable? C'est lui qui, en 1449, a déterminé François Ier à prendre les armes et a commandé son armée. C'est lui le vrai vainqueur de Formigny : c'est lui qui en arrivant rétablir le combat changea une défaite probable en une éclatante victoire. La victoire de Formigny lui appartient à un autre titre : ce sont les compagnies d'ordonnance qui ont maintenu le combat avant son arrivée, et qui ont vaincu avec lui : or elles sont la création du connétable ; sans son initiative et son heureuse obstination, le roi les eût-il créées malgré l'opposition des princes ?

Nous avons dit plus haut, après Richemont lui-même, que son entrée dans Paris fut l'œuvre des Parisiens[1]. Pour être juste, il faut dire que la conquête si prompte de la Normandie ne peut s'expliquer que par la courageuse attitude des Normands ; et que le recouvrement de leur belle province fut en partie leur œuvre.

[1] Ci-dessus, p. 119.

CHAPITRE XIV

Richemont gouverneur de Normandie. — Conquête de la Guyenne. — Fin de la guerre de Cent-Ans.

(1450-1457).

Le 13 août 1450, le jour même de la reddition de Cherbourg, le connétable dînait à Valognes, c'est dire qu'il y était vers midi. On voit que la matinée avait été bien employée. Le connétable faisait diligence pour aller trouver le roi qui l'attendait au Château-du-Loir. Il n'est pas besoin de dire comment il fut accueilli.

Un mois après la prise de Cherbourg, le roi annonçait aux « bonnes villes » le recouvrement de la Normandie, et faisait savoir qu'il envoyait une armée conquérir la Guyenne. — Le commandement de cette expédition allait être donné à Dunois. Le roi réservait au connétable le gouvernement de la Normandie.

En ce moment il fallait à la tête de cette province un administrateur expérimenté et un chef de guerre ayant la haute autorité du connétable. Il s'agissait en effet d'y rétablir l'administration française, d'assurer l'organisation militaire et d'en régler les détails, d'achever l'établissement des francs-archers, de prémunir les côtes et au besoin de les défendre contre tout retour offensif des Anglais. Telle était la tâche imposée au connétable, qu'allaient seconder Pierre de Brézé grand-sénéchal, et plus tard Dunois qui eut plus spécialement la garde de Rouen et de la Haute-Normandie.

En quittant le roi, le connétable vint en Bretagne où Pierre II l'appelait. Des affaires diverses allaient longtemps l'y retenir.

En arrivant à Vannes, le connétable trouva le duc Pierre et la duchesse Françoise pleurant la mort de Gilles, et la part que François Ier avait eue aux malheurs de son frère[1].

Avant même de prendre la couronne, la première préoccupation de Pierre fut de faire condamner les auteurs et complices de la mort de Gilles. Il voulait associer le connétable à son œuvre; et il allait même lui laisser la haute direction de l'affaire[2].

Des décrets d'arrestation avaient été lancés contre Arthur de Montauban, Olivier de Méel, Raiart qui avait fourni le poison destiné à Gilles, sept geôliers ou agents des Montauban auteurs de la mort du prince, et même contre Jean

---

[1] Sur ce point lire la lettre confidentielle et « à déchirer » que le 3 mai 1450, neuf jours après la mort de Gilles, Pierre adressait à son maître d'hôtel et ami Roland de Carné. (Morice, *Pr.* II, 1445. La date imprimée *1419* est erronée: il faut lire *1450*).

[2] Ainsi par exemple quand le duc accorde une sûreté (liberté provisoire), il la soumet à la confirmation du connétable Ex. sûreté accordée à Robert d'Espinay (Morice, *Pr.* II, 1554-55.)

Hingant, l'ennemi de Gilles, et contre Robert d'Espinay, frère de Jacques évêque de Rennes[1].

Raiart et les assassins purent être arrêtés en Bretagne ; mais, aussitôt après le meurtre de Gilles, Olivier de Méel avait fui en France, et la mort de François Ier détermina Hingant et Arthur de Montauban à passer la frontière[2]. Le roi accueillit Arthur et le fit bailli du Contentin[3].

L'information commencée allait durer plusieurs mois avec des péripéties que nous dirons plus tard.

Ces dispositions prises, le duc partit pour Rennes. Le connétable assista au couronnement avec son neveu le jeune comte d'Etampes, fils de Richard, Jean de Blois, comte de Penthièvre, réconcilié par lui, et une nombreuse noblesse. Tous allèrent conduire le duc à Nantes, où il fit son entrée solennelle, le 12 octobre.

Après quelques jours de fêtes, le duc et le connétable accompagnés du maréchal de Lohéac et d'une suite brillante partirent pour Angers, où Charles VII leur avait donné rendez-vous. Le roi, suprême honneur, s'avança jusqu'à la porte extérieure du château pour leur souhaiter la bienvenue et les remercier des services rendus.

[1] Ci-dessus, p. 216.
[2] Ils assistaient tous les deux à la rédaction du dernier codicille de François Ier, le 27 juillet 1450. (Morice Pr. II. 1538.)
[3] M. Cosneau. p. 429 note 6. Il avait encore ce titre en mai 1451.

C'était la France exprimant sa reconnaissance à la Bretagne pour les deux campagnes de Normandie ; et ces remerciements étaient mérités.

La porte sous laquelle le roi vint recevoir le duc et le connétable existe encore ; et les Bretons en passant devant elle peuvent s'énorgueillir de ce glorieux souvenir.

Puis le duc et le connétable se rendirent à Montbazon où se tenait la cour[1]. Pierre II fit hommage le 20 novembre... Deux jours après le connétable et le duc partaient en hâte.

Ils venaient d'apprendre qu'Olivier de Méel arrêté par ordre du connétable à Marcoussis[2], leur était amené à Amboise ; et ils l'enlevaient au plus vite en Bretagne, certains d'avance que le roi allait protester contre une arrestation faite en terre de France. Sans s'arrêter à Nantes, le duc et le connétable poussèrent jusqu'à Vannes où le procès s'instruisait. A peine y arrivaient-ils que survinrent des députés du roi réclamant la remise de Méel. Mais la culpabilité était si bien établie que les députés « se contentèrent de demander qu'on leur remît le prisonnier pour la forme, à la condition qu'ils le remettraient aussitôt aux officiers du duc.[3] » Ainsi fut-il fait et l'information suivit son cours.

[1] Canton, arr. de Tours. La seigneurie venue aux mains des Rohan-Guémené fut érigée en comté puis en duché, 1588.

[2] Marcoussis (Seine-et-Oise), dont la seigneurie était au maréchal de Graville, beau-frère des Montauban. *Appendice*, n° 64.

[3] Lobineau. *Hist.*, p. 648.

Pendant ce temps des navires anglais rôdaient le long des côtes de Normandie et de Bretagne; le duc pouvait croire la Bretagne menacée en représaille du secours qu'elle avait fourni à la France. Le connétable d'accord avec lui organisait la défense commune de la Normandie et des côtes bretonnes ; et, en février (1451), le duc ordonnait l'armement des nobles et des milices paroissiales[1].

Les premiers Etats que devait tenir Pierre étaient convoqués à Vannes, pour le lundi 24 mai. Ils allaient avoir une solennité exceptionnelle. Le duc devait y proclamer la liste des neuf seigneurs qui seront désormais « les neuf barons de Bretagne » et qu'il entendait faire les chefs de sa noblesse[2].

Quand il avait convoqué au 24 mai, Pierre II n'avait pas pris garde que, ce jour, l'Eglise célèbre la fête des deux martyrs nantais Donatien et Rogatien. Or le duc gardait d'une façon spéciale la fête des deux frères « nés, croyait-il, de la maison de Bretagne[3] ». Il députa le chancelier aux Etats pour s'excuser de ne pas y paraître ce jour ; et l'ouverture solennelle fut renvoyée au lendemain.

Le 25, le duc « comparut aux Etats en ses majesté et habit royal » ; le connétable prit la

[1] 15 février. Morice. Pr. II, 1556-57.
[2] Appendice, n° 79.
[3] Morice. Pr. II, 1564. Appendice. n° 80.

première place à droite auprès de son neveu, et le duc fit publier les lettres des trois nouveaux barons, savoir :

Jean de Châteaugiron, grand chambellan héréditaire, baron de Derval, — Jean de Raguenel, maréchal de Bretagne, vicomte de la Bellière, sire de Largouet, baron de Malestroit, — Tristan du Perrier, baron de Quintin. A peine majeur, ce dernier avait moins de titres que les deux autres, mais le connétable avait été son tuteur ; et, selon toute apparence, son intervention ne fut pas étrangère à l'honneur que le duc fit au sire de Quintin[1].

Un autre acte ducal promulgué aux mêmes États avait un bien autre intérêt pour la Bretagne. C'est l'honneur de Pierre II, sans doute inspiré par Françoise d'Amboise, d'avoir apporté de très heureuses réformes dans l'administration et la justice. En mai 1451, il publia une *constitution* faisant « loi générale » pour le duché sur plusieurs points importants. Nous n'en signalerons qu'un seul : l'établissement de la défense gratuite des pauvres, c'est-à-dire *l'assistance judiciaire*. Quatre siècles passeront avant qu'elle entre dans la législation française ; et la loi du 22 janvier 1851, que plusieurs prennent pour une invention nouvelle, ne fera que reproduire l'*invention* de Pierre II, en la complétant[2].

---

[1] *Appendice*, n° 81.
[2] *Appendice*, n° 82.

.·.

Pendant la session des États, la procédure suivie contre les meurtriers de Gilles s'achevait enfin. — C'est le moment d'en faire connaître le résultat.

Hingant rentré en Bretagne se justifia [1]. — Robert d'Espinay obtint la liberté provisoire sous caution, et fut renvoyé devant quatre arbitres qui devaient juger sans recours [2]. Leur décision lui fut favorable ; et Robert était rentré en grâce avant les États de mai 1451 [3].

Pierre II se plaignait aussi de Jacques d'Espinay, évêque nommé de Rennes. Toutefois il ne fut pas inculpé ; mais il fut heureux d'être défendu par le pape Nicolas V [4] ; et le duc, en recevant le serment de son compétiteur élu par le chapitre, l'empêcha pendant quatre ans de prendre possession du siège [5].

[1] Lobineau, *Hist.* p. 649. — Morice. *Hist.* II, 41.
[2] V. Seconde *sûreté* — 12 janvier 1451, (n. s.) Morice. *Pr.* II. 1534-55.
[3] Il comparut aux États comme sergent féodé du duc à Rennes. Morice, *Pr.* II, 1564.
[4] Nicolas V, « grand amateur des lettres, » dit d'Argentré f° 657 r°. C. Il dédoubla la bibliothèque du Vatican. Sa lettre est du 1ᵉʳ janvier 1451. Morice, *Hist.* II, p. IX.
[5] Morice, *Hist.* II. p. IX. L'affaire s'arrangea pour cette fois ; et Jacques d'Espinay nommé par le pape, le 4 mai 1450, fut intronisé le 4 avril 1454, (et non 1450, comme il est écrit par une faute d'impression évidente). Mais l'accusation fut reprise plus tard.

Le maréchal de Montauban n'avait pas été compris aux poursuites. Le duc lui tenait compte de l'avis qu'il avait donné au connétable et qui aurait sauvé Gilles, si François Iᵉʳ n'avait été déterminé à laisser toute liberté aux ennemis de son frère¹ ; et il répugnait au connétable de voir le complice d'assassins dans un officier qui avait si bien servi en Normandie.

Après la prise de Cherbourg, le maréchal n'était pas rentré en Bretagne. Se sentant coupable, il n'était pas sans inquiétude, et il prenait ses précautions. Les Montauban avaient une sœur mariée au maréchal de Graville, qui possédait un château-fort à Marcoussis². C'est là que se réfugia Montauban ; et bientôt il y fut rejoint par son frère Arthur qui se trouvant dans le Cotentin trop près de la Bretagne, abandonna la charge de bailli. Mais bientôt les deux frères ne se crurent pas en sûreté derrière les murailles de la forteresse.

Arthur entra au couvent des Célestins de Marcoussis ; puis, ne se sentant pas hors d'atteinte même dans la clôture, il alla se cacher aux Célestins de Paris, où nous le verrons novice en 1454.

Le maréchal acheta la paix par une trahison. Olivier de Méel se cachait en France. Le maréchal l'appela auprès de lui à Marcoussis ; Méel

---

¹ Ci-dessus, p. 227 Il faut dire aussi que Montauban était oncle par alliance de Françoise d'Amboise.
² *Appendice*, n° 65.

vint et fut aussitôt emprisonné. Bientôt arrivèrent Olivier de Quelen et Eustache d'Espinay envoyés par le connétable sur l'avis de Montauban. S'emparant de Méel au nom de Montauban, ils le conduisirent au duc de Bretagne à Amboise. Le duc s'en saisit, comme nous avons vu, et l'emmena en Bretagne.

La cause de ce brusque départ fut bientôt connue ; et Montauban comprit le danger que pouvaient lui créer les révélations de Méel ; le jour même du départ du duc (22 novembre), il se présentait spontanément devant le conseil du roi, protestant d'avance contre les imputations qu'on pourrait porter contre lui en Bretagne à raison de la mort de Gilles, et se mettant sous la protection du roi « son souverain seigneur[1] ». — Démarche maladroite qui, coïncidant avec le départ inopiné du connétable et du duc, allait provoquer des recherches.

Montauban s'était pris au piège tendu par lui-même. S'il avait apaisé le duc, il avait irrité le roi en donnant le moyen de prendre Méel en terre française. Charles VII vit dans ce fait un attentat à sa souveraineté; la complicité de Montauban fut clairement établie ; et le conseil le frappa ainsi qu'Eustache d'Espinay d'un mandat d'arrêt.

---

[1] Morice, *Pr.* II, 1550. — M. Cosneau (p. 428) attribue cette démarche à Arthur. Il s'agit bien du maréchal nommé *Mgr de Montauban*. La confrontation de cette pièce avec la *déclaration* de Méel (Morice, *Pr.* II, 1553) ne peut laisser aucun doute à cet égard.

Tous deux comparurent devant le conseil. Mais le maréchal était fécond en ressources ; il produisit au conseil une assignation à comparaître devant le duc de Bretagne « sous peine de grand danger » ; et, pendant qu'Eustache d'Espinay entrait en prison, il obtint la liberté sous la caution de Pierre de Brézé, sénéchal de Normandie, ami de son frère Arthur [1].

Cependant l'information contre les meurtriers de Gilles fut close aux premiers jours de juin ; le 8 de ce mois, Méel et ses complices eurent la tête tranchée sur la place du Marché à Vannes; « et leurs corps mis en quartiers furent exposés sur les grands chemins[2] ».

Le peuple applaudit à cette exécution, et, cent cinquante ans plus tard, la réprobation due aux condamnés pesait encore sur leurs descendants[3].

La sentence si rigoureusement exécutée comprenait peut-être un condamné de trop[4] ; mais

---

[1] C'est le roi qui poursuivait Eustache d'Espinay, et non Richemont, comme l'a cru M. Cosneau (p. 428, note 4). — Morice, *Pr.* II, 1550. *Démarche du sire de Montauban... in-fine.* (Pas de date de la mise en liberté).

[2] Lobineau, *Hist.*, p. 649.

[3] D'Argentré, f° 656, v° F.

[4] Nos historiens, Bouchard, Lobineau, Morice, nomment quatre condamnés y compris Raiard. — Lobineau nomme quatre autres complices. L'un d'eux est Salmon mentionné par Pierre II. Testament du 5 septembre 1457, (Morice, *Pr.* II, p. 1707-1708). Il semble bien que ces quatre furent condamnés avec les autres.

elle en omettait deux, et « le plus coupable de tous[1] ».

Je veux parler des deux frères de Montauban : ils allaient non seulement obtenir l'impunité, mais parvenir aux honneurs.

Le maréchal était assuré non du pardon et de l'oubli, mais de l'impunité en Bretagne, avant le mois de mai 1451[2]. Avant le même temps, de gré ou de force, il avait renoncé au titre de maréchal de Bretagne[3]. De ce jour il ne parut plus aux États ; et, à l'appel de son nom au rang des bannerets, il était excusé « comme étant au service du roi[4] ». Charles VII, ayant abandonné Méel au duc de Bretagne ne pouvait punir Montauban d'avoir procuré son arrestation. Dès le mois de juillet, Montauban était bailli du Cotentin en place de son frère[5] ; il allait continuer ses brillants services ; et nous le retrouverons à Castillon. Enfin, en 1461, Louis XI, à son avènement, le fit amiral et grand maître des eaux et forêts.

La fortune de son frère Arthur fut encore plus

[1] « Arthur était le plus coupable de tous, car c'est lui qui avait été l'âme du noir complot formé contre la vie de Gilles. » Morice. *Hist.* II. p. 40. — L'historien innocente le sire Montauban, frère d'Arthur.

[2] La preuve c'est qu'il est appelé comme banneret aux États de mai 1451. Morice, *Pr.* II, 1567.

[3] Mêmes États. Jean de Malestroit, son successeur, est mentionné avec le titre de maréchal. (Morice, *Pr.* II. 1569).

[4] Il comparaît par procureur aux États de 1451, « excusé au service du roi en Normandie ». Morice. *Pr.* II, 1457. — De même aux États de 1455 — Id. 1672. — De même aux États de 1462. Id., III, 7.

[5] M. Cosneau, p. 429 note 6.

surprenante. — Entré aux Célestins de Paris, il prend le titre de novice dans un acte du 8 décembre 1454, par lequel il se démet de tous ses biens meubles et immeubles en faveur des Célestins « chez lesquels il entend vivre et mourir[1]. » Après les neuf sommations exigées, Arthur avait été « forbani », c'est-à-dire déclaré contumace[2]. Il avait cinq ans pour se représenter : il s'en garda bien, et il resta en France. Un jour, infidèle à sa parole, il sortit du couvent pour aller à Rome chercher les bulles, qui, à la demande de Louis XI, le nommaient archevêque de Bordeaux[3] !

...Mais laissons-là ces tristesses et suivons l'armée du roi à la conquête de la Guyenne.

.°.

Au mois d'avril (1451) Dunois était entré en Guyenne, où sa tâche allait être relativement facile.

A la fin de l'année précédente, Jean de Penthièvre partant de son comté de Périgord, et Amanieu d'Albret, sire d'Orval, qui avait été beau-frère de Richemont[4], entrés sans ordres du roi en Guyenne, y avaient pris plusieurs places, et avaient battu les Anglais près de Blanquefort, à deux lieues de Bordeaux (1ᵉʳ novem-

---

[1] Morice, *Pr.* II, 1637-1639.
[2] *Appendice*, n° 83.
[3] *Appendice*, n° 84.
[4] *Appendice*, n° 85.

bre 1450.) Ils avaient ainsi ouvert la voie à l'armée du roi.

Les petites places ne pouvaient résister à une armée de 20 000 hommes. Dans le courant de mai, elles se rendirent ou furent prises d'assaut. Bordeaux et Bayonne seules soutinrent le siège. Après quelques semaines, Bordeaux ouvrit ses portes, le 24 juin, et Bayonne, le 20 août. — La Guyenne était conquise.

Mais cette soumission n'allait pas être définitive. Les Anglais avaient en Guyenne un parti puissant. Depuis trois siècles qu'ils possédaient la province, ils l'avaient bien traitée : ils avaient protégé son commerce et lui avaient épargné les impôts. L'établissement peut-être un peu brusque de l'administration française, les taxes imposées pour la solde et l'entretien de l'armée royale allaient soulever une violente opposition. Les Etats portèrent leurs doléances au roi sans rien obtenir (août 1451.) Les partisans des Anglais saisirent l'occasion et les rappelèrent.

Leurs partisans dans le Maine et la Normandie allaient-ils suivre cet exemple ?.. Le roi avait appris que de grands préparatifs se faisaient en Angleterre ; il craignait d'avoir à faire face en même temps aux Anglais en Guyenne et en Normandie. Pour parer au danger, le connétable inspectait les côtes de Nor-

---

* Des bourgeois du Mans avaient adressé un appel à Henri VI. (M. Cosneau, p. 433, note 5.)

mandie et en faisait fortifier plusieurs points[1] ; et le duc de Bretagne craignant quelques représailles des Anglais sur le duché armait ses côtes.

La situation parut assez grave pour que le roi mandât le connétable et le duc à Montils-lès-Tours.

Pour ce rendez-vous d'affaires, le duc n'était pas accompagné des grands dignitaires comme pour ses visites d'apparat. Il partit (février 1452) suivi seulement de « gens du conseil » et de quelques chevaliers et écuyers[2].

Parmi eux était un jeune écuyer que ses poésies avaient mis en faveur : Meschinot, le futur auteur des *Lunettes des princes*, et de ces satires virulentes contre Louis XI, qui volant par-dessus la France donneront la réplique à Guillaume Chapelain, dit *l'Aventurier*, poète de Charles-le-Téméraire[3]. Meschinot voyait pour la première fois la cour de France ; s'il en fut charmé, lui-même charma la cour et les dames; et longtemps après, quand vieillissant, il sera devenu *le Banny de liesse* — c'est le surnom qu'il s'est donné — il rappèlera non sans mélancolie cet heureux souvenir[4].

Après quelques jours, le connétable retour-

---

[1] M. Cosneau, p. 431.
[2] On en trouve la liste dans un compte de trésorerie. Morice. Pr. II. 1604-1605.
[3] *Appendice*, n° 86.
[4] *Appendice*, n° 87.

nait à son gouvernement ; et, pour qu'il y fît une résidence plus assidue, le roi lui demanda d'y amener la comtesse de Richemont qu'il laissait d'ordinaire à Partenay. En même temps le duc revenait en Bretagne pour surveiller et défendre ses côtes. — Il n'avait pas de temps à perdre.

Dès le mois d'octobre (1452), une flotte anglaise entra dans la Gironde portant une armée aux ordres de Talbot. Bordeaux lui ouvrit ses portes. En même temps, une seconde flotte longeait les côtes de Normandie et de Bretagne et menaçait Brest. Le connétable avait sous la main 600 lances, environ 3600 hommes des compagnies d'ordonnance, quelques troupes auxiliaires, et les francs-archers dont l'organisation était désormais complète. Laissant à Dunois la garde de la Haute-Normandie[1], il s'établit à Caen pour surveiller le Cotentin qui semblait surtout menacé, ravitailla Cherbourg, et distribua ses troupes le long des côtes. En même temps Pierre II munissait les places côtières, augmentait la garnison de Brest, et expédiait dans la Gironde une flotte qui allait bloquer Bordeaux.

Les Anglais ne trouvèrent pas en Normandie le même appui qu'en Guyenne ; et, sans même tenter un débarquement, la flotte se contenta de bloquer les ports et de capturer des navires.

[1] Dunois y avait été nommé lieutenant du roi (mars 1452). M. Cosneau. p. 432.)

Le danger conjuré, le connétable passa en Bretagne à l'appel de Pierre II, pour une affaire où il était personnellement intéressé.

.˙.

Avant de mourir, le duc François Ier, se conformant au traité de Guérande, avait exclu ses deux filles du trône ducal ; et avait solennellement réglé comme suit la succession de Bretagne : Pierre, le comte de Richemont son oncle, le comte d'Etampes, fils de Richard.

Mais Jacques II, roi d'Ecosse, frère de la duchesse Isabeau, n'agréait pas ces arrangements. Il réclamait la couronne pour ses nièces, accusait Pierre II d'usurpation ; et en même temps prétendant remarier sa sœur il se plaignait qu'elle ne fût pas libre en Bretagne et qu'elle n'eût pas la jouissance de son douaire.

C'est à Charles VII qu'il adressait ses doléances. Dès le mois de mai 1451, il lui avait envoyé une première ambassade[1] : une autre, dont l'évêque de Galway était le chef, suivit en mars 1453. Le roi renvoya les ambassadeurs écossais en Bretagne, les faisant accompagner d'un maître des requêtes de son hôtel avec un notaire-secrétaire chargé de dresser procès-verbal de tout ce qui se ferait et se dirait[2]. Le con-

[1] Lettre de Charles VII (29 mai 1451) et envoi au duc de l'amiral du Bueil. Morice. *Pr.* II. 1557.

[2] Le notaire dressa un long procès-verbal des faits et dires. On peut lire les pièces de cette affaire quelque peu ridicule dans Morice, *Pr.* II. 1616-1625.

nétable alla au-devant des ambassadeurs à Nantes, et les conduisit auprès de Pierre II et de la duchesse Isabeau. Le duc résidait pour le moment au « manoir rural » des évêques de Rennes à Bruz[1]; la duchesse était à Rennes.

Les ambassadeurs virent d'abord le duc Pierre. Il s'enferma avec le connétable et l'évêque de Galway. Le maître des requêtes et son secrétaire ne pénétrèrent pas, à leur grand regret, le secret de l'entretien.

La duchesse affirma à plusieurs reprises aux envoyés de son frère et de Charles VII, qu'elle se trouvait heureuse en Bretagne et si bien qu'elle comptait y rester toujours auprès de ses filles[2] ; que Pierre était plein d'attentions pour elle; qu'elle avait la paisible jouissance de son douaire. Elle ajouta même assez plaisamment qu'elle voudrait bien que son frère payât aussi exactement sa dot dont elle n'avait encore rien reçu après neuf ans de mariage[3].

Les Ecossais repartirent pour faire leur rapport

---

[1] Bruz, cne con Sud-Ouest de Rennes.
Ce manoir dit aujourd'hui le *Manoir*, au bord de la Seiche. Du chemin de fer, allant de Rennes à Redon, en passant la rivière on voit le manoir sur la gauche. Le *Manoir* a appartenu au jurisconsulte Toullier. J'ai vu là dans une grande salle la chaire où, parlant à haute voix, comme s'il eût fait son cours, il a composé bien des pages...

[2] *Appendice*, n° 88.

[3] La duchesse revient sur ce point dans une lettre à Charles VII (14 avril), en le priant à son tour d'intervenir. Morice. *Pr.* II. 1629-30 et par répétition 1646-47.

à Jacques II, qui apparemment no voulut pas être persuadé[1].

Le connétable s'empressa de rentrer en Normandie où une flotte anglaise s'était encore une fois montrée. Sans rien tenter en Normandie, elle contourna la Bretagne et prit terre à Crozon ; mais, avant que le roi et le connétable, avertis en hâte par le duc, eussent le temps d'envoyer du secours, le maréchal de Bretagne, les seigneurs et les milices du voisinage avaient contraint les Anglais à reprendre la mer[2].

Il semble que cette démonstration avait pour but d'empêcher le duc de Bretagne de prêter au roi le concours qu'il avait promis pour une grande expédition en Guyenne.

En effet, laissant au connétable et à Dunois la garde de la Normandie, Charles VII allait partir pour le Midi à la tête de son armée ; et Pierre avait résolu d'assister la France dans ce suprême effort. Il était encouragé dans ce généreux dessein par le connétable et par la duchesse Françoise qui mettait son heureuse influence au service de la France[3]. Mais la menace des An-

[1] Dans une lettre à Charles VII, le 19 mai 1454, Jacques I annonce que son parlement a été d'avis d'un envoi d'ambassadeurs pour la même affaire. Morice. *Pr.* II. 1644-45.
[2] Lobineau, *Hist.* p. 654.
[3] Tout enfant Françoise d'Amboise à genoux auprès de Jeanne de France avait prié pour la victoire des armes françaises. Duchesse, elle demanda des processions et des prières publiques pour le succès de l'expédition de Guyenne. (Mgr Richard. *Françoise d'Amboise*).

glais contraignit le duc à retenir en Bretagne une partie des troupes qu'il destinait à l'expédition de Guyenne.

Le comte d'Étampes avait dans sa compagnie seulement cent lances (600 hommes) et deux cents archers ; et les autres capitaines notamment le maréchal de Bretagne[1] Jean, baron de Malestroit, Jean, baron de Derval, Jean de Brosse, le nouveau comte de Penthièvre[2], et d'autres avaient dû laisser une partie de leurs compagnies en Bretagne[3]. Toutefois l'armée bretonne devait être d'environ deux mille hommes sans compter neuf cents hommes qui montaient la flotte[4].

Le comte d'Étampes était le chef nominal de l'armée ; mais, à cause de sa jeunesse, le commandement était exercé par le maréchal de Bretagne, Gilles de Tournemine, sire de la Hunaudaye, et le sire de Montauban[5].

Sur le conseil du connétable, le roi marchait à la tête de son armée. Il partit au printemps.

---

[1] Il s'agit de Jean de Malestroit etc. (*Appendice*, n° 81), et c'est par erreur que d'Argentré donne ici le titre de maréchal au sire de Montauban. *Hist.* f° 659, r° A.

[2] *Appendice*, n° 89.

[3] Cela résulte du deuxième compte de Raoul de Launay. Morice, *Pr.* II, 1628-29.

[4] Ce chiffre approximatif peut être déduit du même compte en remarquant que le dénombrement n'est pas complet.

[5] Jean, l'ancien maréchal de Bretagne.

La plupart des places se rendirent à la première sommation. Au mois de juin, le roi envoya le maréchal de Lohéac mettre le siège devant Castillon sur la Dordogne.

Dans la nuit du 16 au 17 juillet, cédant aux sollicitations des habitants, Talbot sortit de Bordeaux pour faire lever le siège. En approchant, il rencontra une troupe d'archers qu'il culbuta, mais qui se rallièrent et rentrèrent au camp. Encouragé par ce facile succès, Talbot attaqua aussitôt les Français.

Mais Lohéac avait prévu la venue de Talbot. Il avait entouré son camp d'un fossé large et profond muni d'une artillerie plus forte que de coutume, sur lequel s'ouvraient seulement deux portes, l'une gardée par l'armée française, l'autre par le contingent breton.

Talbot, attaquant à la première porte, rencontra une vive résistance ; les compagnies d'ordonnance soutinrent vaillamment le combat pendant deux heures ; mais elles commençaient à faiblir lorsque survinrent les Bretons postés à l'autre porte. Ne voyant personne à combattre et sachant l'ennemi occupé ailleurs, ils accoururent en hâte conduits par la Hunaudaye et Montauban. Leurs troupes fraîches prenant la place des compagnies fatiguées eurent bientôt raison des Anglais qui reculèrent, puis tournèrent le dos. Comme il les ramenait au combat, Talbot fut frappé d'une coulévrine, jeté à terre et percé de coups. Un Breton, Olivier Giffart, abattit, dit-on, et prit la bannière de l'illustre octogénaire, qui guerroyait en France depuis plus d'un demi-siècle[1]. Le comte de Penthièvre se lançant à la poursuite des fuyards acheva la défaite[2].

Vingt-cinq ans auparavant, Talbot avait surpris Laval et avait fait prisonnier Lohéac alors tout jeune homme[3]. Lohéac venait de prendre une terrible revanche. C'est pour une grande part à ses dispositions qu'était due la victoire.

Combien de batailles rangées entre armées plus nombreuses ont eu des résultats moins importants ! Castillon se rendit aussitôt; quelques places suivirent l'exemple; et, au commencement d'octobre, Bordeaux seul tenait encore. C'est pourquoi le combat de Castillon eut un immense retentissement dans l'Europe entière; et ce n'est pas un mince honneur pour la Bretagne que l'opinion publique ait attribué aux Bretons la victoire de Castillon[4].

Les Bretons n'allaient pas être moins utiles au siège que le roi mit aussitôt devant Bordeaux. Pendant que l'artillerie battait les murs par terre

---

[1] D'Argentré, *Hist.* f° 679 v° E. — Il dit au même endroit. Cette bataille est une des premières où se trouvent mis en usage les *harquebusiers* qu'ils nommaient *coulevriniers à main*, combien qu'ils furent encore peu alors... » *Appendice*, n° 90.

[2] On lit dans l'*Hist. d'Angleterre* par Guizot (t. Ier p. 359) *le comte de Ponthieu* : erreur d'impression certaine.

[3] Ci-dessus, p. 78.

[4] « Le pape Pie II, qui vivoit de ce temps descrivant cette bataille attribue la victoire d'icelle à la vaillance et hardiesse des Bretons. » D'Argentré, f° 659 v° E.

une flotte française occupait la Gironde assistée d'une flotte bretonne sous les ordres de Jean du Quélenec, vicomte du Faou, amiral de Bretagne[1]. Le 17 octobre, Bordeaux capitulait.

Calais seul avec un étroit territoire restait aux Anglais. Quel regret pour Philippe-le-Bon d'avoir, en 1436, repoussé l'aide du connétable et d'avoir peut-être ainsi manqué l'honneur de reprendre cette place[2] !

Le connétable n'avait pas commandé l'expédition de Guyenne ; et pourtant comment lui refuser une part dans la gloire de ce succès décisif ? La victoire n'était-elle pas à l'armée qu'il avait créée et disciplinée ?

La guerre de Cent ans est finie, en ce sens que les Anglais vaincus sur le continent et occupés dans leur île ne tenteront plus une grande expédition en France. Mais la paix n'est pas faite, puisqu'aucun traité n'en a réglé les conditions. Ainsi l'état de guerre subsiste. Des flottes anglaises vont menacer les côtes de Normandie et de Bretagne ; et, par représaille, Charles VII fera bientôt une heureuse expédition sur les côtes d'Angleterre. Mais, comme nous verrons, cet état de guerre aura pour l'Europe entière une grave conséquence.

[1] Sur les trois amiraux de Bretagne Jean du Quélenec, vicomtes du Faou, *Appendice* n° 91.
[2] Ci-dessus, p. 128.

Au mois de mars suivant (1454) le roi convoqua un important conseil à Montils-lès-Tours ; le connétable, Dunois, Pierre de Brézé, sénéchal de Normandie, l'archevêque de Narbonne, trésorier, l'amiral, le comte de Clermont étaient présents. Toutes les affaires du royaume furent examinées et celles de Normandie tinrent une grande place dans ces graves délibérations.

Le connétable, Dunois, le sénéchal et le trésorier firent rapport de l'état de la province et des doléances des populations relativement aux taxes de guerre ; ils obtinrent que ces contributions seraient remplacées par une taxe unique de 250,000 livres pour la Normandie et le duché d'Alençon, et firent reconnaître que 600 lances (3600 hommes) et des troupes auxiliaires étaient nécessaires pour la défense de la province.

Après quelque temps passé auprès du roi et une inspection en Normandie, le connétable passa en Bretagne où se préparaient plusieurs mariages dans la famille ducale (janvier 1455[1]).

Un de ces mariages pouvait avoir pour le connétable un intérêt particulier. François Ier avait ordonné le mariage de sa fille aînée Marguerite avec son neveu le comte d'Étampes, qu'il avait déclaré héritier du trône après Pierre II et Richemont. Ceux-ci étaient exécuteurs testa-

[1] *Appendice*, n° 92.

mentaires. Ils vinrent présenter le comte d'Etampes au roi ; et lui demandèrent son approbation du mariage et des dispositions dernières de François Ier, en ce qui concernait la succession de Bretagne.

Le roi était alors à Bourges. Le connétable s'y rendit et, au mois de juillet, le duc alla l'y rejoindre. Cette fois le duc était accompagné des grands officiers de la couronne et de plusieurs de ses barons ; au nombre de ses officiers était encore Meschinot[1]. Mais ce n'est pas tout : le roi avait entendu vanter l'adresse et la force des lutteurs bretons : le duc voulut donner à la cour le spectacle de luttes bretonnes : il emmena six lutteurs choisis parmi les nobles de Basse-Bretagne[2]

Le 31 août, le roi approuva le testament de François Ier et d'autant plus volontiers que le mariage de Marguerite de Bretagne donnait satisfaction à son allié le roi d'Ecosse, puisqu'il la faisait duchesse de Bretagne. Le mariage allait être conclu, le 16 novembre, en grande solennité en présence et du consentement des Etats assemblés à Vannes.

A ce moment le roi fit appel au connétable et à Dunois comme diplomates.

Le duc de Savoie, Amédée VIII, était mort (1451) ; et son fils Louis Ier s'était empressé de

---

[1] Morice. *Pr.* II. 1689. V. ci-dessus, p. 276.
[2] *Appendice.* n° 93.

marier sa fille au dauphin sans le consentement de Charles VII (8 mars 1451.) Le dauphin était accusé d'intrigues qui inquiétaient son père : le roi envoya le connétable et Dunois s'enquérir en Savoie. Cette enquête n'était pas de nature à plaire au duc ; mais les deux envoyés protestèrent que le roi ne songeait pas à porter préjudice aux droits du duc ; ils surent l'amener avec la duchesse auprès du roi à Lyon ; et cette entrevue finit par une entente complète (10 décembre 1455.) Mais le dauphin continua ses intrigues et le roi finit par l'accuser de conspirer avec le duc d'Alençon, le comte d'Armagnac et le duc de Bourgogne.

Le duc d'Alençon, était le plus compromis. Toujours mécontent, le duc se plaignait du roi. Il avait voulu racheter du duc de Bretagne la baronnie de Fougères[1]; sur le refus du duc, il avait prié le roi d'intervenir, et Charles VII n'avait pas voulu se mêler de cette affaire. D'Alençon se plaignait de n'avoir pas à la cour le rang qu'il prétendait lui être dû. Dans sa mauvaise humeur, il s'opposait à la taxe militaire mise sur son duché[2]. A la fin de 1455, entrant encore une fois en relations avec les Anglais, il promit de les introduire en Normandie.

Au printemps de 1456, le gouvernement Anglais préparait une expédition en Normandie

---

[1] Ci-dessus, p. 79.
[2] Ci-dessus, p. 285.

et en Bretagne. Le roi se résolut à faire arrêter le duc et le dauphin. Celui-ci prévenant le coup s'enfuit en Bourgogne (30 août 1456) ; mais le duc fut arrêté. Fort inquiet pour son neveu, qu'il aimait malgré ses fautes; le connétable demanda la mission de l'interroger et de le ramener au roi. Il ne doutait pas qu'il ne pût tirer de lui l'expression d'un repentir. Il alla le voir dans sa prison à Melun ; mais il n'entendit que des récriminations contre le roi; et son ingrat neveu finit par lui donner assez brusquement congé. — Le connétable revint tristement à Parthenay.

Peu de temps après étant à Paris (janvier 1457), il allait être mêlé à une négociation toute différente où il obtint un plein succès. Il s'agissait de rétablir la paix entre le clergé régulier et l'Université soutenue par une partie du clergé séculier.

La querelle durait depuis le mois de mai 1456. Le pape Nicolas V avait donné aux quatre « ordres mendiants », — c'est-à-dire les carmes, les dominicains, les franciscains et les augustins, le pouvoir de confesser. Les curés de Paris se plaignirent. L'Université prit parti pour eux et demanda aux ordres mendiants de solliciter le retrait de la bulle. Sur leur refus, ils furent déclarés exclus de l'Université. Aussitôt ils saisirent le parlement qui nomma comme arbitres l'archevêque de Reims Jouvenel des Ursins, l'évêque de Poitiers, et quatre conseillers.

L'arbitrage n'amena par la paix. L'Université appela au pape, aux communautés et même au roi et aux princes. Des évêques prirent parti pour elle, le pape Calixte III révoqua la bulle ; mais les « mendiants » ne se rendaient pas.

C'est alors que le connétable fut pris pour arbitre : il détermina les ordres mendiants à céder, leur promettant qu'il obtiendrait leur rentrée dans l'Université. Le 18 février, il convoqua une grande assemblée ; il prit la parole pour recommander la concorde et la paix ; et fit savoir ce qu'il avait obtenu des « mendiants ». Par malheur le prieur des dominicains prononça quelques paroles maladroites ; l'Université blessée repoussa toute conciliation, et, l'assemblée tenant encore, les « mendiants » se retirèrent. Le connétable courut après eux, les gourmanda et les ramena en disant : « Messieurs, je vous ramène ces bons religieux qui n'étaient pas bien advisés tout à l'heure; je vous les ramène mieux advisés ».
— Sur cette assurance que la grave assemblée accueillit peut être non sans sourire, l'Université accorda au connétable ce qu'il demandait. La paix était faite et les deux partis adressèrent leurs remercîments au connétable.

J'ai conté cette affaire avec quelque détail parce qu'elle nous montre Richemont négociateur. Ce mélange de sincérité quelque peu rude et de bonhomie, qui semble son caractère, avait dû se montrer aux conférences d'Arras et n'avait pas été inutile à leur succès.

Un peu après, Pierre II se sentant dépérir appela auprès de lui le connétable. Celui-ci partit aussitôt ; mais en route apprenant la maladie de sa femme il se rendit auprès d'elle à Parthenay, où il resta jusqu'à sa guérison, du 15 avril au 1" juin. Tous les deux partirent pour Nantes où ils demeurèrent jusqu'à la mort de Pierre, quelques mois plus tard.

Ce long séjour du connétable à Nantes ne fut pas perdu pour la France. A ce moment même, Pierre II, d'accord avec Charles VII, préparait une expédition contre les côtes anglaises : malade, il s'en remit au connétable des ordres à donner.

Indigné des menées occultes des Anglais en France, inquiet de leur présence sur les côtes, excité d'ailleurs par le roi d'Ecosse, Charles VII avait équipé une flotte à Honfleur ; et Pierre II en rassemblait une à Nantes. Le 20 août 1457, la flotte française mit à la voile ; le 25, la flotte bretonne sortait de La Fosse à Nantes, sous les ordres de Guillaume du Perrier[1]. Le 28, les deux flottes faisaient leur jonction et arrivaient en vue de la côte anglaise. Pierre de Brézé, sénéchal de Normandie, avait le commandement ; il était accompagné du maréchal de Lohéac et de Joachim Rouault le futur maréchal ; il avait sous ses ordres soixante navires dont treize « à châ-

[1] Chevalier, né du second mariage de Jean IV du Perrier, sire de Quintin, avec Constance Gaudin. *Appendice*, n° 81

teaux », c'est-à-dire de guerre, et, dit-on, quatre mille hommes.

Brézé se dirigea vers Sandwich, un des « cinq ports » dans le comté de Kent[1]. Les habitants et les milices accourues au secours se défendirent vaillamment ; mais les Franco-Bretons entrèrent dans la ville qu'ils pillèrent ; et revinrent bientôt à Honfleur, chargés de butin et ramenant vingt-quatre navires anglais, dont trois « à châteaux[2] ».

Aucune entreprise des Anglais sur les côtes de Normandie et de Bretagne n'avait eu un tel succès. Parvenu à ses derniers jours, le duc Pierre put s'en applaudir... non peut-être sans quelques craintes de représailles sur les côtes de Bretagne, que le roi promettait de défendre, mais qu'il ne défendait pas[3].

Pierre II mourut le 22 septembre 1457.

---

[1] Ports privilégiés dans les comtés de Kent et de Sussex. Leur nombre a été porté de cinq à huit ; mais, par tradition, le titre de *Lord des cinq ports* subsiste de nos jours.

[2] Lobineau n'a pas su cette expédition (*Hist.* p 661.) que conte Morice (*Hist.* II, 60-61.) Les articles portés au compte de Tanguy de Chastel. (Morice, *Pr.* II, 1695 et suiv.) peuvent se rapporter à cette expédition. Cf. Vallet de Viriville (*Hist. de Charles VII.* T. III, 391 à 395 et note p. 395. — M. Cosneau, p. 452, note 7.

[3] *Appendice.* n° 94.

CHAPITRE XV

Le duc Artur III
(1457-1458).

Le même jour, le comte de Richemont était proclamé duc de Bretagne, sous le nom d'Arthur III.

A soixante cinq ans, Arthur montait tristement sur le trône qu'il aurait voulu voir occupé par le malheureux Gilles. Il croyait que le châtiment n'avait pas atteint tous ceux qui avaient eu quelque part au meurtre ; doux jours avant la mort de Pierre II, comme pour inaugurer le règne qui allait commencer, et d'accord avec la duchesse Françoise, il avait fait arrêter Jean Hingant, déjà compris dans la première poursuite et quatre officiers de Pierre II, tous témoins de son testament[1].

C'étaient Michel de Parthenay, chambellan[2], Olivier de Coëtlogon, contrôleur général[3], Guil-

[1] Les titres qui suivent leur sont donnés dans le testament. Morice. *Pr.* II. 1720.

[2] Sieur de Parigné, autrefois connétable de Rennes, investi de la confiance de François Ier. — *Anciens Evêchés de Bretagne.* III. 326, peut-être grand-maître des monnaies. — M. de Couffon. II. 398.

[3] Sr de Méjusseaume, nommé par Pierre II (9 novembre 1454) greffier héréditaire du parlement. M. de Couffon. II. 477.

laume Bogier, trésorier de l'épargne¹, et Henri de Villeblanche, grand-maître d'hôtel, le même qui portait la bannière du connétable à son entrée dans Paris² :

Ils étaient accusés non seulement de complicité de la mort de Gilles mais de dilapidation ; de plus le connétable leur reprochait d'avoir attiré des sorciers en Bretagne pour apprendre et pratiquer leurs maléfices³.

L'information allait être suivie en même temps par toute la Bretagne : à Rennes, Nantes, Ploërmel, Dinan, Tréguier. Aucun moyen d'investigation ne fut négligé. Les cahiers de la première procédure furent apportés au duc à Nantes, et lui-même voulut entendre certains témoins⁴. Mais toutes les recherches allaient être sans résultat ; et, le 6 avril suivant, après une détention de plus de six mois, tous les inculpés furent remis en liberté.

Mais le comte de Richemont duc souverain de Bretagne allait-il rester connétable c'est-à-dire grand officier du roi ?.. Ce n'était pas l'avis de ses barons. Ils le suppliaient de renvoyer l'épée de connétable : « Il était malséant, di-

---

¹ Voir ses comptes : 1453—1456. Morice. *Pr.* II. 1643—65—88.

² Ci-dessus p. 116.

³ Articles envoyés au roi... touchant les charges imposées à Henri de Villeblanche etc. — reçu à Blois 21 novembre. Morice. *Pr.* II, 1718—1719.

⁴ Frais payés à des témoins « venus vers le duc à Nantes pour le fait de M. Gilles » *Morice. Pr.* II. 1773.

saient-ils, que le duc de Bretagne fût officier d'un autre, si grand fût-il. » Le duc répondait : « L'épée de connétable a honoré ma jeunesse, je veux que ma vieillesse l'honore ». Mais il ne disait pas toute sa pensée : après tant d'exploits il ne jugeait pas son œuvre achevée.

Charles-le-Sage avait projeté avec du Guesclin une descente en Angleterre. Après eux, ce projet avait été repris par Charles VI et Clisson : il manqua par la félonie de Jean IV arrêtant traîtreusement Clisson à Vannes, au moment où le connétable allait s'embarquer à Tréguier (1386). Ce projet tentait le duc Arthur ; on a dit même qu'il avait engagé dans ses vues plusieurs seigneurs de France ; et qu'il rappelait volontiers aux Bretons la part que leurs pères avaient prise à la conquête de Guillaume de Normandie.

Mais, pour accomplir une pareille œuvre, l'armée bretonne était insuffisante ; Arthur espérait obtenir du roi l'armée française ; et il jugeait le titre de connétable utile pour lui assurer une entière obéissance.

C'était un rêve, dira-t-on. — Qu'en savons-nous ? Vers 1457, combien une invasion en Angleterre avait plus de chances de succès qu'aux temps de Charles V et de Charles VI ! La France accrue de la Guyenne a repris ses forces sous l'autorité populaire et acceptée par tous d'un roi victorieux. L'Angleterre est vaincue, humiliée, faiblement gouvernée, déchirée par la guerre des Deux-Roses. Le roi d'Ecosse dévoué à Charles VII, allié à la maison de Bretagne, juge l'occasion propice : il conseille instamment l'invasion qu'il favorisera.

Le duc allait donc garder l'épée de connétable[1].

Arthur prit la couronne à Rennes, le 30 octobre. Jamais couronnement d'un duc ne fut plus solennel. Les Etats siégeaient en ce moment, et la noblesse entière ayant à sa tête la plupart des barons assistait au couronnement. Plusieurs princes étrangers, notamment le roi d'Ecosse, étaient représenté par des rois ou poursuivants d'armes.

Selon l'usage suivi par ses prédécesseurs, le duc envoya des ambassadeurs au pape pour l'assurer de sa filiale obéissance.

Revenu à Nantes, il s'empressa d'installer les chartreux dans le couvent que François Ier avait commencé et qui venait d'être achevé. Le duc se souvenait de leur intervention lors du siège de Meaux, et il appela comme prieur Hervé du Pont[2].

Sur ces entrefaites, le duc reçut un message du roi l'invitant à venir à Tours où se tenait la cour. Ladislas, roi de Hongrie et de Bohême[3],

[1] Les objections des barons bretons se fondaient sur un motif grave : le titre de connétable soumettait le duc, en fait de guerre, à l'obéissance au roi.
[2] Ci-dessus, p. 140 et *Appendice*. n° 45.
[3] Ladislas le Posthume, fils de l'empereur Albert II d'Autriche et d'Elisabeth de Luxembourg, fille de l'empereur Sigismond.

envoyait des ambassadeurs demander la main de Madeleine de France, la plus jeune des filles de Charles VII. Le roi voulait apparaître aux ambassadeurs dans l'éclat de sa royauté reconquise. La présence du connétable ne pouvait manquer à cette assemblée. Le roi préparait de grandes fêtes, et sachant le goût d'Arthur pour ce genre d'exercice, il lui annonçait que, le jour des Rois, 9 janvier, il ferait faire en son honneur un grand « bouhourdeix » (combat à la barrière). Le duc s'empressa de choisir les champions bretons qui devaient combattre devant la cour, et commanda à Tours des ornements « d'or clinquant » pour leurs « jacques.[1] »

En même temps, il dressait la liste des seigneurs qu'il priait de l'accompagner, et désignait les officiers qui devaient lui servir d'escorte ; parmi eux nous trouvons encore Jean Meschinot, le poète favori du duc[2]. Enfin il donnait l'ordre à Charles de Keimmerc'h, chevalier, de chercher en Basse-Bretagne les meilleurs lutteurs et de les amener à Tours. Les lutteurs que Pierre II avait montrés au roi en 1455, avaient eu, à ce qu'il semble, un complet succès ; et Arthur voulait de nouveau donner à la cour le spectacle de luttes bretonnes.

[1] Morice. *Pr.* II. 1726... « pou ravoir garni d'or clinquant 29 jacques de bougrain blanc et noir pour partie des gens du duc pour combattre au bouhourdeix. »

[2] Avant le départ il lui payait un rondeau 5 écus plus de 200 francs de nos jours ; — et lui donnait 10 écus pour le voyage. Morice. *Pr.* II. 1723.

Du reste, il prévoyait que les Anglais profiteraient de son absence pour menacer les côtes de Bretagne; et, afin de prévenir tout danger, il nommait le vicomte de Rohan lieutenant gégéral (6 décembre)[1]; et il faisait publier un mandement ordonnant aux nobles et aux milices paroissiales d'être en armes et prêts à marcher au premier signal.

Le voyage du duc allait être singulièrement traversé. Avant son départ, il apprit la mort inopinée du jeune roi Ladislas (23 novembre), et quelques jours après le départ des ambassadeurs (31 décembre). — Pourtant il continua sa route ; mais arrivant à Angers il tomba malade, et dut séjourner dans cette ville pendant une semaine.

Comme le duc approchait de Tours, il vit venir au devant de lui une troupe de gentilshommes s'empressant à lui faire cortège, et il entra dans la ville comme en triomphe faisant porter devant lui par son premier écuyer Philippe de Malestroit[2], ses deux épées, celle du duc nue et la pointe en haut, celle de connétable en écharpe et dans le fourreau. Mais il arrivait

---

[1] Morice. *Pr.* II, 1721.
[2] Ne pas confondre avec le *grand écuyer héréditaire*, dont la charge était attachée à la seigneurie de Brézé (Noyal-sur-Seiche, c^ton S. O. de Rennes), et non, comme on l'a dit, à la seigneurie plus connue de Blossac. — Les deux terres ont été dans les mêmes mains jusqu'en 1596; de là l'erreur. — Cf. M. de Couffon. I. p. 449 et suiv. et mon étude : *Les grands écuyers héréditaires de Bretagne.*

après le 9 janvier, jour assigné pour le combat à la barrière qui, à cause de son absence, avait été contremandé. — Enfin les fêtes préparées furent empêchées par une maladie du roi.

Le duc se disposait au départ : il offrit au roi de faire hommage. Le conseil prétendait le contraindre à l'hommage *lige* pour la Bretagne comme pour la seigneurie de Montfort-l'Amaury et ses annexes. Très résolu à ne pas prêter hommage lige pour le duché, le duc, sans discuter, répondit qu'il devait prendre l'avis des Etats de Bretagne, et hâta son départ, comptant bien, dit un historien, ne revenir jamais en France[1].

Pendant l'absence du duc, les Anglais étaient descendus à Bourgneuf-en-Retz sur l'Océan, en même temps qu'ils avaient menacé Saint-Malo, à l'autre extrémité du duché. Mais la duchesse avait donné des ordres aux seigneurs dont les domaines bordaient les côtes ; et ces tentatives n'avaient eu aucune suite. Le duc allait bientôt apprendre, avec autant d'indignation que de douleur, que ces hostilités étaient concertées avec son neveu chéri le duc d'Alençon !

---

[1] Ce qui n'est pas croyable, disons le, car il ne songeait pas à refuser l'obéissance qu'il devait en tant que connétable, comme nous allons le voir tout à l'heure.

La succession de Ladislas comprenait le Luxembourg et les royaumes de Hongrie et de Bohême. Le roi Jean le Bon avait épousé Bonne de Luxembourg, fille Jean de Luxembourg, roi de Bohême, l'héroïque aveugle qui périt à Crécy. Comme arrière-petit-fils de Bonne, Charles VII réclama le Luxembourg, que Ladislas avait du reste légué à Madeleine de France. Mais l'ambassadeur du roi à Vienne aurait voulu que Charles VII, invoquant les droits de son arrière-aïeule, intervînt comme compétiteur à la royauté de Bohême.

Quatre ans auparavant, les Turcs étaient entrés à Constantinople (29 mai 1453). Établis en Europe, ils menaçaient la Hongrie et l'Autriche ; l'Allemagne elle-même redoutait l'invasion ; elle ne pouvait avoir confiance dans l'indolent empereur Frédéric III. Depuis l'expulsion des Anglais, Charles VII était le prince le plus puissant de la chrétienté ; et, selon l'ambassadeur à Vienne, les princes et le peuple d'Allemagne mettant en lui leur espérance, souhaitaient le voir roi de Hongrie et de Bohême.

L'ambassadeur allant même plus loin écrivait : « Si le Roi s'entend avec le duc de Bourgogne, la très chrétienne maison de France aura en brief l'empire et les royaumes de Hongrie et de Bohême... » et il ajoutait : « La nouvelle qu'avons eue que le duc de Brétagne, connétable de France, est allé devers vous fait espérer que ainsi adviendra. »

« Ce projet grandiose était chimérique : toutefois cette lettre montre que la renommée du connétable était répandue au loin et que sa dignité était pour Charles VII lui-même un accroissement de puissance[1]. »

Dans le même temps, le roi et le duc de Bretagne avaient à répondre à d'autres et plus sérieuses sollicitations. Le pape Calixte III essayait de réunir les princes chrétiens dans une croisade contre les Turcs.

Prévenant l'appel du pape, et dès le mois de février 1454, dans un banquet à Lille, Philippe le Bon et les principaux seigneurs de Bourgogne avaient fait vœu *sur le Faisan* d'aller reprendre Constantinople[2]; mais d'autres affaires et peut-être les conseils de Charles VII avaient retardé le départ de Philippe, et il était mort, le 15 juillet 1457. Le roi Ladislas plus intéressé qu'aucun autre à la croisade avait engagé sa parole ; il était mort (22 novembre 1457); et après quelques mois, Calixte III l'avait suivi (6 août 1458).

Mais les morts de Philippe, du roi de Hongrie et du pape n'interrompirent pas le projet de croisade que Pie II allait reprendre.

[1] M. Cosneau. p, 147.
[2] On date quelquefois ce fameux *vœu du Faisan* de 1453. C'est le vieux style : la prise de Constantinople étant du 29 mai 1453; Il faut lire *février 1454*.

Pie II ne pouvait compter sur l'Angleterre en proie à la guerre civile ; peut-être espérait-il l'appui du roi de France et du duc de Bretagne? Mais le roi et le duc étaient en état de guerre avec les Anglais. Il avait suffi de l'absence momentanée du duc pour que les Anglais descendissent en Bretagne ; le départ d'une armée franco-bretonne pour la frontière de Hongrie ou la Grèce n'aurait-il pas été le signal d'une nouvelle invasion de l'Anglais en France ?

Le roi se récusa. Le duc désireux de montrer au pape sa sympathie pour la cause chrétienne permit à un légat breton, Vincent de Kerleau, abbé de Bégard, de recueillir des aumônes pour la guerre sainte[1] ; et il autorisa le départ de chevaliers bretons[2]. Mais, pour la sécurité de la Bretagne, il ne pouvait faire davantage.

On sait qu'après de longs efforts Pie II ne put réunir dans la ligue que la république de Venise, Mathias Corvin, roi de Hongrie, Scanderbeg, prince d'Albanie ; qu'au moment où lui-même allait prendre la mer, il mourut à Ancône, le 16 août 1464 ; et que la ligue fut dissoute.

On sait aussi avec quel succès Corvin et Scanderbeg luttèrent contre les Turcs et les empê-

[1] Vincent de Kerleau (par. de Pleubihan, évêché de Tréguier) et non de Kerleau (famille noble de Léon). Il devint chancelier de Bretagne et évêque de Léon — mort en 1476.

[2] Lobineau (Hist. p. 668), nomme le v^{te} de Coetmen et Alain de Boiséon « chevalier, qui arma un vaisseau pour aller à Rhodes ». *Appendice* n° 95.

chèrent d'entamer leurs provinces. Quand on voit ces deux héros isolés, réduits à leurs ressources, obtenir un tel succès, est-il téméraire de dire que la chrétienté toute entière: Espagne, Angleterre, Ecosse, France avec la Bourgogne et la Bretagne, Allemagne, Hongrie, etc. aurait eu raison des Turcs?» C'est donc la guerre de Cent ans qui, en maintenant les peuples d'Occident en état d'hostilité, les empêcha de prendre part à la croisade ! L'occasion était perdue ; et c'est ainsi que nous voyons les Turcs » campés en Europe » depuis quatre siècles et demi.

.·.

Pendant ce temps, le duc avait des ennuis de diverses sortes : les uns qu'il s'était créés luimême, les autres qui lui étaient causés par l'évêque de Nantes ; mais il était surtout préoccupé de son ingrat et toujours cher neveu, le duc d'Alençon.

Françoise d'Amboise n'avait pas assisté aux fêtes du couronnement; et le duc en avait été offensé, comme si le deuil de Pierre II, à peine couché dans la tombe, n'était pas pour sa veuve une excuse suffisante. Autre grief : Françoise âgée de trente ans seulement, belle et riche, avait fait vœu de garder le veuvage, et était entrée dans la voie d'austérité qui allait la conduire au Carmel: le duc ne comprit pas cette détermination ; écoutant trop des courtisans qui pouvaient avoir intérêt à remarier la duchesse, il combattit sa résolution, et n'obtenant rien, il sembla vouloir la punir de son obstination ; il alla, contre toute justice, jusqu'à la priver de son douaire : « Elle était, disait-il, trop riche pour une veuve »; il lui enleva « ses joyaux et bagues, comme inutiles à une religieuse[1] ». Enfin ces tracasseries demeurant sans résultat il se résolut à écarter de sa nièce ses femmes les plus fidèles qui, disait-il, « la rendaient ainsi farouche et retirée ». Mais à ce moment la duchesse Catherine et le prieur des chartreux intervinrent... Nous verrons comment Françoise tirera vengeance de ces injustes rigueurs.

Nous avons vu le connétable, après son échec à Saint-James de Beuvron (1426)[2], faire arrêter Jean de Malestroit, évêque de Nantes et chancelier de Bretagne. Quelques années plus tard, la paix était faite entre eux; le connétable pouvait compter sur le dévoûment du prélat, il lui demanda de résigner son évêché en faveur de son neveu Guillaume de Malestroit. L'évêque qui allait bientôt mourir (14 septembre 1443) fit une objection : « Mon neveu, dit-il, est un mauvais traître ; et vous vous repentirez de ce choix. » — Le connétable insista, la démission fut donnée, Guillaume fut pourvu (14 juin) ; et la prédiction du vieil évêque allait s'accomplir.

[1] Albert le Grand. — p. 558.
[2] Ci-dessus p. 63-64.

Quand Arthur devint duc quatorze ans plus tard, l'évêque de Nantes omit de lui faire hommage pour son temporel ; toutefois les bonnes dispositions du duc persistaient ; et, le 10 juin (1458) il gratifia l'évêque, sa vie durant, de la jouissance du manoir rural de Plaisance. Dès le mois d'août, l'évêque trop infatué des droits de son fief, excommuniait des officiers du duc, et en faisait arrêter un qu'il contraignait de racheter sa liberté à prix d'or. — Nous verrons plus loin la suite de ces débats.

Cependant l'information suivie contre le duc d'Alençon était finie. Le duc étant pair devait être jugé par les pairs ; et, au printemps de 1458, le roi convoquait la cour qui devait se réunir, le 1er juin, à Montargis. C'était l'usage que le roi écrivît à chacun des pairs une lettre que portait un de ses secrétaires[1]. Le 11 mai, le duc reçut à Nantes la lettre royale.

Le duc de Bourgogne avait reçu une lettre analogue. Très favorable au duc d'Alençon, il répondit qu'il viendrait, mais avec une armée. Le roi le dispensa de comparaître[2]. Le duc de Bretagne fit une autre réponse. Il aurait pu objecter que, oncle propre de l'accusé, il ne pouvait être son juge ; mais invoquer cette cause de récusation c'eût été reconnaître le droit du roi

---

[1] Morice Pr. II. 1793. — Les autres seigneurs étaient ajournés par un sergent en vertu d'une seule lettre. » C'est le chancelier de France qui atteste cet usage.

[2] Lobineau. *Hist.* p. 668-69.

de le convoquer comme pair. Or il contestait ce droit et répondit : « qu'il était connétable, qu'en cette qualité il devait se rendre aux ordres du roi ; mais que son duché ne dépendait de la couronne de France qu'en ce qu'il pouvait être fait appel du parlement de Bretagne à celui de France, mais en deux cas seulement[1] ; que le duché n'avait jamais fait partie du royaume et n'en était pas un démembrement ; qu'il ne violerait pas son serment de garder les prérogatives du duché ; qu'il n'était pas pair de France, et qu'il ne paraîtrait en cette qualité à la convocation présente ni à aucune autre[2]. »

La cour ne put siéger à Montargis à cause d'une maladie contagieuse, et fut convoquée à Vendôme pour le 15 août.

Malgré ses fautes et les griefs personnels qu'il avait contre lui, Arthur III restait dévoué à son neveu d'Alençon. Il avait promis à la duchesse de mettre tout en œuvre pour le sauver. Une ambassade envoyée au roi à ce sujet avait été inutile[3] ; le duc se disposa au départ, quelque répugnance qu'il eût à retourner en France. Il emmenait quelques officiers et Jean du Cellier, chancelier de Bretagne ; et, afin de se faire mieux

---

[1] *Appendice* N° 96.

[2] *Morice*, Pr. II, 1729 et Morice. *Hist.* II, p. 65. Il est surprenant que l'exact Lobineau ait omis cette protestation du duc.

[3] Le duc envoya des ambassadeurs pour supplier en faveur de son neveu. Lobineau. *Hist.* p. 669.

écouter, il avait convoqué pour l'accompagner la proche famille bretonne de l'accusé : son cousin germain le comte d'Etampes, héritier du duché, le comte de Laval et ses deux fils, le comte de Gavre et Jean, baron de la Roche-Bernard[1].

Le 10 octobre, le duc d'Alençon était condamné à mort, et ses biens étaient confisqués. Mais le duc de Bourgogne, Arthur et ses parents intercédèrent ; le roi tenant compte au duc de ses services passés lui fit grâce de la vie, en le condamnant à une détention perpétuelle ; et rendit à ses enfants la plus grande part de ses biens[2].

Aussitôt Arthur songea au départ ; mais on lui fit observer qu'il n'avait pas rendu hommage au roi. Après la faveur qu'il venait d'obtenir, il aurait eu mauvaise grâce à essayer d'éluder ce devoir ; et la cérémonie fut fixée au 14 octobre.

Ce jour, à neuf heures du matin, le duc se rendit au château, où le roi l'attendait entouré de sa cour ; il salua le roi, et tous deux causèrent gaiment ; après quoi la cérémonie commença : deux notaires étaient présents.[3]

[1] Tous les deux fils du premier mariage de leur père avec Isabeau de Bretagne, fille de Jean V.

[2] Le duc enfermé au château d'Aigues-Mortes fut mis en liberté par le dauphin, son complice, devenu Louis XI (1461). Il reprit ses intrigues avec Charles-le-Téméraire, fut de nouveau condamné à mort (1474), et, de nouveau gracié, mourut en prison (1476.)

[3] Lire le procès-verbal en latin dans Morice *Pr.* II. 1732-1733 — ou dans d'Argentré, *Hist.* l. XII. chap. XXI.

Le comte de Dunois dit au duc : « Mʳ de Bretagne, vous devenez homme du roi mon souverain seigneur cy-présent, et lui faites hommage lige à cause de votre duché, et lui promettez foy et loyauté et le servir envers tous qui peuvent vivre et mourir. »

L'hommage lige se prêtait à genoux et sans épée : c'est pourquoi le comte d'Eu et le bailli de Touraine dirent ensemble : « Faites-lui ôter sa ceinture. » Mais le chancelier de Bretagne Jean du Cellier protesta : « Il ne le fera point car il ne le doit faire. » Sur quoi le duc s'adressant au roi : « Tel hommage que mes prédécesseurs vous ont fait, je vous fais, et ne l'entends et ne le fais lige. » Alors Juvénal des Ursins, chancelier de France : « Vos prédécesseurs ont fait hommage lige. » Et le duc : « Vous le dites : et je dis que non ; et aussi je ne le fais point lige.. » Le roi mit fin à cette discussion en disant : « Tel que vos prédécesseurs l'ont fait, vous le faites ? » Et le duc répondit : « Voyre, je le fais comme mes prédécesseurs l'ont fait aux vôtres et à vous, et ne le fais point lige... » Aussitôt, sans un mot de plus, le duc mit ses mains dans les mains du roi, et ceint de son épée, debout et sans inclination de tête, promesse ni serment, donna le baiser au roi.

L'hommage ainsi rendu n'était pas lige. Mais le chancelier de Bretagne insista : « Le duc n'entend par chose qu'il ait faite ou fasse déroger ni préjudicier à ses droits et noblesses. » A quoi le roi répondit : « Je n'entends et ne voudrais préjudicier en rien à vos droits : aussi crois-je que vous ne voudriez aux miens. » Le duc répondit : « Non. »

Et aussitôt se mettant à genoux il dit au roi : « Monsieur, je vous dois hommage lige à cause de ma comté de Montfort (l'Amaury), et pour Néauflle-le-Châtel. » Le roi lui dit : « Levez vous. » Et le duc debout fit hommage lige, fut reçu au baiser, et dit au roi : « Monsieur, cet hommage-ci est lige ».

Après, le chancelier de France reprit s'adressant au duc : « Monsieur, et de la pairie de France, ne faites vous point hommage ? » Le duc répondit : « Je ne suis point délibéré à présent de rien en faire. » Le roi reprit : « C'est son fait : il sait ce qu'il a à faire : on s'en doit rapporter à lui. » Le chancelier insista en vain, et le roi conclut : « C'est entendu. »

Après quoi le roi, le duc, et les gentilshommes présents causèrent quelque temps gaîment ; puis le duc prit congé ; et le chancelier de Bretagne demanda aux notaires de dresser de tout ce qui s'était fait et dit un acte qui fut signé d'eux, des comtes d'Etampes et de Laval, des officiers bretons et de plusieurs témoins[1].

Arthur allait repartir tristement pour la Bretagne. Pendant son séjour, le roi lui avait demandé

[1] « *Testibus ad promissa vocatis ... specialiter.* » Témoins que nous appellerions *instrumentaires*; mais pas un seul ne signe de la part du roi.

une concession qu'il n'avait pas refusée, mais qui avait dû lui coûter. Il possédait les seigneurie saisies autrefois sur Jean Larchevêque et notamment Parthenay. Cette ville avait été son refuge pendant l'exil et sa résidence favorite après qu'il fut rentré en fonction. Ces seigneuries devaient après lui revenir à la couronne, et, sans attendre que son connétable eût fermé les yeux, le roi en disposa en faveur de Dunois.

Le connétable vit ainsi sa dépouille passant aux mains d'un homme qu'il n'avait jamais pu compter au nombre de ses amis... Dunois n'allait pas longtemps attendre la succession.

∴

Avant de quitter Vendôme, le duc était malade ; quand il revit la Bretagne, il se croyait empoisonné. Nos anciens historiens ont admis et accrédité le soupçon de poison[1]. Quoiqu'il en soit, Arthur aurait eu besoin du repos et du calme et il n'allait pas les trouver.

Rentrant à Nantes, le duc retrouvait Guillaume de Malestroit dans les mêmes dispositions. Le temps passait sans que l'évêque eût pris garde aux publications par lesquelles le duc avait réclamé les hommages qui lui étaient dûs. Le temporel de l'évêque fut saisi féodalement ; mais par respect pour l'Eglise, le duc ordonna de surseoir à l'exécution. Pourtant il fallait en finir.

[1] *Appendice.* n° 97.

Le 7 décembre, le procureur du duc au siège de Nantes assigna l'évêque à comparaître devant le duc et son conseil pour rendre hommage, et le somma de lui donner une réponse sous peine d'exécution de la saisie déjà faite. Mais le procureur prit mal son temps. Il aborda l'évêque revêtu des ornements pontificaux et revenant en procession d'une cérémonie au carmel. L'évêque répondit « qu'il ne tenait rien que du siège apostolique, que s'il tenait quelque chose d'un seigneur temporel, c'était du roi seul. » C'était refuser l'hommage au duc. Arthur fit appel à l'archevêque de Tours et au besoin au pape, et l'évêque prononça l'excommunication et l'interdit.

A cette époque, Arthur reçut une bulle du pape Pie II qui l'avait connu à Arras et avait pour lui la plus haute estime[1]. Quels heureux souvenirs lui rappelait la lettre pontificale ! Pie II invitait le duc au congrès de Mantoue pour délibérer sur la croisade. Mais le temps d'agir était passé pour lui.

Les fatigues de la guerre bien plus que l'âge avaient usé le duc. Les indignes tracasseries de l'ingrat évêque de Nantes l'achevèrent. Depuis le 8 décembre, il ne fit plus que languir. Luttant contre le mal, Arthur, comme s'il eût voulu mourir debout, ne garda pas le lit.

« Il jeûna les quatre temps de Noël, se confessa la veille ; et le jour de la fête assista à l'of-

---

[1] M. Cosneau, p. 452.

lice entier de la nuit, à la grand-messe du jour et aux vêpres : le lendemain, jour saint Étienne, il ouït la messe et dit ses heures à genoux bien dévotement, comme un bon et loyal chrétien[1]. » Le soir, à six heures, il mourait.

Une heure après, toutes les cloches de Nantes sonnaient le glas funèbre et les « crieurs des corps » parcouraient les rues s'arrêtant à chaque carrefour pour dire : « Notre souverain seigneur le duc Arthur, connétable de France, est mort. Priez Dieu pour lui. »

Le duc était mort comme il avait vécu, en chevalier chrétien. Sincèrement pieux, il haïssait le blasphème, et, comme Jeanne d'Arc, le réprimandait et le punissait. Il pratiquait avec austérité ses devoirs religieux : à son entrée à Paris ayant marché toute la nuit, il gardait un jeûne « de dévotion. » Humble, il reconnaissait que le succès ne dépend pas seulement des hommes : souvent, comme en attaquant à Formigny, il prononçait ces mots qui étaient une prière : « avec la grâce de Dieu. » Le matin de cette grande journée, pendant que ses compagnies s'assemblaient, comme autrefois Philippe-Auguste à Bouvines, il entra dans une église et entendit la messe.

Oublieuse des injures, Françoise d'Amboise avait assisté le duc comme une fille dévouée ; elle lui ferma les yeux, l'ensevelit de ses propres

[1] Gruel p. 228.

mains ; et, avec la permission de la duchesse, fit les frais des funérailles que l'évêque Guillaume de Malestroit présida, le 28 décembre.

Le duc fut inhumé dans le chœur des chartreux où la piété de sa veuve lui éleva un tombeau sur lequel fut placée son image. En 1792, l'église fut vendue par la nation, le tombeau fut démoli et les débris en sont perdus. C'était le temps où le monument élevé à Jeanne d'Arc sur le pont d'Orléans était abattu et jeté dans la Loire, où le tombeau de du Guesclin à Saint-Denis, traité comme les sépultures royales, était saccagé[1].

Les restes d'Arthur III, destinés comme ceux de du Guesclin à la fosse commune, furent *volés* par une main pieuse ; ils ont été déposés dans le tombeau de François II, lorsque cet admirable monument démoli dans l'église des Carmes, en 1792, vendu pour faire de la chaux, mais frauduleusement soustrait aux barbares, a été rétabli dans la cathédrale de Nantes, en 1817[2].

C'est ainsi que les hommes qui revendiquaient pour eux seuls le titre de patriotes payaient le dévoûment des trois grands libérateurs de la France aux XIVe et XVe siècles !

[1] Albert le Grand, p. 559.
[2] *Appendice*, n° 98.

ÉPILOGUE[1]

Au mois d'octobre 1898, l'*Association Bretonne* tenait sa session annuelle à Vannes. A la séance de clôture, le maire de Vannes, qui fut un « digne et loyal magistrat » avant d'être un administrateur habile et dévoué, prit la parole[2]. Il annonça le projet de la ville d'élever une statue au connétable de Richemont. L'*Association Bretonne* applaudit.

La consécration d'une statue à l'illustre connétable ne sera pas seulement une œuvre de tardive justice : elle sera — si j'ose le dire — une sorte de réhabilitation.

[1] Les pages qui suivent, sauf quelques corrections et retranchements, sont extraites du *Bulletin de l'Association Bretonne. La statue du connétable de Richemont à Vannes.* Session de Guérande, septembre 1899.

[2] M. Riou, maire de Vannes et conseiller général, en 1898, a cette année (1900) remplacé au Sénat M. Audren de Kerdrel, l'éminent Directeur-Général de l'*Association Bretonne*.

M. Riou a été mon collègue et est resté mon ami. J'étais président du tribunal de Quimper quand M. Riou y devint chef du parquet. — En 1879, il siégeait aux assises et allait commencer un réquisitoire dans une importante affaire. A ce moment lui fut remis un télégramme lui annonçant sa nomination à Bergerac (Dordogne). M. Riou prononça son réquisitoire, comme si de rien n'eût été ; et en finissant annonça que c'était le dernier. L'instant d'après il envoyait la démission qui lui était hypocritement demandée. *Impavidum ferient ruinæ.*

Richemont a été le plus utile coopérateur de Jeanne d'Arc ; il a été son plus illustre continuateur et son vengeur ; et combien de fervents admirateurs de la Pucelle savent à peine le nom de Richemont !

Jeanne a mission de délivrer Orléans et de faire sacrer le roi. Orléans sauvé, elle doit conduire Charles VII à Reims ; mais, pour ouvrir la route de Reims, il faut une victoire. Le connétable, chef suprême de l'armée, en est exilé. Il rompt son ban ; malgré la défense du roi il rejoint l'armée royale, conduisant à la guerre sainte la Bretagne, le Maine et l'Anjou. Il ordonne la bataille de Patay. Les Anglais sont vaincus et la route de Reims est ouverte.

Le connétable sera puni d'avoir désobéi pour vaincre : moins heureux que l'étendard de Jeanne, s'il fut à la peine, il ne sera pas à l'honneur. Le roi l'exile de nouveau !

Les histoires de France et les dictionnaires historiques ne sont pas moins injustes pour le vainqueur de Patay. Demandez-leur le nom de ce vainqueur : ils vous répondront : Jeanne, d'Alençon, même Dunois, qui ne commandait pas ; ils ne diront pas : Richemont !

Autre injustice et encore plus grave.

On répète trop aujourd'hui que « Jeanne d'Arc a chassé l'Anglais de France ». Jeanne a mérité son titre de *Libératrice* parce qu'elle a rendu la confiance au roi, à l'armée, au peuple de France ; mais, après la délivrance d'Orléans, la prise de quelques places, le sacre du roi, quand Jeanne payant la rançon de la France, monte sur le bûcher (30 mai 1431) est-ce que l'œuvre de la délivrance est accomplie ? Est-ce que Paris, la Champagne, le Maine, la Normandie, la Guyenne, ne sont pas encore aux mains des Anglais ?

Après le supplice de Jeanne d'Arc, la guerre va durer pendant vingt-deux ans. Quel en sera le chef ? Le connétable !

Pour mesurer les services rendus par Richemont à la France, il faut redire après un grave historien : « Lorsque Richemont fut nommé connétable (1425) les Anglais étant maîtres de la moitié du royaume ; quand il devint duc de Bretagne (1457), ils ne possédaient plus que Calais[1] ».

Et pourtant il ne jugeait pas sa tâche accomplie : il projetait « avec la grâce de Dieu » de passer la mer, de vaincre les Anglais chez eux, et, l'épée de connétable en main, de leur demander raison, pour la France et pour la Bretagne de tant de sang et de ruines.

Mais la gloire du connétable n'est pas seulement militaire. Prononcer le nom de du Guesclin, c'est évoquer une idée simple : celle d'un illustre chef de guerre. Richemont est plus *complexe* : ce n'est pas seulement comme soldat qu'il a servi

---

[1] D. Morice. *Hist. II.* p. 68. — Encore faut-il dire que, si le duc de Bourgogne l'avait voulu, Richemont et lui réunis auraient peut-être repris Calais, dès 1437. Ci-dessus, p. 128.

la France, c'est comme diplomate et comme organisateur.

L'alliance du duc de Bourgogne avec les Anglais rend la guerre interminable. La réconciliation de Philippe-le-Bon avec Charles VII, voilà l'œuvre entreprise par la reine de Sicile, belle-mère du roi. Mais il lui faut un associé : elle choisit Richemont, cousin et beau-frère de de Philippe ; elle le fait nommer connétable ; et pendant dix années, sans se rebuter, le connétable va travailler au rapprochement du duc et du roi : il s'emploie à cette œuvre même dans la disgrâce et l'exil. C'est, comme son *idée fixe*. Enfin, en 1435, aux conférences d'Arras, dont il est l'âme comme ambassadeur de France, il obtient la neutralité duc de Bourgogne.

Il compte bien que le duc deviendra bientôt l'allié de la France. Quelques mois après, ses prévisions se réalisent : et la première conséquence de cette heureuse alliance, c'est la rentrée de la France dans Paris (1436).

La paix d'Arras a été plus heureuse pour la France qu'une grande victoire ; elle a été comme on l'a dit, « le germe de tous les succès du règne de Charles VII[1] ». Voilà le grand exploit (et ce n'est pas le seul) de Richemont diplomate. « En lui l'homme d'état n'était pas inférieur à l'homme de guerre[2]. »

---

[1] Morice, *Hist.* II. 68.
[2] M. Cosneau, p. 466.

Comme organisateur, Richemont n'a pas eu un rôle moins important.

En 1434, quand le connétable prend enfin le commandement, son premier souci est de rétablir la discipline ; mais comme le roi, il ne peut rien contre la fureur rapace des *routiers* qui ont mérité le nom d'*Ecorcheurs*, et qui eurent souvent de vaillants capitaines comme Lahire et Saintrailles.

Le roi profite d'une longue trêve (1439) pour créer, sur les plans rapportés d'Angleterre par Richemont, les *compagnies d'ordonnance* qui composent la cavalerie. En 1445, et selon un modèle importé de Bretagne par Richemont, le roi instituera les *francs-archers*, infanterie.

Voilà fondée une armée régulière, permanente, tout entière dans la main du roi, recevant une solde régulière, soumise à la discipline et à l'obéissance hiérarchique. Les compagnies d'ordonnance paraîtront pour la première fois sur un champ de bataille à Formigny (1450), et leur début sera une éclatante victoire.

Voilà des services qui élèvent le connétable bien au-dessus de Dunois, Lahire, Saintrailles et des autres dont les noms sont pourtant populaires. Et voilà pourquoi la justice ne peut mettre qu'un nom au-dessus de celui de Richemont : le nom de Jeanne d'Arc. « Après Jeanne d'Arc, le connétable fut le plus efficace et le plus glorieux des libérateurs de la France et du roi... Il n'a pas obtenu, dans notre histoire du quinzième siècle, toute la place qui lui appartient[1] ». « Parmi les libérateurs de la France, s'il en est un qui mérite d'occuper à côté de Jeanne d'Arc, le premier rang, on peut affirmer, tout bien pesé, que c'est le connétable de Richemont[2] »...

Du reste, quand les exploits de Dunois et des autres seraient égaux à ceux de Richemont, le connétable mériterait encore une place au-dessus d'eux dans la reconnaissance nationale. Pourquoi?.. Il faut le dire et le répéter, car c'est une vérité souvent méconnue. Parce que, à cette époque, la Bretagne n'était pas française, d'où suit que son dévouement à la France et au roi était plus méritoire.

Quel Français a été plus dévoué à la France que cet *étranger*? Quel Français fut plus *patriote* au sens le plus élevé du mot? Un seul fait donnera la mesure de son dévouement.

Après Patay, Jeanne d'Arc, d'Alençon, tous les princes supplient le roi de laisser le connétable à la tête de l'armée; leurs prières sont repoussées. Désespéré, le connétable pour fléchir La Trémoille, son ennemi mortel, propose de s'humilier devant lui et de baiser ses genoux!

Pour Richemont, le roi personnifie la France : c'est pourquoi disgrâces et injustices, il lui pardonne tout. Ecoutez-le dans cette glorieuse matinée du 13 avril 1436, quand il entre à Paris; il crie aux bourgeois : « Le bon roi Charles vous

---

[1] Guizot. *Histoire de France*, II, p. 357.
[2] M. Cosneau. *Le Connétable de Richemont*, p. 467.

remercie ! » *Le bon roi*, c'est le roi qui l'empêcha de combattre au lendemain de Patay pour détruire l'armée anglaise et qui l'exila au jour du sacre ! — Voyez-le lorsque éclate la Praguerie. Richemont est en route pour Paris, le roi le prie (sans lui donner un ordre) de revenir à lui. Il accourt à l'heure même pour défendre le roi contre les princes du sang de France et les favoris rebelles à l'autorité royale.

Le connétable a oublié les injustices passées : il compte pour rien ou il pardonne d'avance celles qu'il peut prévoir.

La cour jalousant ses gloires acquises lui marchande les moyens d'en acquérir d'autres. En 1430, après qu'il a enlevé le duc de Bourgogne et Paris aux Anglais, Richemont est nommé gouverneur de l'Ile de France ; mais il n'obtient ni hommes ni argent pour chasser les Anglais de son gouvernement.

En juin 1441, le roi et le connétable mettent le siège devant Pontoise ; Talbot arrive au secours de la place avec 4,000 hommes. Le connétable en a 8,000 sous la main ; il ose garantir la victoire. Le roi interdit l'action ; et Talbot fait entrer des troupes fraîches dans la place ! Deux mois se passent dans l'inaction… Le peuple de Paris affolé accuse le connétable de trahison, les princes se dépitent, se retirent, aspirent à la paix, négocient avec l'Anglais. Enfin, le 19 septembre seulement, le connétable peut ordonner l'assaut.

Dans la première campagne de Guyenne (1442) au siège de Saint-Sever, deux attaques sont dressées, celle du roi et celle du connétable. Le roi, pour se réserver tout l'honneur de la victoire, défend au connétable d'assaillir. Mais repoussé il est trop heureux de l'appeler à la rescousse; en un quart d'heure les Bretons sont dans la place.

Et combien de fois les mesures prises ou proposées par le connétable furent ainsi contre-carrées ! Le succès obtenu en de telles conditions et plus glorieux, sans doute ; mais la gloire du succès lui sera-t-elle laissée ?

En 1450, au début de cette campagne décisive qui rendra la Normandie à la France, le jeune comte de Clermont, gendre du roi, fait son apprentissage du commandement : à Formigny, sans attendre le connétable, son oncle, qu'il a appelé et qu'il sait accourant à lui et à quelques lieues, il attaque imprudemment dans ses retranchements l'armée anglaise deux fois plus nombreuse que l'armée royale. Le connétable arrive en hâte, rétablit le combat et change une défaite presque certaine en une victoire éclatante. — A qui la cour et, dit-on, le roi lui-même adjugeront-ils l'honneur de la victoire ? — Au comte de Clermont !

Il était, à ce qu'il semble, dans la destinée de Richemont de n'obtenir, ni vivant ni mort, la louange qu'il a méritée.

Dès le xv° siècle, le peuple d'Orléans célébrait la fête de la délivrance ; dans ses chants de victoire, il unissait au nom de Jeanne ceux de Dunois, Lahire, Saintrailles ; mais le nom du connétable qui fut leur chef et le continuateur de l'œuvre de la Pucelle n'était pas prononcé !

Ainsi de nos jours. Il y a quelques mois, dans l'église de Notre-Dame, où Richemont entrant à Paris, le 13 avril 1436, entendit tout armé une messe d'actions de grâces, un éloquent orateur évoquait Jeanne d'Arc victorieuse à Patay ; et dans le rayonnement de la Libératrice il montrait Dunois et Saintrailles. Mais le connétable qui, en faisant lever sa bannière à Patay, a donné à Jeanne l'occasion de vaincre, le connétable qui fut le chef de Dunois et de Saintrailles, était laissé dans l'ombre.

Comme les contemporains français de Richemont, les historiens semblent jaloux de la renommée du breton.

Les Bretons d'aujourd'hui ne savent l'histoire de Richemont que par les historiens français et surtout par les dictionnaires historiques, qui pour beaucoup sont la principale sinon l'unique source d'informations. Or, voici comment cette histoire est écrite.

Entre la bataille de Patay (1429) et celle de Formigny (1450) vingt ans ont passé, et dans ces vingt années, deux faits militaires attirent l'attention : la rentrée de la France à Paris (1436), la reprise du Mans (1448).

A qui l'honneur de ces quatre faits ? — A Dunois ! « Il fut vainqueur à Patay »; il « reprit Paris » apparemment par la force, « il reprit le Mans »; « vainqueur à Formigny il reprit toute la Normandie ». Mais Dunois n'était pas le connétable de France ! Pendant que Dunois faisait *tout*, que faisait donc son chef le connétable ? *Rien.* C'était un *connétable fainéant* ! Un dictionnaire nous détrompe : Il croit apparemment rendre suffisante justice à Richemont en disant qu'il « s'associa aux exploits de Dunois ». Supposez un écrivain disant que Napoléon s'associa aux exploits de Ney ou de tel autre des maréchaux de l'Empire. La phrase ne serait pas plus ridicule.

Or la vérité vous l'avez vue : Dunois combattait à Patay sous les ordres de Jeanne d'Arc et de d'Alençon ; — c'est Richemont connétable qui est entré sans coup férir à Paris ouvert par les Parisiens, Dunois marchant à sa suite ; — Dunois et Charles d'Anjou, à qui le roi réservait à l'exclusion du connétable, l'honneur de la reprise du Mans, perdent le temps en vaines discussions et n'arrivent à rien : le roi est contraint d'envoyer le connétable prendre le commandement ; il attaque résolument, et le Mans capitule. — Voilà comment Dunois « reprit le Mans »; et voici comment il fut « vainqueur à Formigny »: il n'y était pas !

Comment les lecteurs de tels livres soupçonneraient-ils le rôle prépondérant du connétable sur la fin de la guerre de Cent ans ? Je ne dis par assez. Combien qui savent quelque peu l'histoire de du Guesclin et même celle de Clisson et qui savent à peine le nom de Richemont! De nos trois connétables, c'est lui, même en Bretagne, qui tient le moins de place dans le souvenir populaire.

Or, après du Guesclin, Richemont est un des sauveurs de la France, et — ce qui devrait surtout le rendre cher aux Bretons — comme il a été fidèle à la Bretagne!

Sous Charles V, entraîner hors de France les *Grandes compagnies*, c'était sauver la France de la ruine ; sur un signe du roi, déchirer le traité de Brétigny, c'était préserver le royaume d'un démembrement mortel. Ce fut l'œuvre de du Guesclin. A lui donc le suprême honneur ! — La démence de Charles VI, l'hostilité des princes français, la félonie du duc de Bretagne ont empêché Clisson de rendre les services que la France pouvait attendre de lui. — Sous Charles VII, la France semble de nouveau perdue. Jeanne d'Arc lui apporte le salut : elle délivre Orléans, conduit Charles VII à Reims, ravive l'espérance ; mais, après une année, sa *mission* est accomplie. Ce n'est pas elle, c'est Richemont qui va « bouter l'Anglais hors de France. » Si du Guesclin fut le précurseur de Jeanne, Richemont fut son continuateur. Glorieux titre au souvenir de la France !

La fidélité de Richemont à la Bretagne lui est un titre spécial au souvenir des Bretons. Rappelons seulement deux faits :

Il y avait en Bretagne une cause de divisions et de rivalités mortelles au duché : ce sont les prétentions éventuelles des Penthièvre à la couronne, prétentions appuyées sur un vaste apanage qui est comme une forteresse au milieu de la Bretagne. Richemont a vu le remède à ce mal : c'est la réconciliation des Penthièvre avec la maison de Montfort. Oubliant ses griefs personnels, il amène le comte de Penthièvre à Nantes : et la réconciliation se fait sous ses auspices.

Devenu duc de Bretagne et resté connétable et officier de la couronne, comme Richemont a soutenu devant le roi les droits et privilèges du duché ! Voyez-le à Tours, en 1457 : il se dispose à rendre hommage ; mais les conseillers du roi prétendent que l'hommage doit être lige. Sur quoi le duc, prétextant qu'il doit prendre sur ce point l'avis des Etats, rentre en Bretagne.

L'année suivante, le duc d'Alençon est accusé de trahison : il a appelé les Anglais en France ! Le roi réunit la cour des pairs pour le juger ; il y appelle Arthur. Le duc répond : « Mais... pas plus que mes prédécesseurs, je ne suis pair de France, la Bretagne n'ayant pas été détachée du royaume. Je ne puis siéger à la cour des pairs... » Et il reste en Bretagne. Toutefois quand il apprend la condamnation à mort de son neveu, il part aussitôt pour aller demander sa grâce ; il l'obtient ; et il ne pourra se soustraire une seconde fois au devoir de l'hommage.

Mais vous l'avez vu à l'audience royale. Dunois, le comte d'Eu, le chancelier, lui crient aux oreilles : « Vos prédécesseurs ont fait hommage lige. » Et Arthur : « Vous le dites, moi je dis que non : je ne le fais pas lige. » Il met la main dans les mains du roi, et debout, l'épée au côté, sans génuflexion, il dit : «Comme mes prédécesseurs l'ont fait, je vous fais hommage, mais je ne le fais pas lige. » Au grand scandale de ses conseillers, le roi l'admet au baiser, excusant en apparence du moins, l'entêtement du glorieux duc de Bretagne.

Voilà le dernier acte politique d'Arthur III. Il est comme le testament du plus illustre de nos souverains. Quelques jours après, rentré en Bretagne, il mourait trop tôt pour la Bretagne et la France.

La Bretagne officielle a presque oublié Richemont. A Rennes, au dernier siècle, il s'agissait de nommer des rues. On donna à deux rues voisines les noms de du Guesclin et de Clisson, à deux autres du même quartier les noms de Beaumanoir et de Montfort. Pas une place pour le nom de Richemont ! Le conseil municipal de ce temps-là ne connaissait pas Richemont. Il y a seulement quelques années que la ville se ravisant a — on peut le dire — *découvert* le grand connétable : elle a donné le nom de *Richemont*, à un quai nouvellement construit. Mais le connétable n'a pas de statue à Rennes.

A Nantes, Richemont a son nom sur une plaque au coin d'une rue et une statue — mais quelle statue! — « bonne à mettre dans un jardin pour faire peur aux oiseaux.[1] »

Ce que Rennes où Richemont fut couronné, ce que Nantes où il mourut n'ont pas su faire, Vannes le fera ; Vannes la ville fidèle aux Montfort, la résidence chérie des princes de cette maison ; Vannes qui fut presque le berceau de Richemont, et qui le vit partir pour la guerre où il allait gagner ses éperons.

Un jour prochain, il faut l'espérer, nous verrons inaugurer sur la place de l'Hôtel-de-Ville la statue équestre du connétable de Richemont.

La fête de l'inauguration sera la fête du pays Vannetais. A l'automne de 1411, Richemont, qui avait dix-huit ans, partait de Vannes avec six mille hommes. Chevaliers, écuyers, hommes d'armes ne forment pas toute cette armée. Les valets d'armes, coustilleurs, archers, arbalétriers sont aussi de la partie. Or ce sont pour la plupart des « bons compagnons » des paroisses rurales. Combien de braves paysans du Morbihan, portant des noms antérieurs au XVe siècle, ont le droit de dire à leurs fils : « Vos pères étaient là ! »

---

[1] M. de l'Isle du Dreneuc, conservateur du Musée archéologique de Nantes. *Tombeaux des ducs de Bretagne. Revue de Bretagne, de Vendée...* 1893. t. IV, p. 451.

Ce sera la fête de la Bretagne. Les Bretons pourront lire sur les faces du piédestal : *Victoire de Patay ; — Paix d'Arras ; — Recouvrement de Paris ; — Organisation de l'armée ; — Victoire de Formigny.* En lisant ces mentions glorieuses, ils diront après notre historien national M. de la Borderie : « Sans Richemont et ses Bretons, la France n'aurait pas été, au milieu du xv° siècle, délivrée du joug anglais[1]. »

Ce sera la fête de l'armée. L'armée présentera les armes au grand connétable qui fut le créateur de l'armée française. Et le salut de l'armée sera le salut de la France elle-même ; car, quoiqu'on ait osé dire, au xix° siècle comme au xv°, l'armée c'est la France et la Patrie.

[1] *La Bretagne aux derniers siècles du Moyen-Age* p. 181.

APPENDICE

NOTES ET ÉCLAIRCISSEMENTS

CHAPITRE PREMIER

1 (page 3).

Sur le comté de Richemont.

Quelques-uns ont dit que Richemont fut, après la conquête, donné par Guillaume à Alain Fergent qui, depuis fut duc de Bretagne. Ils ont confondu Fergent, le duc, avec un autre Fergent dont nous allons parler.

La vérité est que Richemont entra dans la maison de Bretagne en 1137, lorsque le comte de Richemont, Alain le Noir (2e du surnom), fils d'Etienne, comte de Penthièvre, épousa Berthe, fille et héritière du duc Conan III.

Comment Richemont appartenait-il aux Penthièvre? Quelques-uns appellent Alain *Fergent*, un des fils du comte de Penthièvre Etienne. D'autres, au lieu de *Fergent*, le nomment *le Roux* pour le distinguer de son frère Alain dit *le Noir*. La plupart disent que cet Alain Fergent ou le Roux reçut Richemont en don de Guillaume le Conquérant.

Lobineau a imprimé cela dans son *Histoire* (p. 98). — D. Morice, qui copie son prédécesseur, le répète (*Hist.* 1, p. 76); — et plus loin (même volume, p. 709), il dit que c'est un fait qui n'est pas contesté; et il cite la charte de donation, acte apocryphe. Mais dans sa généalogie (restée manuscrite) des Penthièvre, Lobineau se rectifiant dit que Brient, frère d'Alain le Roux, reçut en don Richemont qui passa par héritage à ses frères, Alain le Roux d'abord, puis Alain le Noir.

— Cela résulte d'une charte publiée par D. Morice. *Pr.* t, col. 458-459. V. col. 459 : « *Hoc concesserunt...* et la suite.»

C'est pourquoi, M. de la Borderie, le premier, je crois, a imprimé *(Géog. féodale*, p. 56), que Richemont fut donné à Brient. — Et ce don important ne payait pas trop cher le signalé service rendu par Brient à Guillaume. Brient avait, en 1068 ou 1069, repoussé une double attaque des fils de Hérold, et les avait réduits à l'impuissance.

Les vastes domaines donnés à Brient ne furent appelés Richemont qu'après la construction du château par Alain le Roux, successeur de son frère. Cette circonstance a pu créer ou accréditer l'opinion que Alain le Roux fut le premier des Penthièvre investi de Richemont.

Il y a intérêt à rééditer la rectification de Lobineau, admise et imprimée par M. de la Borderie.

Une question : Le comté de Richemont a-t-il jamais été en possession d'Arthur de Bretagne?

M. Cosneau ne le croit pas (p. 478). Il pense que le comté saisi, avant que Jean V en donnât le titre à son frère, et donné par Henri IV, dès 1399, à Raoul Névil, duc de Westmoreland, a passé directement au duc de Bedford, frère de Henri V, par le don que celui-ci lui en a fait en 1414.

Toutefois Lobineau avait rapporté qu'un auteur dit « qu'Arthur eut le comté et fut reçu à l'hommage en 1404 ; » mais Lobineau marque un doute sérieux sinon une formelle négation. Morice qui le copie, le corrige et affirme qu'Arthur fit hommage de Richemont. M. Cosneau conteste le fait et il a raison. (*Hist.*, p. 7 et 478. *Appendice* IV.)

Voici à l'appui de cette opinion une raison *de droit* péremptoire, et une *de fait.*

1° *En droit*. Pour faire hommage il fallait être majeur. En 1404, Arthur était dans sa onzième année : donc il ne pouvait rendre hommage.

2° *En fait*. Le duc Jean V nous apprend lui-même que, après la trêve de 1407, le 14 décembre 1409, il n'avait pas encore fait hommage au roi Henri IV pour Richemont. Et pourquoi? — « Pour la grande distance des lieux... » Mauvaise raison, puisqu'il aurait pu rendre hommage (comme il demande à faire) par procureur. (Morice, *Pr.* II. 1018). Or il n'y a aucune apparence que, en 1409, le procureur du duc ait été admis à l'hommage. Henri IV n'aurait pas retiré Richemont des mains du duc de Westmoreland auquel il devait en partie le trône, et il n'a pas rendu le comté à Arthur de Bretagne. Si celui-ci l'eût possédé, en 1414, Henri V eût fait une lourde maladresse en le lui retirant. Il allait entrer en France, et ce n'était pas le moment de mécontenter le duc de Bretagne. Après la campagne d'Azincourt, il ne pouvait plus être question de la restitution de Richemont.

Donc Arthur, comte de Richemont, n'a jamais possédé le comté de Richemont.

2 (page 4).

Chron. Brioc. Morice. *Pr.* I, 81. — Ce n'est donc pas Clisson qui arma Arthur et Gilles, comme on l'a dit, notamment M. Cosneau. *Le Connétable de Richemont*, p. 4.

Ces armements d'enfants sont une preuve de la décadence de la chevalerie. Cf. *Recherches sur la chevalerie de Bretagne* par M. de Couffon de Kerdellec'h. T. I, p. 72 et suiv. — L'armement d'enfants par un enfant est surtout significatif. C'est pourquoi — et non par une critique vaine et puérile — je relève ce point dans le très savant livre de M. Cosneau.

3 (page 4).

¹ Jeanne était fille de Charles II (dit le Mauvais), roi de Navarre et de Jeanne de France, fille du roi Jean-le-Bon, et sœur de Jean, duc de Berry et de Philippe-le-Hardi duc de Bourgogne. Par une très sage politique, les deux ducs avaient ménagé le mariage de leur nièce avec Jean IV, pour empêcher le duc de Bretagne de chercher une troisième union en Angleterre (1386).

Outre les six enfants ci-dessus nommés (p. 3). Jeanne de Navarre avait eu trois filles (dont l'aînée nommée Jeanne), qui moururent jeunes. Quand Jeanne partit pour l'Angleterre, il ne restait que Marie déjà fiancée au duc d'Alençon (1396) qui resta en France, Blanche et Marguerite que leur mère emmena.

Après son couronnement, Jean V envoya chercher ses deux sœurs (mai 1404). — Blanche fut fiancée (30 juillet 1406), à Jean d'Armagnac, vicomte de Lomagne, fils du connétable Bernard d'Armagnac, et frère aîné du comte de

Pardiac (ci-dessus, p. 5 et 6) : Jean devint comte d'Armagnac à la mort de son père (1418). — Marguerite fut fiancée (23 avril 1407) à Alain IX de Rohan. — Lobineau, *Hist*, p. 505, 510, 511.

4 (page 11).

En Bretagne, on appelait *sénéchal* un officier de *robe longue* c'est-à-dire de *justice*, chef d'une juridiction, soit d'une sénéchaussée *présidiale* (depuis 1553), soit d'une basse justice seigneuriale. Cf. lettres de Charles IX (14 mai 1566). Morice, *Pr*. III. 1349. — En France, le sénéchal était un haut officier de *robe courte* représentant le roi dans les provinces et chargé de la guerre, de la justice, et (comme nous dirions aujourd'hui) de l'administration. Ainsi faut-il entendre le titre de sénéchal de Champagne donné à Joinville, l'ami de saint Louis, et de sénéchal du Poitou, donné à Larchevêque. Les *gouverneurs* de province ont remplacé les sénéchaux mais avec moins d'autorité.

5 (page 13).

Henri V réclamait la couronne comme héritier d'Isabelle de France, mère d'Edouard III. Absurdité ! Le droit de succession, (à le supposer transmissible par les femmes), aurait appartenu à son cousin Edmond Mortimer comte de March, arrière petit-fils de Lionel, duc de Clarence, second fils d'Edouard III, quand lui, Henri V, était petit-fils du frère cadet de Clarence, Jean duc de Lancastre.

6 (page 14).

L'armée anglaise évitant Rouen prit à gauche vers la mer ; elle passa près de Dieppe ; mais arrivée vers la Somme elle fut contrainte de longer la rivière cherchant un pont qu'elle ne trouva qu'à Béthencourt (arrondissement de Péronne) entre Péronne et Saint-Quentin. La Somme passée, il fallait revenir vers la gauche, sur Azincourt. La route fut allongée au moins de 160 k.

7 (page 15).

Le Baud, p. 451.
On n'a pas manqué d'accuser le duc *d'inaction*. Voici la réponse. A l'appel du roi, il assemble son monde et part de Dol par la Normandie (Bouchard. f°. 173 r°, Ed. des Bibl.

bretons. — Il passe à Falaise (Morice, *Pr.* II. 1162.) Il est à Rouen, les 20 et 21 octobre.

Charles VI a défendu Jean V de cette accusation.

L'évêque et le chapitre de Saint-Malo avaient donné la ville au pape Clément VII, qui « fort libéral de ce qui ne lui coûtait rien à donner la donna au roi » (1394). Lobineau, *Hist.* p. 488. Or, en octobre 1415, à Rouen, comme Jean V revenait de la campagne d'Azincourt, le roi lui rend Saint-Malo, « en récompense du service qu'il vient de faire en la présente armée. » Lobineau. *Pr.* 903-4.

Henri V lui-même se plaignait de Jean V qui n'avait pas gardé la neutralité. (M. Cosneau, p. 45.)

CHAPITRE II

8 (page 19).

Jean avait épousé Jacqueline de Hainaut, petite-fille de Jean-sans-Peur. Il semble que le titre de gendre et de petit-gendre de Jean-sans-Peur ait porté malheur aux deux dauphins. On attribua leur mort au poison des Armagnacs. Philippe de Bourgogne (depuis Philippe le Bon) ne doutait pas que le second dauphin (Jean) n'eût été empoisonné.

9 (page 19).

L'Anjou avait été érigé en duché par Jean II en faveur de son second fils Louis, auquel la reine Jeanne de Naples légua son royaume, en 1380, et que le pape Clément VII couronna roi de Sicile en 1331. Mais il ne put se mettre en possession, non plus que son fils Louis II, dont Yolande était veuve depuis le 29 avril 1417. Leur fils Louis III ne fut pas plus heureux. Mort sans enfants (1434) il eut pour successeur son frère René, encore si populaire à Angers, qui perdit définitivement le royaume.

10 (page 22).

Avaugour et Penthièvre.

Avaugour était une ancienne mais petite seigneurie du comté de Goello, dans l'ancienne paroisse de Plésidy, trève de Saint-Péver, aujourd'hui commune de Saint-Péver (canton de Plouagat, arrondissement de Gningamp.) — Il faut écrire *Avaugour* et non *Avangour*. Il ne reste plus trace du château qui fut sans doute détruit après la saisie de 1421.

Au milieu du XV° siècle « la motte et le château d'Avaugour » appartenaient à Jean de Kerouzéré, qui les vendit à Pierre II; celui-ci les donna à son neveu Jean de Laval, baron de la Roche-Bernard. — Lobineau, *Hist.*, p. 655

Dans l'*Histoire de Richemont* il est question de : 1° Guillaume d'Avaugour, frère d'Olivier et de Charles de Blois. Il ne portait pas le nom d'Avaugour et n'était pas seigneur d'Avaugour que tenait son frère aîné Charles. Il se nommait Guillaume de Blois ou de Penthièvre — 2° Guillaume d'Avaugour, favori du dauphin puis de Charles VII, bailli ou sénéchal de Touraine. M. Cosneau le dit « d'une noble famille du Maine »; Lobineau le dit breton. Tous les deux ont raison. En effet la famille dite d'Avaugour avait de très anciennes origines en Bretagne, et prenait son nom ou plutôt son *surnom* de la seigneurie d'Avaugour. Son vrai nom était de *Penthièvre*. Ces d'Avaugour étaient les descendants de la *première* maison de Penthièvre.

Cette maison fondée en 1034 par Eudon frère d'Alain III, fut, moins de deux siècles après (1222-1223), dépouillée par Pierre de Dreux et réduite au Goello (ci-dessous n° 18), qui comprenait Avaugour. Henri II de Penthièvre prit alors le nom plus modeste d'Avaugour. Sa descendance se partagea en plusieurs branches dont une eut la seigneurie du Parc, au Maine. Le bailli de Touraine était de cette branche.

En 1317, le duc Jean III donna en apanage presque tout l'ancien Penthièvre, moins le Goello, à son frère Guy qui allait fonder la *seconde* maison de Penthièvre. L'année suivante, Guy épousa Jeanne, héritière du Goello et d'Avaugour (branche aînée); elle fut mère de Jeanne dite de Penthièvre, femme de Charles de Blois et aïeule d'Olivier, Jean, Charles, sire d'Avaugour et Guillaume.

Dans la guerre de la succession, les d'Avaugour furent fidèles à la cause de leur parente Jeanne de Penthièvre; et Guillaume, le bailli de Touraine, suivait, à ce qu'il paraît, cette tradition de famille. Leur premier ancêtre commun était Henri III, 5° aïeul de Olivier de Blois et 4° aïeul de Guillaume. Ces derniers étaient ainsi cousins au 9° degré.
— Voici la généalogie :

Henry III auteur commun.

Branche aînée.	Branche cadette.
1° Henri IV.	Guillaume, sgr du Parc.
2° Jeanne, femme de Guy, comte de Penthièvre.	Jean.
3° Jeanne, femme de Charles Juhel. de Blois.	
4° Jean.	Guillaume (bailli de Touraine).
5° Olivier, Jean, Charles, Guillaume.	
6° Françoise, fille de Guillaume, épousa Alain d'Albret, dont le fils Jean épousa la reine de Navarre et fut bisaïeul du roi Henri IV.	La branche cadette s'est continuée. Jean, sgr de Saint-Laurent-sur-Sèvres, lieutenant général de Mercœur, était d'Avaugour.

11 (page 27).

Montfort l'Amaury. Vaste comté (aujourd'hui en Seine-et-Oise). C'est de ce comté que la maison ducale de Montfort prenait son nom, et non, comme disent les *Dictionnaires historiques*, de Montfort la Cane (aujourd'hui Montfort-sur-Meu (Ille-et-Vilaine). Sur Montfort l'Amaury et ses annexes. Cf. *Seigneuries des ducs... hors de Bretagne*, p. 21-60, par J. Trévédy.

On est surpris de trouver cette erreur dans *Gilles de Rais* par M. l'abbé Bossard (1880).

12 (page 28).

Morice. *Pr.* II. 1091-93. — Après la capitulation de Chantoceaux, Olivier de Blois s'était retiré dans une seigneurie du Hainaut.

Il faut dire que Jean V n'avait pas les mêmes sentiments pour tous les favoris. Il avait surtout de l'antipathie pour Louvet, un intrigant qu'il croyait le principal instigateur de son arrestation. — Mais il savait que du Chastel avait été étranger à cette affaire et s'était entremis en sa faveur. Si le duc voulait son éloignement du dauphin, c'est parce que les Bourguignons prétendaient que du Chastel avait porté le premier coup à Jean sans Peur. Du Chastel a constamment repoussé cette imputation, et provoquait à des duels à mort ceux qui diraient le contraire. — Cf. sur ce point quelques pages de Poulain de Sainte-Foix au 3ᵉ vol. de ses *Essais sur Paris*, p. 314 et suiv. — L'auteur fort original était frère du jurisconsulte breton Poulain-Duparc. Très décrié aujourd'hui, il trouvait grâce au dernier siècle même aux yeux du sévère Sabatier de Castres. *Les trois siècles littéraires* (1794), t. IV, p. 27 et suiv.

13 (page 29).

Marguerite était fille de Louis duc d'Orléans, assassiné en 1407, et de Valentine de Milan, et sœur du duc fait prisonnier à Azincourt. Jeanne était fille de celui-ci.

Richard de Bretagne avait rendu au dauphin un signalé service. En 1418, lors de l'entrée des Bourguignons à Paris, il enleva la dauphine qui y courait un grand danger. En récompense, le dauphin, par acte du 8 mai 1421, lui donna en apanage le comté d'Etampes et devenu roi il confirma ce don (octobre 1425). Mais le dauphin donnait ce qu'il n'avait pas. Jean sans Peur s'était emparé d'Etampes en 1418. Son fils en eut la possession après lui, et il la donna à son cousin Jean de Bourgogne, fils puiné du comte de Nevers, tué à Azincourt. En sorte que Richard de Bretagne et Jean de Bourgogne eurent *concurremment* le titre de comte d'Etampes. Charles VII (1438) somma en vain Jean de Bourgogne de restituer Etampes. Un procès s'engagea et, après trente ans, le Parlement rendit Etampes au domaine royal (1477). Ainsi Richard mort en 1438, son fils le duc François II, mort en 1466, n'eurent pas la possession du comté qui ne rentra dans la maison de Bretagne qu'aux mains de la reine Anne (1513). Cf. *Seigneuries des ducs de Bretagne hors de Bretagne*, par J. Trévédy, p. 62-63.

14 (pages 32, 172, 242-43).

Le Gâvre, châtellenie du domaine ducal, que Jean V avait donnée à Richemont avant 1410; aujourd'hui commune du canton de Blain, arrond. de Saint-Nazaire.

Plusieurs autres lieux du nom de Gâvre :

1° Le Gâvre de Languedoc, chef-lieu Fleurance « qui mérite son nom par la beauté de ses cultures. » (Reclus, *Géog. de la France*; p. 154.) en Armagnac, aujourd'hui arr. de

Lectoure (Gers). Avec titre de comté fut donné par le roi Charles VI au duc Jean V en échange de quelques autres seigneuries (1401). Le comté fut compris par Charles VIII dans le prix de la trahison d'Alain d'Albret lui livrant la ville de Nantes. Sur ce point *Consultation* pour le roi contre d'Albret (que le jurisconsulte nomme en latin *Lebreto*) (Morice, *Pr* III, 682-686) et traité de Charles VIII avec le sire d'Albret. (Morice, *Pr.* III, 766-770.

2° Le Gâvre (Lobineau, *Hist.* p. 621) non loin de Toulouse, petite commune du canton de Verfeil, arr. de Toulouse. On écrit aujourd'hui *Gaure*; mais non *Gauré* (M. Cosneau, p. 339). — Ci-dessus, p. 172.

3° Le Gâvre de Gand, voisin de cette ville, qualifié comté, apporté en dot à Guy IX par Béatrix de Gâvre (1290), resté dans la maison de Laval, et devenu le titre de l'héritier de Laval. Ainsi en 1405, Lobineau. (*Hist.*, p. 504) compte au nombre des chambellans le *sire de Gâvre* : c'est Jean de Montfort, époux (1405) d'Anne de Laval, héritière présomptive de la seigneurie. Plus tard, le *sire de Gâvre* sera Guy de Laval fils aîné d'Anne devenue dame de Laval.

Le Gâvre resta dans la maison de Laval jusqu'en 1515, pendant plus de deux siècles. Mais, depuis 1501, il était séparé du comté. Guy XV mourut à Laval, le 27 janvier 1501, sans enfants. Sa succession passa à son neveu Nicolas, baron de La Roche-Bernard, par *représentation* de son père Jean, frère germain de Guy XV, né comme lui d'Isabelle de Bretagne. — Mais la coutume de Flandre, auquel le Gâvre restait soumis, n'admettait pas la *représentation* ; et le Gâvre échappant au neveu passa au frère consanguin de Guy XV, François, baron de Châteaubriant, fils de Françoise de Dinan. — En 1515, celui-ci vendit Le Gâvre pour 31.000 écus (plus d'un million et demi de notre monnaie) à Jacques de Luxembourg, dont le fils (Jacques) mourut laissant pour héritière sa sœur Françoise qui par son mariage porta Le Gâvre dans la maison d'Egmont. — Cf. M. Bertrand de Broussillon, *La Maison de Laval.* Bull. de la *Commission historique de la Mayenne.* T. XVI. p. 179-180.

Le radical *Gavr* se retrouve dans le nom de *Garray* ou *Gauray* (aujourd'hui arr. de Coutances, Manche) qui avait titre de vicomté. Richemont s'en empara (ci-dessus, p. 242-43) en 1449 ; et le roi lui en fit don sa vie durant. (Tours, 31 avril 1450) M. Cosneau, *App.* XCI, p. 624-625.

2° En Bretagne dans le nom de *Garrinis*, Ile du Morbihan, qui s'explique en breton par *île de la Chèvre*. *Gaor*, *Garr*. veut dire *chèvre* en breton.

Le mot *Gavre* exprime un droit de fief en Artois et Cambrésis.

Si, comme il y a apparence, l'étymologie signalée plus haut, doit être restreinte à la Bretagne, quelle est l'étymologie du mot en Languedoc, Normandie, Artois et Cambrésis ?

15 (page 34.

Réunion de la Bretagne à la France.

Un historien a imaginé récemment que la Bretagne fut réunie à la France par le contrat de mariage d'Anne de Bretagne avec Louis XII, en 1499.

Voyez plutôt l'*Histoire de l'Europe et de la France de 1270 à 1610* par Duruy (24ᵉ édition) remaniée par M. Mariéjol, professeur à la faculté des lettres de Lyon, sous la direction de M. Lavisse, aujourd'hui de l'Académie ; — vous lirez, p. 461.

« ...La reine Anne s'était retirée au château de Nantes et pouvait porter le duché de Bretagne par un second mariage dans une maison étrangère. Louis XII, marié depuis vingt-deux ans à une fille de Louis XI qu'il n'aimait pas, demanda... que le divorce fût prononcé. Le pape Alexandre VI avait besoin du roi ; il l'accorda, et Louis épousa aussitôt la veuve de son prédécesseur. La Bretagne se trouva donc encore rattachée à la France (1499), cette fois pour toujours. »

Ainsi le pape a prononcé le *divorce* entre Louis XII et Jeanne de France ; et le contrat de mariage d'Anne de Bretagne a fait « encore » la Bretagne française. Lisez maintenant la *sentence* du pape Alexandre VI (Morice. *Pr*. III. 808 — 17 décembre 1498). — Le pape déclare « matrimonium non tenuisse aut tenere, sed fuisse et esse nullum, nullius momenti, obligationis vel efficaciæ. » C'est-à-dire que le mariage *n'a jamais tenu* et *ne tient pas* et qu'il a été et est nul, de nulle valeur, obligation et efficacité.

Donc le pape ne prononce pas *l'annulation* d'un mariage ayant existé, mais il déclare que le mariage n'a jamais existé. Il n'est donc pas question de *divorce*.

Lire aussi le contrat de mariage du 8 janvier 1499 (n. s. Morice, *Pr*. III. 814. — « A été accordé que le second enfant mâle ou fille au défaut de mâle seront et demeureront princes de Bretagne. — S'il n'y a qu'un enfant mâle; et que de celui-ci vinssent deux ou plusieurs enfants mâles ou filles, ils succéderont comme ci-dessus. — « Si la reine meurt sans enfants avant le roi, les prochains vrais héritiers de la dame succéderont au duché sans que les rois puissent quereller ni aucune chose demander. »

Ainsi toutes les précautions sont prises par la reine et admises par le roi, pour que *la Bretagne ne soit pas réunie à la France*.

Les trois historiens ci-dessus n'ont donc pas pris la peine de lire les deux documents qu'ils citent !

CHAPITRE III

16 *(page 38).*

Le duc Jean V est à Dinan du 30 décembre 1422 au 2 janvier 1423, et il y signe plusieurs actes mais non le traité. (*Actes de Jean V.* T. III, p. 97 et 98 et *Itinéraire.* T. 1 p. CXXVI.) Le duc veut, à ce qu'il semble, laisser les États seuls s'engager envers le duc de Bourgogne.

Il s'agissait aussi pour le duc et Richemont de traiter de « la délivrance et revenue » de leur mère. Jeanne de Navarre était donc encore en prison et retenue de force en Angleterre. (Morice *Pr.* II, 1125-28).

17 *(page 39)*

Jacqueline de Bavière avait seize ans quand elle devint veuve du dauphin Jean (1417) (Ci-dessus p. 19.) Philippe le Bon la remaria sans retard à son cousin le duc de Brabant, fils aîné du mort d'Azincourt. En 1420, Jacqueline mit la mer entre elle et son époux et se sauva en Angleterre. Le duc de Glocester s'en éprit, sut lui plaire ; et ils se mirent d'accord pour demander à l'antipape l'annulation du mariage avec le duc de Brabant, malgré l'opposition de Philippe le Bon. Moins sage ou moins puissant que Henri V, Bedfort ne put ou ne voulut pas empêcher la demande ; l'annulation fut prononcée. Glocester épousa Jacqueline. Peu après (1424) au lieu d'amadouer le duc, les deux époux débarquaient avec

6000 hommes à Calais pour s'emparer du Hainaut ; Philippe armait pour les repousser, et en même temps il provoquait Glocester en combat singulier.

18 (page 40).

Partage de Richemont.

Lobineau, *Hist.*, p. 560-561.

Outre ces seigneuries, le duc, pour compléter 8,000 livres de rente, donna à Richemont les seigneuries de Bourgneuf en Retz et Lannion, 24 août 1440. (Morice, *Pr.* II, 1132-1136, et *Actes* de Jean V, n° 2438).

A remarquer que le traité du 17 avril ni le contrat de mariage ne mentionne les titres des seigneuries bretonnes non plus que le titre de Richemont. Arthur de Bretagne est dit duc de Touraine, comte de Monfort et d'Ivry.

Le comté d'Ivry était un don de Henri V (ci-dessus, p. 28) qui ne resta pas longtemps à Richemont. Le duché de Touraine lui avait été donné par Charles VI (M. Cosneau, p. 83, n. 1). Le roi Charles VII l'avait donné à Archibald Douglas (ci-dessus, p. 44) ; et celui-ci ayant été tué à Verneuil (17 août 1424), le roi l'offrit à Richemont qui le refusa (Gruel, p. 228), et le roi le donna à la reine de Sicile. Toutefois, en 1424, 14 décembre, les Anglais donnent encore à Richemont le double titre de duc de Touraine et comte d'Ivry (M. Cosneau, p. 86, note 1). Le connétable était dépouillé du comté d'Ivry avant le 9 mars 1425. Constitution du douaire de Mme de Guyenne. (M. Cosneau, p. 113, note 3) ; par lettres du 12 juillet 1427, Henri VI (Bedfort), donnait le comté d'Ivry, « confisqué pour la rébellion, désobéissance et crimes de lèse-majesté.. » (de Richemont). (M. Cosneau, p. 143. *Appendice*, XLVIII, p. 529).

Pour le comté de Montfort-l'Amaury, il n'était pas à Richemont. Jean V en avait donné le titre à son fils aîné François dès sa naissance en 1410. (*Actes de Jean V*, n° 1168). Son oncle Richemont n'avait qu'une rente sur Montfort.

Le Goëllo (arrondissement de Saint-Brieuc et Guingamp) avait pour chef-lieu Châtelaudren, et comprenait à cette époque une cinquantaine de paroisses des diocèses de Tréguier et Saint-Brieuc renfermées entre la mer au Nord, le Gouet à l'Est, le comté de Quintin au Sud, le Trieux (sauf auprès de Guingamp) à l'Ouest. Ces paroisses étaient distribuées en trois châtellenies, Châtelaudren, Lanvollon, Paimpol. Châteaulin-sur-Trieux, sur la rive gauche de cette rivière, et La Roche-Derrien au-delà vers l'Ouest, n'étaient pas du Goëllo et y étaient seulement annexées.

Mais il ne faut pas donner à Richemont le titre de baron d'*Avaugour* (M. Cosneau, 67). (Sur la seigneurie d'Avaugour, voir *Appendice*, n° 10). Avant la déclaration du duc Pierre II, en 1453, le titre de *baron* appartenait à tous les seigneurs relevant prochement du duc : à ce titre le seigneur de Goello était baron. La légende des *neufs baronnies de Bretagne* n'a été mise en circulation que par deux dictons, l'un français l'autre latin, répandus en Bretagne à cette époque. Pierre II *authentiqua* le dicton latin quand, aux États de Vannes de 1453, il établit les *neuf baronnies de Bretagne*. Le titre de baron d'Avaugour qualifié premier baron de Bretagne, a été donné pour la première fois par le duc François II à son fils naturel François, auquel il donnait Le Goëllo (1480) avec la Roche-Derrien et Châteaulin-sur-Trieux.

19 (page 41).

Catherine, fille de Jean sans Peur et sœur de Philippe avait été fiancée à Louis d'Anjou fils aîné d'Yolande ; et, selon l'usage du temps, envoyée en Anjou pour être élevée près de son jeune fiancé (1410). Trois ans après, Louis II et Yolande renvoyèrent Catherine ; et fiancèrent leur fils à Isabelle, fille aînée du duc Jean V. — Plus tard, Yolande reçut le même affront : Jean V retira sa fille au roi de Sicile pour la donner à Guy XIV, comte de Laval. (Ci-dessous n° 31.)

20 (page 43).

Levot lui a donné place dans sa *Biographie bretonne* T. II, p. 472 on lit : «Montfort (Guillaume Raguenel, connu sous le nom de)». — Pourquoi cette substitution du nom de Raguenel ? C'est ce que l'auteur ne dit pas. La vérité est que l'évêque de Saint-Malo, depuis cardinal (janvier 1462) était de la maison de Montfort-la-Cane, fils de Raoul VIII et oncle des deux frères de Laval dont nous parlerons.

CHAPITRE IV

21 (p. 54).

Les *bons-corps* réunis en 1487, au nombre de soixante mille, se portèrent au secours de Nantes où l'armée française tenait François II assiégé.

Les *bons-corps* étaient en tel nombre, dit Bouchard, (f° 236, v°) qu'ils asséchaient en se désaltérant les cours d'eau qu'ils rencontraient sur leur passage. Ils renouvelaient sans le savoir, le miracle accompli par les Perses, selon Hérodote.

En même temps qu'il *armait les communes*, le duc Jean V prescrivit d'allumer sur les hauteurs des fanaux ou *fallots* pour signaler la venue de l'ennemi.

V. ordonn. Lobineau. *Pr.* 999-1000.

22 (page 60).

Le connétable écrivait au duc de Bourgogne que « ceux de l'entourage du dauphin qui lui déplaisaient avaient été chassés, que s'il y en avait d'autres, il les jetterait dehors; qu'il tenait maintenant le *Dauphin* dans ses mains, qu'il était prêt à faire tout ce que voudrait Philippe ; mais qu'il avait besoin de son aide, et qu'il fallait battre le fer pendant qu'il était chaud. »

Les derniers mots donneraient à penser que Richemont ne se promettait pas une faveur durable.

M. Cosneau (p. 115 et note 3) remarque que dans cette pièce le mot *dauphin* est toujours employé au lieu de *roi*. La pièce n'est pas datée, mais elle est postérieure au renvoi des ennemis de Bourgogne. (Juin 1425.)

23 (page 61).

Les Mauny, cousins de du Guesclin, étaient de Laudehen, canton de Lamballe (Côtes-du-Nord). Levot (*Biog.* II. 121) compte parmi eux l'illustre Gautier de Mauny, commandant l'armée anglaise à Hennebont (1342). Or il se nommait *Masny* ou *Masni* et était du Haynault. (Siméon Luce. *Hist. de du Guesclin*, p. 44). C'est Froissard qui le premier l'a appelé *Mauny*. De là cette confusion avec les Mauny bretons. — Un éditeur de Froissard rapporte cette épitaphe gravée dans l'église des frères mineurs de Valenciennes : — « En cheste arcure gesit noble chevalier messire Jehans dit le Borgne de Masny père a Monsignor Wattier qui fit merveilles en armes aux guerres des Anglois. Cil Jehan trespassa l'an MCCC... (date incomplète) le XV de marche (mars). »

En mourant le vieux chevalier n'a voulu d'autre titre que celui de père de son glorieux fils !

24 (page 71).

Ci-dessus p. 23 et 58. — C'est par erreur que, ci-dessus p. 71, note 1, un renvoi à été fait à l'Appendice n° 24, il faut lire 26.

Le vicomte de Rohan était Alain VIII (et non VI, comme il a été imprimé par erreur, p. 23.) Il avait épousé Béatrix, fille aînée du connétable de Clisson. — Son fils aîné, qui, à la mort de son père (1429), deviendra vicomte de Rohan sous le nom d'Alain IX, épousa, en 1407, Marguerite sœur du duc Jean V et du connétable. Clisson mourait au même moment et Béatrix donna à son fils le comté de Porhoët.

Comme chambellan du roi (ci-dessus p. 58). Le comte de Porhoët fut gratifié d'une pension de 3,000 livres tournois. (Morice. *Pr.* II, 1176-77) au moins 120,000 francs de notre monnaie.

25 (page 73).

Comtes de Clermont, la Marche et Pardiac.

Le comte de Clermont était Charles de Bourbon, ami d'enfance de Richemont (ci-dessus p. 5) fils aîné du duc fait prisonnier à Azincourt qui va mourir en Angleterre (1434), laissant son titre au comte de Clermont.

Le comte de la Marche est Jacques II de Bourbon, pris à Nicopolis (1396) avec Jean sans Peur, depuis grand chambellan de France. Il gardait en souvenir de son mariage avec Jeanne II de Naples les titres de roi de Hongrie et de Naples. Il avait marié sa fille Éléonore, née de Béatrix de Navarre, à Bernard d'Armagnac, comte de Pardiac, l'ami de Richemont (ci-dessus, p. 5); et après, la mort de son beau-père (1435) le comte de Pardiac eut du chef de sa femme le titre de comte de la Marche.

CHAPITRE V

26 (page 76).

Richemont avait pour sa famille une vive affection. Nous l'avons vu en ce qui concerne Pierre qu'il maria et fit son héritier, et le malheureux et coupable Gilles qu'il défendit. De même pour son neveu d'Alençon, fils de sa sœur aînée Marie, puis après la mort de Jeanne d'Orléans (1432) devenu l'époux de sa cousine Marie d'Armagnac, fille de Blanche, seconde sœur de Richemont (ci-dessus, p. 150, note 1). Le connétable lui pardonne ses ingratitudes envers lui-même, et, détestant ses crimes envers la France, il intercède pour lui ; devenu duc, il retourne en France à la demande de sa nièce Marie d'Armagnac pour sauver le duc d'un châtiment sévère mais mérité (p. 305-306).

27 (page 76).

On a dit que la rançon du duc d'Alençon fut « de 200 000 livres ou deux millions de monnaie actuelle. » (M. Wallon, *Jeanne d'Arc*, I, 110). — Pour avoir le rapport de la monnaie de la première moitié du XV° siècle à la monnaie actuelle, ce n'est pas par *10*, comme a fait le savant historien, mais par *10,25* qu'il faut multiplier. A ce compte 200 000 livres de 1429 = 2.050 000 de notre monnaie.

Le duc d'Alençon vendit à son oncle Jean V la baronnie de Fougères pour 80,000 saluts d'or et 38 000 écus. (Acte du 31 décembre 1428. Morice. *Pr*. II. 1213 et suivantes).

80 000 saluts à 15 sols = 60 000 livres,
38 000 écus à 27 sols = 51 300 livres ;

Total 111 300. × 10.25 = 1.479.815 francs monnaie actuelle.

Or, il est dit dans l'acte que le prix de vente est destiné à *parfaire* le paiement de la rançon et à dégager le duc des obligations qu'il a contractées à propos de sa rançon.

28 (page 79).

Deux frères fils de Charles de Dinan, seigneur de Montafilant, Châteaubriant, etc, et de Jeanne de Beaumanoir fille et héritière de Robert, maréchal de Bretagne.

De ce mariage vinrent quatre fils.

1° Roland (V° du nom) seigneur de Dinan, Montafilant et Châteaubriant, mort en 1419, un an après son père ;

2° Robert, mêmes seigneuries, mort en 1429 : c'est lui dont il est question plus haut.

3° Bertrand, seigneur des Huguetières, maréchal de Bretagne, mort en 1444 (21 mai).

Ces trois frères moururent sans hoirs.

4° Jacques, seigneur de Beaumanoir, mort le 30 avril 1444 avant Bertrand, laissant une fille, Françoise de Dinan, qui hérita tous les biens de la maison. Nous en parlerons.

Cette branche cadette, dite de Montafilant, gardait le nom, mais ne possédait pas la seigneurie de Dinan, portée par l'héritière de la branche aînée à Vitré, puis passée à Mayenne, puis à Avaugour, et vendue, en 1265, par Alain d'Avaugour au duc Jean Le Roux. — Lobineau, *Hist.* p. 259.

29 (page 80).

Le Bourgeois est la traduction française du nom breton *Bourc'his* que cette famille porta jusqu'au XIV° siècle. (De Courcy, v° *Kermoysan*). Elle prit alors le nom de Kermoysan d'une seigneurie en Pommerit-le-Vicomte (arr. de Guingamp.) — Notre héros signait *Le Bourgeois de Kermoysan*. En France, on le trouve nommé *Tridual Bourgois* ou *Tugdual* (M. Cosneau, p. 321, note 3). *Tugdual* était son prénom, du nom de saint Tugdual, un *des Sept Saints de Bretagne*, fondateur et patron de Tréguier. — Bien que breton, d'Argentré transforme le nom de *Kermoisan* en *Carmoisien*.

Il dit de Kermoysan : « Très grand ingénieux (ingénieur), qui fut excellent capitaine, baillif de Troyes, gouverneur de Dieppe. » (Ed. de 1588, f° 71, r°). Et ailleurs (siège de Dieppe en 1442. Ci-dessus p. 174-175) « avait la réputation de savoir beaucoup d'adresses pour dresser les sièges des villes. » (f° 635, v°).

La fonction de Kermoysan (si on peut le dire) paraît avoir été de conduire les assauts et de monter le premier sur la muraille. Sur ce point cf. notre *notice sur Kermoysan Compagnons bretons de Jeanne d'Arc, Côtes-du-Nord*.

30 (page 816)

Lettre de Guy et André de Laval à leurs « redoutées dames et mères. » Selles en Berry, le 8 juin 1421. — Cette lettre a été plusieurs fois publiée notamment par D. Morice Pr. II. 1224 — 1226. Mais c'est dans le *Procès de Jeanne d'Arc* publié par Quicherat, (V. p. 103) qu'il faut lire cette lettre « animée, comme dit Siméon Luce, (*Le Maine sous la domination anglaise*. p. 17) du souffle de la Pucelle et toute souriante de sa gaîté héroïque. »

31 (page 86).

Le mariage fut célébré à Redon, le 1er octobre 1430. Lobineau. *Hist.*, p. 584.

Quand elle montrait tant de ressentiment, la reine de Sicile oubliait qu'elle avait donné l'exemple de ce manque de foi. En 1413, n'avait-elle pas renvoyé à son père Jean-sans-Peur, Catherine fiancée à Louis (III) d'Anjou, pour fiancer celui-ci à Isabelle de Bretagne? (Ci-dessus, n° 19.)

32 (page 91).

Traité signé à Rennes, le 5 mars 1432, par Richemont, et ratifié à Redon par le duc le 25 du même mois. — On peut le lire dans M. Cosneau, *Hist. de Richemont*. Appendice, LVII, p. 541, ou dans les *Archives de Bretagne* publiées par la Soc. des Bibl. bretons : *Actes de Jean V*, T. VII, p. 17, n° 2000. — Le traité ne se trouve pas aux *Preuves* de D. Morice ni à celles de D. Lobineau qui (*Hist*. p. 593) renvoie à du Tillet, t. II, p. 364 ; mais du Tillet ne mentionne le traité que d'un mot. — D. Morice (*Hist.* I. — 516) dit que le traité fut conclu à Redon, le 25 mars, et confirmé à Rennes. En réalité le traité fut signé à Rennes, le 5 mars, par Richemont, et confirmé, le 25, à Redon, par le duc Jean V.

33 (page 92).

Le duc Philippe était irrité contre Bedfort, qui, à peine veuf d'Anne de Bourgogne morte le 14 novembre 1432, avait épousé, sans l'avoir consulté, la fille de son vassal Pierre, comte de Saint-Pol, Jacqueline de Luxembourg. (Elle était sœur aînée de Catherine qui fut la troisième femme de Richemont). Ce mariage eût été une maladresse très heureuse pour la France, si dans le même temps, La Trémoille n'avait de son côté, irrité Philippe, en mariant sa sœur à un vassal de Bourgogne, le seigneur de Châteauvillain, que sa femme ramena à la cause française.

CHAPITRE VI

34 (p. 95, 96).

Ci-dessus p. 44. Sur les sauf-conduits, qui étaient un des revenus du trésor anglais, et sur les pèlerinages pieux qui y donnaient occasion. Luce (*Le Maine...* p. 11 et suiv.)

Luce nomme Jeanne de Laval *la plus grande dame du Maine et comtesse de Laval*. Jeanne n'eut jamais ni cette qualité ni ce titre : ils appartenaient à sa f'le Anne (ou Jeanne) héritière de son père Guy XII, qui n'avait pas le titre de comte, créé au sacre de Reims pour Guy XIV et sa mère Anne.

J'ai écrit que Jeanne de Laval était morte à Laval. — (*Compagnons bretons de Jeanne d'Arc, Guy et André de Laval*, p. 23).

Erreur que démontre le sauf-conduit accordé à ses petits-fils « pour aller de Vitré à Laval Saint-François et à l'abbaye de Clermont près dudit lieu sépulturer et enterrer leur grand'mère ». (Luce... *Le Maine...* p. 58).

On a dit que le « cœur de Jeanne fut déposé à Clermont et son corps dans l'église des Cordeliers de Laval ».(Abbé Foucault, *Les seigneurs de Laval*, p. 274). Le corps a été inhumé à Clermont : l'épitaphe gravée sur le tombeau ne laisse aucun doute sur ce point. (Luce la donne, note 1 p. 18. « Cy gisent Guy... et Jeanne) ». L'épitaphe dictée par Anne et son fils Guy XIV comtesse et comte de Laval donne ces titres à Guy XII et à Jeanne. — Mais il se peut que le cœur ait été porté dans l'église des Cordeliers que Jeanne et Guy XII avaient fondée (1395). Le sauf-conduit indique en effet, outre Clermont, Laval Saint-François qu'il faut lire Saint-François (les Cordeliers) de Laval.

L'église (aujourd'hui paroissiale sous le vocable de Notre-Dame) n'a pas été vendue nationalement ; mais prison, caserne, magasin, elle a été dévastée. Le cœur de Jeanne de Laval est perdu, comme fut pour un temps le cœur de du Guesclin porté par son ordre aux Cordeliers de Dinan.

L'abbaye de Clermont où Jeanne de Laval fut inhumé auprès de Guy XII se voit à quinze kil. à l'Ouest de Laval, entre les stations du Genest et Port-Brillet, à droite de la voie ferrée pour le voyageur qui va vers Rennes.

Le vandalisme a transformé l'église romane en grange. Le tombeau de Jeanne de Laval et Guy XII existe affreusement mutilé ; du moins n'a-t-il pas été violé, comme celui de du Guesclin le fut à Saint-Denis.

35 (page 98-99).

Lieu de la journée de Sillé.

J'ai marqué ce point au *carrefour de l'Ormeau* entre Sillé et Conlie, à 6 kil. de Sillé et 4 de Conlie, *à droite de la route nationale et du chemin de fer quand on vient de Paris en Bretagne*. Aujourd'hui je puis le marquer sur la carte, grâce aux indications certaines d'un érudit qui, trop modeste, ne me permet pas de le nommer.

La route nationale de Conlie à Sillé est une ligne droite de 10 kilomètres, au Sud et à gauche du chemin de fer. — *La route ancienne*, aujourd'hui chemin vicinal, touche la route nationale à un lieu dit le *Point du jour* à moins de 3 kil. de Conlie, puis prenant plus au Nord passe à *Crissé*. — *La voie ferrée* au départ de Conlie se tient entre les deux routes, côtoie la route nationale au *Point du jour*, puis prend la direction de Crissé (*halte à 5 kil. de Sillé*).

A 400 m. environ du *Point du jour* (quand on vient de Conlie) vers Sillé se trouve à droite un métairie nommée *la Gilardière* à environ 600 m. du chemin de fer. C'est à 300 mètres de ce village, à l'Ouest vers Sillé et à 300 m. de la voie ferrée, que se trouve le *carrefour de l'Ormeau*, à la rencontre des trois communes de Rouez (Ouest-Nord), Neuvillalais (Est), Tennie (Sud).

Là se rencontraient autrefois : 1° l'ancien chemin venant de Sillé (par Crissé) et allant vers Conlie ; 2° un chemin se détachant à ce point et allant à Tennie au Sud ; 3° un chemin venant de Neuvillalais et allant vers Rouez et l'Ouest. C'était une étoile à cinq pointes. Mais plusieurs de ces chemins ont été supprimés.

Sur le carrefour même une fontaine dite *de la Gilardière* forme un ruisseau aujourd'hui limite commune de Rouez et Neuvillalais ; un peu plus haut, d'une autre fontaine sort un ruisseau dit de *Bonnefontaine* qui rejoint le premier à un kil. Réunis sous ce dernier nom ils coulent vers Neuvillalais, formant un cours d'eau capable de faire tourner un moulin un kil. plus loin.

Le premier de ces ruisseaux est la *petite rivière* signalée par les chroniqueurs.

Le nom de *carrefour de l'Ormeau* est connu dans le pays de temps immémorial. J'ajoute que le plan du cadastre de Rouez terminé en 1833, et que j'ai vu au Mans, marque un *ormeau* pris comme point de repère sur le carrefour. Depuis, il a disparu. Bien que cet arbre vive des siècles, il y a peu d'apparence que l'ormeau de 1833 fût celui de 1433 ; mais ne peut-on supposer que l'ormeau *unique* en 1833 fut planté à la place de l'autre, en souvenir peut-être de la *journée de Sillé* ?

Voulez voir le *carrefour de l'Ormeau* ? — Il faut le chercher en venant de Conlie. A trois kil. et demi de la station, quatre ou cinq minutes après le départ, vous voyez la route nationale à gauche *(Point du jour)*, et vous passez sur un chemin vicinal. C'est l'ancien grand chemin venant du carrefour : au même instant à droite se voit *la Gilardière*. Quand vous aurez dépassé le *Point du jour* de 400 mètres, le carrefour sera à 300 mètres sur la ligne droite tirée de la voie ferrée à la Gilardière.

La pierre du souvenir, un *menhir* planté là à la place de l'ormeau, se verrait de la voie ferrée.

36 (p. 101).

Lobineau. *Hist.* p. 603. — Foucaud, chevalier, était d'une famille de Basse-Bretagne, seigneur de Lescoulouarn, (par. de Plonéour, arr. de Quimper). On a écrit *Foucault* ou *Foucaud*. Plusieurs membres de cette famille inhumés aux Cordeliers de Quimper au XIV et XVe siècles ont au nécrologe le nom de *Foucaud* en latin *Foucaudi*. C'est pourquoi Lobineau écrit *Foucaud*. — Pierre de Rieux, seigneur de Rochefort-en-Terre, dit quelquefois maréchal de Rochefort. Nous en parlerons plus loin.

CHAPITRE VII

37 (page 114).

Pourquoi cette retraite assurément concertée ? Gruel (p. 206) en donne cette raison.

A Janville (au-delà d'Orléans) les princes apprirent que 3600 Anglais arrivaient à Paris : ils jugèrent qu'ils n'étaient pas en force pour les combattre, « et fut conclu que Bourbon, Vendôme, Dunois, Harcourt s'en retourneraient vers le roi pour voir jurer la paix d'Arras et recevoir l'ambassade de Bourgogne. » — Mauvais prétexte et fâcheuse décision puisque la retraite des princes laissait Richemont continuer seul sa route avec soixante lances, environ 360 hommes de sa maison. Disons que Dunois, s'il le quitta, rejoignit le connétable et entra avec lui à Paris.

Un chroniqueur blâme cette retraite. Il dit : « Le roi et les prochains de son conseil n'avaient pas grand volonté de s'armer et faire la guerre en leurs personnes. Et par ce les seigneurs de son sang s'en sont passés légèrement et ont tout laissé démener la guerre au comte de Richemont et à de simples capitaines de très grand courage et bon vouloir. » (Cit. de M. Cosneau, p. 243, note 1). Ajoutons que si, comme le dit le P. Anselme (I, 231-32, 235) dès le 29 janvier 1436, Charles VII avait nommé Charles d'Anjou gouverneur de Paris, la retraite de ce dernier semble encore plus inexplicable. Le roi ne lui en voulut pas, puisque, le 28 avril, il lui remettait 2000 moutons d'or. (M. Cosneau, p. 243, note 1).

Charles venait (lettres du 29 janvier 1435) d'échanger le titre de comte de Mortain contre celui de comte du Maine. (P. Anselme, I, 117).

38 (page 159).

Gruel dit (p. 208) : « Ils ouvrirent la *planche*, et il (le connétable) fit entrer par la *planche* les gens de pied. » Cela doit s'entendre d'un étroit pont-levis donnant accès à la petite porte accostant la grande, et qui s'ouvrait pour les gens de pied. Peut-être s'agit-il d'une *planche* analogue à celle qu'on pousse des navires pour établir la communication au dehors.

39 (page 120).

L'hôtel de Richemont à Paris avait été confisqué, comme fut confisqué le comté d'Ivry « pour rébellion, désobéissance et crimes de lèse majesté » (Lettres de Henri VI, 12 juillet 1427. M. Cosneau. *Appendice* XLVIII, p. 529.)

L'hôtel du *Porc-Epic* était rue du *Jouy* ou du *Jour*, près de l'hôtel Saint-Paul (M. Cosneau, p. 249, notes 1 et 3). Or l'hôtel Saint-Paul était situé entre le faubourg Saint-Antoine et la Seine, et touchait presque la Bastille. (Sainte-Foix, *Essais sur Paris*, I, 97).

40 (page 123).

Le chapitre de Notre-Dame ordonna, pour le 22 avril, une procession solennelle en actions de grâce de l'entrée du connétable à Paris. Pendant trois siècles, cette cérémonie dite « procession des Anglais », se fit le vendredi après Pâques.

En 1733, le parlement et la cour des Comptes demandèrent à être dispensés « d'une cérémonie aussi inutile... » *(sic)*. Une autre procession se faisait, le 22 mars, anniversaire de l'entrée de Henri IV à Paris. — En suite de la réclamation du parlement, et par décision royale du 19 mars 1735, les deux processions furent réunies, et il ne s'en fit plus qu'une, le 22 mars. (M. Cosneau, p. 253 et *Appendice* LXIV, p. 557-558).

CHAPITRE VIII

41 (p. 127).

René, fils de Louis II et d'Yolande avait épousé (1420) Isabelle, fille et héritière de Charles Ier, duc de Lorraine. A sa mort (25 janvier 1431), Antoine, comte de Vaudemont, fils du frère de Charles Ier, disputa le duché à sa cousine, battit et prit René à Bulgnéville (2 juillet), et le livra au duc de Bourgogne. La cause du comte de Vaudemont était des plus injustes; mais Philippe le Bon la soutint : pour lui, combattre la maison d'Anjou, c'était combattre la France.

Le mariage de Ferry, fils d'Antoine, avec Yolande d'Anjou (1470) apaisa cette querelle et assura la paisible possession du duché à leur fils René (II) petit-fils de René d'Anjou et d'Antoine de Vaudemont.

42 (page 128).

On lit au passage cité de l'Empereur Napoléon III : « En 1406, le duc de Bourgogne, qui traînait une tour pour assiéger Calais, se trompa de chemin, et arriva devant Saint-Omer, se croyant près de la première ville. »

Le duc ne *se trompa pas de chemin* puisque, pour venir de Bourgogne à Calais, sa route était par Saint-Omer. Il se trompa seulement *de ville*, s'il se crut arrivé à Calais, ville maritime, quand il était à Saint-Omer qui est loin de la mer... L'erreur est-elle possible ?

La date *1406* a-t-elle été exactement imprimée ? C'est douteux, puisqu'on ne trouve, en 1406, aucune tentative sur Calais faite par Jean-sans-Peur, alors duc de Bourgogne. Le duc tout occupé de ses querelles avec le duc d'Orléans ne pouvait songer à s'emparer de Calais.

La date *1406* devrait-elle être remplacée par *1436* ; et l'anecdote se rapporterait-elle à Philippe le Bon et au siège mis par lui devant Calais ? Cela semble probable.

Mais comment comprendre que Philippe ne connût pas Saint-Omer qui lui appartenait comme faisant partie de l'Artois ? Comment admettre l'anecdote quand nous voyons Philippe *préparer à Saint-Omer même* le siège de Calais ?

L'Empereur ne cite aucune autorité. C'eût été très utile.

Plus loin, l'Empereur signale Jeanne d'Arc et Dunois comme chefs de l'armée royale en 1429, c'est-à-dire dans la campagne de Patay. Nous avons vu plus haut (p. 79) que le duc d'Alençon commandait l'armée avec Jeanne d'Arc.

43 (page 131).

Né en 1389, Pierre de Rieux était le fils puîné de Jean II, maréchal de France, 1387, démissionnaire en 1416 et auquel il succéda. Son frère aîné, Jean III, était père de Marie devenue comtesse de Thouars et mère de Françoise d'Amboise, fiancée du prince Pierre. — En 1431, quand il fut question des fiançailles de Françoise d'Amboise, le consentement du maréchal fut demandé. Il semble qu'il le fit payer assez cher (Lobineau, *Hist.*, p. 609). — Outre des avantages pécuniaires, le duc Jean V lui accorda la main de

sa nièce, Marie ; le maréchal avait quarante-deux ans :
Marie née en 1424 en avait sept ou huit. Peut-être le mariage ne suivit-il pas, puisque Rieux fut fait prisonnier par
Guillaume Flavy. (Ci-dessus p. 137).

Il refusa de payer rançon et mourut en prison (1439). Le
7 septembre 1509, la maison de Rieux obtint du parlement
un arrêt déclarant que le maréchal « avait été pris et retenu
injustement » et condamna les héritiers de Flavy à des réparations bien méritées. (Cf. M. Cosneau. Appendice LXXI,
p. 567-573).

44 (page 137).

Voici une des sottises qui se débitaient à Paris :

« Les Anglais disaient : Par saint Georges, vous pouvez
braire à votre connétable qu'il vous secoure ; car par saint
Edouard, tant qu'il sera connétable, nous n'aurons pas peur.
Car quand il veut faire une armée pour faire le bon valet
ou pour avoir de votre argent, nous le savons de par lui
trois ou quatre jours d'avant ; car par Saint-Georges ! lui
bon anglais. »

Le Bourgeois de Paris ajoute : « Aucuns tenaient qu'ils (les
Anglais) le disaient pour mettre le connétable en haine du
roi et du commun ; mais la plus saine partie (les gens les
plus raisonnables (au nombre desquels le Bourgeois se
compte) le tenait (le connétable) pour très mauvais homme
et très couart (lâche). »

Suit un réquisitoire du Bourgeois contre le connétable
— Le *Bourgeois de Paris*, collection Michaud, t. III, p. 285.

45 (p. 140).

Gruel continue : « Puis Monseigneur le pria (le prieur)
qu'il lui monstrât le chartreux, et il lui dit qu'il le ferait.
Le lendemain Monseigneur alla ouïr la messe aux chartreux et le prieur fit venir tous ses frères devant lui. Puis
après mon dit seigneur dit au prieur : « Quel est celui qui
vous a dit ce que vous m'avez dit ? » Et le prieur lui dit :
« Vous l'avez vu ; autrement ne le verrez point. » — Puis
longtemps après les chartreux furent fondés à Nantes du
duc François et de mon dit seigneur. Puis y vint frère Hervé
du Pont, et fut le premier prieur et fust celui qui eut
cette révélation, comme depuis a été su au certain. »

Gruel a dit plus haut : « (Dieu) a toujours conduit les faits du bon Arthur plus miraculeusement qu'autrement. » (p, 207). Il ne manque pas de voir ici un miracle ou plutôt une série de miracles.

Or tous les faits relatifs au siège de Meaux ont une explication très simple. Un membre du conseil aura fait connaître au frère Hervé du Pont les intentions du connétable. Le frère a rapporté la nouvelle au prieur, qui en toute sécurité, et sans parler de révélation, a pu dire qu'il la tenait d'un de ses frères. On pourrait presque nommer l'auteur de l'indiscrétion. Ne serait-ce pas le sire de Rostrenen ? Il a marié sa fille aînée et héritière, Marguerite, à Jean, sire du Pont, frère aîné du chartreux Hervé du Pont.

Pourquoi, dira-on, employer l'intermédiaire des chartreux ? — Sans doute on espérait qu'un conseil venu d'eux aurait accès sur l'esprit du connétable qui serait disposé comme Gruel, à y voir une révélation.

De même le changement qui s'est fait brusquement dans l'esprit du roi n'est-il pas le résultat d'une confidence analogue ? Enfin la *facilité* de l'assaut ne s'expliquerait-elle pas par la présence d'intelligences dans la place ?

Que le connétable ait cru ou non à une *révélation*, il avait beaucoup de reconnaissance aux chartreux ; il la leur témoigna ; il suggéra à son neveu François I*er* la fondation d'une chartreuse à Nantes (1445, Lobineau, *Hist.* p. 125, Morice, *Pr.* II, 1382-85). Et c'est lui-même devenu duc qui installa les chartreux avec Hervé du Pont, comme prieur. Il marqua sa sépulture dans le chœur des chartreux.

CHAPITRE IX

46 (page 152).

L'érudit biographe de Richemont dit ici (p. 305) :

« C'est un spectacle vraiment curieux que de voir un des plus grands seigneurs de l'époque, un futur duc de Bretagne, défendant le pouvoir royal contre la féodalité. »

Mais Richemont, seigneur de Parthenay, du Goello et quelques autres fiefs en Bretagne, était un mince personnage *féodal* auprès des adversaires du roi ; il n'était pas héritier du duché ; et à ce moment il ne pouvait s'attendre à être duc un jour.

Le « spectacle curieux » c'est le *dauphin* combattant contre la royauté pour la féodalité dont il sera l'implacable adversaire quand il sera le roi Louis XI.

47 (page 157).
Le maréchal de Retz.

Gilles de Laval, seigneur de Retz, né à la fin de 1404, maréchal de France avant vingt-cinq ans (1429), n'apparaît plus à la guerre après la journée de Sillé (1436). (Ci-dessus, p. 97).

Dès cette époque, il avait commencé des prodigalités qui révèlent une sorte de démence. Sa femme et ses parents de Laval obtinrent contre lui de Charles VII, défense d'aliéner ses immeubles (1437). (Cf. mémoire prouvant ses prodigalités. Morice. *Pr.* II, 1336-1342). Or le duc Jean V acquit de Gilles les seigneuries d'Ingrande et Chantocé, et il sollicita l'agrément du roi qui le refusa. Sur quoi André de Lohéac mit garnison dans les places ; mais Jean V s'en empara. De là le mécontentement des Laval accusés de conspiration contre le duc, qui enleva à Guy de Laval, son gendre, le titre de lieutenant général pour le donner au maréchal de Retz. (Cf. Etats de Vannes 1437. Déclaration du vicomte de Rohan, du maréchal de Retz, et autres promettant de défendre le duc contre ses ennemis, Morice. *Pr.* II, 1314).

On a conté de façon bien inexacte le procès du maréchal. Daru (*Hist. de Bretagne*, II, p. 270 et suivantes) ose écrire... « Il avait fait mourir plusieurs femmes qu'il avait successivement épousées. » Et il met en note : « Il y a des auteurs bretons qui réclament pour lui l'honneur d'avoir fourni le sujet du conte de Barbe-Bleue. »

Ces auteurs tombent dans une erreur certaine: la caractéristique de Barbe-Bleue c'est le meurtre de nombreuses épouses. Le maréchal n'en eut qu'une, Catherine de Thouars, qui lui survécut, et qui ne se plaignit pas de mauvais traitements.

Daru ajoute : « Les juges de ce procès furent l'évêque de Nantes et le vicaire de l'inquisiteur... assistés du président de Bretagne. »

Erreur et confusion. Il y eut deux procès... Le maréchal était poursuivi pour hérésie, etc., devant le tribunal *ecclé-*

siastique qui prononça l'excommunication (25 octobre 1440). Ce tribunal avait ainsi épuisé sa compétence ; et il remit l'excommunié au juge *séculier* (le président de Bretagne) qui seul pouvait prononcer la peine et qui, le lendemain (26 octobre) condamna Gilles de Retz au feu.

Il est clair que M. Daru n'avait pas lu les pièces du procès qu'il cite au pied de la page 271.

Michelet (*Hist. de France*), t. V, n'est pas plus exact... : « Le duc de Bretagne accueillit l'accusation, il fut ravi de frapper sur un Laval... » Et il met en note : « D'autant plus sans doute que le roi venait d'ériger la baronnie de Laval en comté (1431) — lisons *1429. Ces Laval issus des Montfort* formèrent contre eux une opposition toute française et finirent par livrer la Bretagne au roi en 1488. »

Et voilà l'histoire ! et un historien breton de Gilles de Retz a copié ces erreurs !

Comment le duc de Bretagne aurait-il été *ravi* de frapper Gilles ? Il venait de le faire lieutenant général, il le traitait en ami, il en avait besoin pour le maintien de la vente d'Ingrande et Chantocé¹ ? — La vérité est que le duc eût-il désiré (contre toute justice) sauver le maréchal, il ne le pouvait pas. L'évêque de Nantes informé par la voix publique des soupçons affreux portés sur le maréchal l'avait fait arrêter en l'inculpant de magie (13 septembre 1440).

« Ces Laval issus des Montfort. » Oui. Guy, comte de Laval et son frère le maréchal de Lohéac étaient fils de Jean, sire de Montfort-la-Cane (Ille-et-Vilaine), mais absolument étrangers à la maison ducale qui prenait son nom du comté de Montfort-l'Amaury.

M. l'abbé Bossard (*Gilles de Rais... dit Barbe Bleue* 1886), a publié la procédure criminelle copiée par M. René de Maulde. Par malheur l'auteur a reproduit les erreurs de Michelet sur les Montfort (p. 250), et représenté le maréchal comme seigneur de Laval (p. 253) ; il a employé tout un chapitre à démontrer (sans y réussir) que le maréchal auquel *son unique épouse a survécu* est le type de la Barbe-Bleue, assassin de sept femmes.

¹ Toutes ses seigneuries allaient être saisies après sa condamnation ; et le roi allait donner Ingrande et Chantocé à l'amiral de Coëtivy, époux de Marie, fille du maréchal, 22 avril 1443. (Ci-dessus, p. 201-202).

48 (page 158).

La maison de Luxembourg avait été toute dévouée au parti anglais. Oubliant apparemment que son père était fils de Waleran, connétable de France, Pierre, comte de Saint-Pol, s'était rangé et était mort sous la bannière anglaise. Il avait pour frères Louis, évêque de Thérouanne, chancelier de France pour Henri VI, qui s'enferma dans la Bastille à l'entrée de Richemont (ci-dessus, p. 123); et Jean, comte de Ligny, dont les gens s'emparèrent de Jeanne d'Arc quand Guillaume Flavy eut fermé devant elle la porte de Compiègne.

Les Anglais lui offrirent d'acheter Jeanne 10 000 écus, près d'un demi-million de notre monnaie ; et Jean ne repoussa pas cette proposition. Mais sa femme Jeanne de Béthune, et sa tante Jeanne de Luxembourg, sœur du connétable Waleran, prises de pitié et pleines de soins affectueux pour Jeanne d'Arc, s'opposèrent à cette infamie.

Dans son testament du 10 septembre 1430, Jeanne de Luxembourg suppliait son neveu de ne pas souiller son nom de ce crime; mais elle mourut le 14 novembre. Le marché fut aussitôt conclu et exécuté le 21 du même mois.

Jeanne de Luxembourg était fille de Guy, comte de Saint-Pol et de Ligny, et sœur du connétable Waleran. Celui-ci laissa pour héritière sa fille Jeanne, mariée à Antoine, duc de Brabant, frère de Jean-sans-Peur. Antoine tué à Azincourt (ci-dessus, p. 16) laissa deux fils ; le plus jeune, Philippe, comte de Saint-Pol et de Ligny duc de Brabant à la mort de son aîné (1427), mourut en 1430, laissant sa grand' tante Jeanne héritière de ses deux comtés. — Peu après elle mourut laissant à ses deux neveux Saint-Pol à Pierre et Ligny à Jean. — Jeanne de Luxembourg était marraine du roi Charles VII (Guizot, *Hist. de France*, II, 320).

Jean refusa constamment sa signature au traité d'Arras. Il mourut en janvier 1441, laissant le comté de Ligny à son neveu, fils de son frère aîné, Louis comte de Saint-Pol, qui fut connétable après Richemont. Jeanne de Béthune vint avec Louis de Luxembourg faire hommage au roi (ci-dessus, p. 158).

49 (page 159).

Voici une autre explication de ce surnom de *lippe*.

Nous n'avons pas de portrait authentique de Richemont : les historiens s'accordent à dire (sur quel témoignage?) qu'il n'était pas beau. Son visage aurait-il eu le défaut de conformation qu'on a appelé la *lippe d'Autriche ?*.. la lèvre inférieure trop grosse ou trop avancée ?

La maison de Bourgogne avait la *grosse lippe*, et au dernier siècle, « on remarquait ce défaut dans presque tous les princes descendus de cette maison. » Trévoux. V° *Lippe*,

Charles-Quint descendant de la maison de Bourgogne par son père Philippe-le-Beau « avait la mâchoire inférieure trop longue et dépassant extrêmement la mâchoire supérieure, tellement que fermant la bouche il ne pouvait pas joindre les dents. » Mignet. *Charles-Quint. Son séjour et sa mort au monastère de Yuste*, p. 18.

Le connétable, à la première nouvelle de l'arrivée du duc d'Orléans, alla le recevoir au débarquement.

La rançon du duc était de 500 000 livres d'après Lobineau, vingt ou même vingt-deux millions de notre monnaie. Le duc avait dû recourir au crédit et même aux dons de ses amis : Richemont le cautionna pour 4 000 écus (plus de 200 000 francs;) — et Jean V lui donna « 22 000 écus d'or neufs valant 27500 livres », plus d'un million de francs de nos jours.

50 (page 161).

Nous disons *Calais* ; c'est entre Calais et Gravelines, en terre possédée par les Anglais, que se tenaient les conférences auxquelles Isabelle de Portugal représentait son mari. Le roi d'Angleterre tenait tellement à ce siège des conférences, que, si Charles VII en avait voulu le changement, Henri VI aurait déclaré « les négociations rompues par le roi de France ». — Réponse des ducs d'Orléans, Dunois et autres au roi qui les avait chargés de demander que les conférences eussent lieu en terre de France. (Morice, *Pr* II, 1353.)

51 (page 164).

Le roi excuse pleinement Jean V dont il aurait, dit-il, désiré la présence à Nevers. De la réponse du roi on peut inférer, semble-t-il, que l'absence du duc était concertée avec le roi, sans doute sur le conseil du connétable. Auprès des princes, le duc arguait de la forme de la convocation un vain prétexte.

52 (page 166).

Est-ce cette réponse que Monstrelet a ainsi rapportée : « S'il pouvait être averti qu'ils (les seigneurs) fissent aucune chose contre lui, il laisserait toutes autres besognes pour leur courre sus. » Le roi parle d'une manière bien plus digne et plus assurée quand il annonce que toute rébellion sera aussitôt réprimée même en son absence.

CHAPITRE X

53 (page 173).

C'est Marguerite d'Ecosse qui, au dire de Pasquier, trouvant le poète Alain Chartier endormi, lui donna un baiser devant toute la cour, « bien qu'il fût très laid ». Epouse infortunée, elle mourut à vingt ans, en 1444, en maudissant la vie.

Sa sœur Isabelle eut moins d'esprit que son aînée, si l'on en croit l'historiette. C'est à propos d'elle que Jean V aurait dit (avant de l'avoir vue et entendue) : » Une femme est assez sage quand elle sait distinguer la chemise et le pourpoint de son mari. » Chrysale des *Femmes savantes* a immortalisé le mot de Jean V, (acte II scène VII), en le modifiant quelque peu.

Isabelle eut un meilleur sort que sa sœur. Même après la mort de François Ier, elle se trouva si bien en Bretagne qu'elle y resta.(Morice, P^r. II. 1610 et suiv.) Ci-dessous, n° 88.

Les historiens disent que son mariage fut célébré à Auray (Bouchard f° 193 r°; d'Argentré, éd. de 1588 f° 626 r°) ; mais ils ajoutent que les fêtes « qui furent grandes » se firent à Ploërmel. Les *épousailles* d'Auray, furent sans doute les fiançailles, et « la cérémonie du mariage » se fit à Ploërmel (Lobineau, p. 621) où le duc avait donné rendez-vous au connétable et à ses nombreux invités.

54 (page 75.)

Des historiens bretons disent que Somerset alla 1° devant Angers, 2° devant Pouancé, 3° devant La Guerche. (Alain Bouchart f° 194 v°, *Bibl. Bretons* ; — d'Argentré, f° 627 v° et 628 r° éd. de 1588 ; — Lobineau. *Hist.* p. 622-623 ; —

Morice (qui le copie comme à l'ordinaire) II, p. 4 et 5) ; — M. de la Borderie, la *Bretagne aux derniers siècles du Moyen-Age*, p. 158).

M. Cosneau (p. 314) dit au contraire : « Somerset s'empara de La Guerche... il alla ensuite s'établir devant Pouancé... faisant des courses dans la Bretagne et jusqu'aux portes d'Angers ».

C'est, comme on le voit, mettre dans l'ordre inverse les opérations accomplies par Somerset.

Gruel qui a dû être bien instruit et auprès duquel les historiens se sont peut-être informés, me semble s'expliquer autrement, p 220.

« L'été après (1413) les Anglais vinrent en grande puissance et bien soudainement devant Angers... et de là allèrent loger devant Pouancé et prirent La Guerche et furent plus de quinze jours devant Pouancé croyant qu'il se rendrait... » Le chroniqueur continue le récit du siège et conclut : ... « Cependant les Anglais s'en allèrent de devant Pouancé et tirèrent en Normandie. »

Ce qui veut dire selon nous : 1° que venu d'Angers à Pouancé, Somerset, sans abandonner le siège de Pouancé, alla prendre La Guerche puis revint à Pouancé ; 2° que quand il abandonna Pouancé ce fut pour rentrer en Normandie.

Qu'on remarque que s'il avait (comme le dit Lobineau) abandonné Pouancé pour aller assiéger La Guerche, il se fût détourné de la route d'Alençon par où il allait rentrer en Normandie.

D. Taillandier (Morice, II, p. 1) dit « Somerset fut blâmé de tous les gens du métier d'avoir si peu fait usage des forces dont il avait le commandement. » C'est trop peu dire Il avait gravement compromis le salut de son armée en l'engageant à cette distance de sa base d'opération ; partant de Pouancé il était à vingt-sept lieues d'Alençon à vol d'oiseau, et il avait à passer la Mayenne entre Laval et Châteaugontier : entreprise difficile puisqu'il n'avait pas de pont à sa disposition.

En 1379, Pierre II, dernier comte d'Alençon, père du premier duc, Jean, mort à Azincourt, avait donné La Guerche en échange au connétable du Guesclin.

En août 1390, Olivier frère et héritier du connétable, vendit La Guerche au duc Jean IV, pour 37 000 francs d'or (plus d'un million et demi de notre monnaie). Depuis, La Guerche entra dans le partage de Marie de Bretagne, sœur de Jean V, duchesse d'Alençon, et appartint à son fils Jean qui possédait aussi Pouancé.

55 (page 179).

Lobineau, *Hist.* p. 624 : Il ajoute : « On s'était aperçu en France du piège que le conseil d'Angleterre avait tendu au duc... » Ce nouvel écrit était comme une contre-lettre de la réponse faite à Gilles. On verra plus loin à quel grossier subterfuge les Anglais recoururent pour annuler la mention de la qualité d'allié de France.

CHAPITRE XI

56 (page 189).

Citons à titre d'exemples : le connétable, Dunois, Pierre de Brézé, les maréchaux de Lohéac et de Jaloignes, Jean du Bueil, le comte de Nevers, J. Bureau, maître des arbalétriers. — M. Cosneau, p. 367.

Le titre de capitaine d'une *compagnie d'hommes d'armes* survécut et longtemps à l'organisation primitive. Jusqu'au commencement du XVIIe siècle, on voit de très grands personnages ayant le titre de capitaine de cent hommes d'armes. Ex. Jean de Beaumanoir le maréchal de Lavardin. (*Chevaliers de Saint-Michel*, p. 22). D'autres en grand nombre sont dits capitaines de cinquante hommes d'armes. (*Chevaliers de Saint-Michel, passim.*).

57 (page 192).

Après la prise de Creil (24 mai 1441) le roi s'empressa de publier l'heureuse nouvelle ; en même temps, à la prière du connétable, il annonça qu'il allait mettre le siège devant Pontoise. Le 28 mai, il écrivait de Senlis à ses « chiers et bien amés bourgeois de Saint-Quentin, « ville distante de Pontoise d'environ trente lieues en ligne droite, et les priait de lui envoyer 150 arcs et trousses garnis, 20 arbalétriers garnis d'arbalètes, et 10 colovriniers garnis de colovrines, poudre et pierres pour en tirer. » (Les cailloux servaient alors de balles aux couleuvrines qui étaient les fusils du temps.) M. Cosneau, *Appendice*, I. XXVI, p. 584.

CHAPITRE XII

58 (page 197).

Ce n'était pas un secret que Pierre et Françoise d'Amboise mariés en 1442 vivaient comme frère et sœur. « Le jour de ses noces, Pierre avait fait vêtir sa fiancée de damas blanc, donnant par là à connaître qu'elle garderait la blancheur du lys virginal. » (Albert Le Grand, *Françoise d'Amboise*, p. 550. Ed. Kerdanet).

La robe blanche n'a pas aujourd'hui la même signification ; mais, au XV° siècle, elle n'était pas d'usage. Ainsi, à son mariage à Redon, le 1er octobre 1430, Isabelle de Bretagne, fille de Jean V, était vêtue « de satin bleu à fleurons d'or et de velours violet ». Lobineau. *Hist.* p. 584.

59 (page 198).

En 1420, Olivier et Charles de Blois avaient promis de venir aux Etats de Vannes, au 1er septembre, demander en personne le pardon que leur mère, Jean et Guillaume, leurs frères, devaient demander par lettres. En garantie de leur promesse, ils remirent leur jeune frère Guillaume comme otage. La parole ne fut pas tenue, et Jean V retint Guillaume en prison à Nantes, puis à Vannes, enfin au château de l'Ile, à l'embouchure de la Vilaine. L'infortuné se voyant comme oublié de sa mère et de ses frères avait tant pleuré, dit-on, qu'il était presqu'aveugle quand il sortit de prison (1448). Il reprit à la vie, se maria, et eut trois filles dont l'aînée Françoise, mariée à Alain d'Albret (le futur prétendant de la duchesse Anne) fut la quatrième aïeule du roi Henri IV. Ci-dessus n° 10, *Avaugour et Penthièvre*.

60 (page 199).

L'auteur est M. Daru que Guizot a appelé « le plus judicieux des historiens de Bretagne ». Il dit *(Histoire de Bretagne*, p. 277) :

« La réconciliation de ces princes (des Penthièvre) fut peu sincère, s'il est vrai, comme on le raconte, que les Penthièvre aient fait quelque temps après une tentative pour surprendre le duc dans un voyage et l'assassiner. »

Oui, Jean, seigneur de Laigle, a fait comme nous l'avons vu, cette tentative, mais c'était en 1420 (d'après Lobineau, p. 555), plus exactement en 1422 (ci-dessus, p. 46) ; et la réconciliation est du 16 juin 1448, postérieure de seize années !

Voici au contraire une preuve de la sincérité du comte de Penthièvre. Neuf mois après le traité de Nantes (23-24 mars 1449), les Anglais surprennent traîtreusement Fougères ; Charles VII hésite à déclarer la guerre pour venger la violation de la trêve et l'injure faite au duc de Bretagne ; le comte de Penthièvre est un des seigneurs de France qui déterminent la déclaration de guerre du 31 juillet 1449. (M. Cosneau, 394-395).

61 (page 199).

Il était d'une prudente politique de livrer, au lieu du Penthièvre, les deux seigneuries de Chantocé et d'Ingrande situées hors de Bretagne en Anjou ; mais par malheur le duc ne les avait pas à sa libre disposition.

En 1434, le duc Jean V les avait acquises, malgré la défense du roi, de ce prodigue insensé qui fut Gilles, maréchal de Retz ; mais l'héritière de Gilles de Retz, Marie, femme de Coëtivy, puis du maréchal de Lohéac, appuyée par le roi de Sicile, ne renonçait pas à ces seigneuries. Elle consentit pourtant à les céder au duc François I*er* moyennant échange. Pour le duc c'était, comme on le voit, les acquérir une seconde fois.

Le duc commença par livrer en échange la seigneurie de Bourgneuf ; mais le terme de deux années fixé par le traité de Nantes arriva avant que l'échange fût parfait. Le duc demanda un sursis que le comte de Penthièvre accorda sans doute très volontiers, le 19 juillet 1450. (Morice, *Pr.* II. 1538-395.) — Le duc était mort la veille ; Pierre II, son successeur, renonça à se prévaloir de la réserve du traité de Nantes, et rendit, comme nous l'avons vu, le Penthièvre les 5-25 décembre suivants. (Ci-dessus, p. 200).

Pierre II ne paraît pas avoir compris de quelle importance était pour la Bretagne la *non-possession* du Penthièvre par la maison de Penthièvre. François II allait faire une bien autre maladresse en saisissant le Penthièvre.

En 1465, le comté était aux mains de Nicole de Blois,

fille de Charles sire d'Avaugour, devenue (1454) héritière de son oncle Jean seigneur de Laigle. Elle était femme de Jean de Brosse, seigneur de Sainte-Sévère et Boussac. Celui-ci avait refusé de suivre François II à la guerre du *Bien public*, et pour le punir le duc confisqua le Penthièvre.

Louis XI s'empressa d'acheter les prétendus droits de Nicole sur la (Bretagne,) et il soutint que la confiscation avait mis à néant le traité de Nantes et la renonciation des Penthièvre.

C'est en vertu de la même prétendue annulation que (en 1498) Alain comte d'Albret, le prétendant d'Anne de Bretagne, réclamait pour ses enfants nés de son mariage avec Françoise de Blois, fille ainée de Guillaume, le tiers de la Bretagne ! (Lobineau. *Pr.* 1551 et suivantes).

62 (page 203).

On a donné comme preuve de la fausseté de la lettre de Henri VI (Lobineau, *Hist.* p. 637) que le titre de connétable n'existait pas en Angleterre.

Le titre existait mais avec un sens tout autre qu'en France. Le connétable « était un officier de cour présidant une juridiction dite cour de chevalerie, sorte de tribunal du point d'honneur chevaleresque, et par ailleurs n'ayant guère d'autre fonction que de parader dans les mariages, couronnements, et autres grandes cérémonies... » M. de la Borderie, *La Bretagne...* t. III, p. 275-276.

En France, le connétable présidait aussi la *connétablie*, juridiction des maréchaux sur les gens et affaires de guerre, et qui a survécu à la charge de connétable.

Le mot *connétable* a du reste un sens aussi élastique que le mot *sénéchal*, ce qui n'est pas peu dire. Il veut dire lieutenant du capitaine d'une ville ; en certains lieux même comme à Carhaix, un des officiers du jeu du papegaut, etc.

63 (page 204).

Françoise de Dinan était fille de Jacques de Dinan-Montafilant (*Appendice*, n° 31), et de Catherine de Rohan, fille du vicomte de Rohan, Alain IX et de Marguerite de Bretagne, fille de Jean IV. Catherine était donc nièce de Richemont, et cousine germaine du duc François, de Pierre et de Gilles. Françoise était leur nièce à la mode de Bretagne

La mort de son père et de son oncle le maréchal des Huguetières (30 avril et 21 mai 1444) la firent héritière ; et c'est peu après que Gilles s'en empara.

Nous ne disons pas qu'il l'enleva ; car il n'y eut pas de rapt au sens vrai du mot ; et la mère fut assurément complice de son cousin Gilles. Née le 20 novembre 1436, Françoise n'avait pas achevé sa huitième année.

Cette date est fournie par son épitaphe qui date sa mort du 7 janvier 1499, 1500-n. s. « en l'an 63ᵉ de son âge ». Elle avait achevé sa 63ᵉ année, le 29 novembre précédent. Cette date de naissance concorde avec la déclaration passée par elle dans un acte authentique, qu'elle avait « treize ans à l'avènement de Pierre, juin 1450 ». Il n'y a donc pas à tenir compte de la déclaration d'un témoin déposant en 1483 (du vivant de Françoise) mais plus de 40 ans après son baptême et datant ce baptême et la naissance de 1441. (Comm. du regretté du Bois de la Villerabel. Association Bretonne Congrès de Dinan, 1890. Bulletin, p. 83.

L'épitaphe de Françoise vient d'être publiée (pour la première fois, je crois), par M. Bertrand de Broussillon, *La maison de Laval*. Bull. de la *Commission historique de la Mayenne*, t. XVI, p. 75.

Catherine de Rohan consentit sans peine aux fiançailles de sa fille. Nous irons plus loin : il nous semble démontré qu'elle coopéra à la célébration d'un mariage qui ne put être qu'un simulacre de mariage, mais qui pourtant assura à sa fille les droits d'épouse. C'est ainsi que Françoise n'est plus nommée que *Mᵐᵉ de Chantocé*, du titre de son mari.

Il y a plus. Françoise tout enfant est entrée dans le lit nuptial ; et, d'après sa déclaration consignée dans l'acte du 29 juin 1465, elle l'a partagé pendant plus d'un an et jour.

— Mais, dira-t-on, Gilles a été arrêté le 26 juin 1446, et de ce moment séparé de Françoise, quand elle n'avait pas dix ans !

— Soit ! mais le duc François II a reconnu le mariage, lorsque, le 29 juin 1465, il a accordé un douaire à Françoise, comme veuve de Gilles.

Or, aux termes de l'article 33 de la T. A. Coutume, qui, à cette époque régissait la Bretagne, la femme « ne gagne le douaire qu'en mettant le pied au lit après la bénédiction nuptiale » sans que d'ailleurs le mariage ait été consommé. Ce fut sans doute le cas ; mais le séjour dans le lit conjugal produisit tous ses effets légaux.

Le plus difficile à comprendre c'est la bénédiction nuptiale qui devait précéder l'entrée au lit, parce que l'Eglise ne la donne qu'aux nubiles.

Et toutes ces complaisances de Catherine de Rohan pour son cousin Gilles s'expliquent aisément. Ne pouvait-elle pas voir sa fille épouse de Gilles appelée au trône de Bretagne ? François Ier n'avait que des filles qui ne pouvaient succéder au duché. Pierre (on le savait) n'aurait pas d'enfant. Sa mort appelait Gilles au trône ; et, de fait, sans sa folle ambition et sa mort prématurée, l'hypothèse se serait réalisée le 22 septembre 1457.

Catherine de Rohan se remaria à Jean d'Albret et devint mère d'Alain d'Albret le prétendant à la main de la duchesse Anne.

Le Roux de Lincy (*Vie d'Anne de Bretagne*, 1860), a parlé de Françoise de Dinan. Il la dit de « la maison d'Albret » (p. 60). Erreur ; et la prend pour « Mademoiselle Françoise » souvent nommée dans les comptes de trésorerie. Autre erreur. Mlle *Françoise* est une des filles de la dame de Villequier, et sœur de François de Bretagne, baron d'Avaugour, etc.

Une notice sur Françoise de Dinan reste à faire même après l'intéressante communication de M. de la Villerabel au congrès de l'*Association bretonne* à Dinan (1890).

64 (page 204).

Les Montauban étaient des cadets de la maison de Rohan. Alain, vicomte de Rohan, donna Montauban en partage à son fils puîné Josselin ; et Olivier, fils de Josselin, prit le nom de Montauban, qu'il transmit à sa descendance (2e moitié du XIIIe siècle. Courcy. vo *Montauban*.)

Guillaume de Montauban et de Landal, chancelier de la reine Isabelle, eut de sa femme Bonne Visconti, dite de Milan, deux fils et deux filles, savoir : 1o Jean, sire de Montauban et de Landal, depuis maréchal de Bretagne dont nous parlerons ; 2o Arthur, rival de Gilles de Bretagne ; 3o Marie, qui épousa Jean Malet de Graville (en Normandie), sgr de Marcoussis (Lobineau. *Hist.* p. 648). Il fut père de Louis Malet, seigneur de Graville, amiral (1487). (D'Argentré, f° 515, v° E.) ; 4° N.., femme de Richard d'Espinay.

D'après nos historiens bretons, j'ai dit Jean Malet, maréchal de Graville ; mais le P. Anselme ne le comprend pas au nombre des maréchaux de France. Son fils l'amiral passait pour « le plus fort du conseil du Roy ». (P. Anselme II. p. 948).

L'aîné, Jean de Montauban, de son mariage avec Anne de Kéranrais eut une fille, Marie, qui devint femme de Louis II de Rohan, sire de Guémené, chancelier de Bretagne sous François I*r*.

M. de Courcy ne l'a pas admis sur sa liste des chanceliers de Bretagne (III, p. 318). Au contraire, M. de Couffon de Kerdellec'h note sa nomination en 1445. (T. II, p. 546).

En effet, au compte de Guyon de Carné du 17 octobre 1445 au 10 janvier 1446 (Morice. *Pr.* II, 1394-1397), on lit (1395), après la date du 10 décembre 1445 : « M. de Guémené-Guingamp, chancelier de Bretagne. » C'est peut-être la mention de sa nomination. Il était encore chancelier le 17 mai 1448 (col. 1411). Imprimé 1447 ; lisez 1448.

M. de Courcy, donne à la même date le titre de chancelier à Jean Prégent, évêque de Léon ; mais sans aucune preuve, selon la remarque de M. de Couffon : Il est vraisemblable que Prégent était vice-chancelier, car, en 1450, il était garde du trésor des chartes de Bretagne, office exercé ordinairement par le vice-chancelier. (*Contrà* d'Argentré).

65 (page 219).

D'Argentré. *Hist.* f° 633, v° E.— Et le jurisconsulte ajoute « Si cette réponse se faisait en ce temps (à la fin du XVI° siècle), elle ferait bien rire les entendus. »

D'Argentré parle sous l'empire de la Nouvelle Coutume (réformée en 1580). Le procureur général parlait sous la T. A. Coutume ; et il n'avait pas moins tort.

En effet le principe : « L'aîné n'a pas haute justice sur le juveigneur », admis au chapitre (article 150) de la T. A. Coutume, et qui a passé par l'article 74 de l'Ancienne à l'article 341 de la Nouvelle, n'a pas trait à la poursuite criminelle. Cf. Hévin. *Questions féodales*, p. 138 (par erreur 338).

66 (page 223).

On a cru que le nom de Meel (sciemment défiguré) devait être écrit *Mezle*, et qu'Olivier de Meel était Olivier du Chastel de Mezle seigneur de Locminé. La famille de Mezle (par. de Plounevez-Porzay-Finistère) s'est fondue au XV° siècle dans la maison du Chastel. (*Evêchés de Bretagne* III, p. 325 note 2).

L'erreur est certaine. — La famille de Meel est bien connue. Jean, chevalier, accompagna du Guesclin en Normandie (1371); Éon, écuyer, de même (1378) : Jean est nommé au nombre des écuyers de Richemont (1426); de même Olivier qui figure dans une montre la même année (M. de Couffon II, 271 et I. 533-536). — C'est le même, selon toute apparence, qui, commandait une *chambre* (un peloton) avec Robert de Montauban dans une des compagnies que Richard de Bretagne conduisit au dauphin, en 1421 (Lobineau, *Hist.* p. 558.)

Les Meel étaient possessionnés dans les paroisses de la Chapelle du Lou et du Lou du Lac, au fief et au proche voisinage de Montauban (M. de la Borderie, *Géog. féod.* p. 120). Olivier vassal de Montauban était ainsi sous sa dépendance.

67 (page 224).

Jean de Rosnyvinen avait coopéré à l'arrestation de la Trémoille (ci-dessus p. 93). Il lui avait même « porté un coup de dague dans le ventre, pensant faire pis qu'il ne fit ». (D'Argentré, f° 618 v° C). Mais Charles VII lui avait pardonné. Rosnyvinen devint premier échanson du roi, et en même temps maître des eaux et forêts en France (Ile de France) Brie, Champagne, Lyonnais, Auvergne, etc..

Jean obtint pour son neveu Guillaume la survivance de sa charge de premier échanson, 16 janvier 1447 (v.-s) ; le 21 février 1454, il résigna sa maîtrise ; et le même jour le roi la donna à Guillaume.

Jean mourut le 11 mars 1454 ; et Guillaume qui remplissait les fonctions, « reçut désormais les gages de l'office ». Mandement des gens des comptes, 10 mai 1455. Morice. *Pr.* II. 1643.

Guillaume cumulait : il était en même temps maréchal des logis du roi ; quand il devint maistre des forêts, comme « il ne pouvait vaquer à l'exercice de cet office, à cause de ses deux autres offices, il commit M⁰ Etienne de Rosnyvinen, son frère germain à l'exercer. » Morice. *Pr.* II. 1642-1644.

Un troisième Rosnyvinen a été premier échanson.

CHAPITRE XIII

68 (page 232).

Dès la fin du XIII⁰ siècle, Arthur II avait un hôtel à Paris. Une requête lui est adressée en 1279 par les habitants de Limoges dont il était seigneur du chef de sa femme, Marie de Limoges. Elle est ainsi datée : « Ce fut fait en la maison de Bretaigne lès les Thuilleries jouxte Saint-Thomas du Louvre. » (Arch. de Nantes E. 738).

Nul doute que cette « maison de Bretagne » ne fut l'hôtel que nous trouvons le siècle suivant aux mains des ducs sous le nom de *Petite Bretagne.* Outre cet hôtel en ville, les ducs possédaient d'autres biens « entour Paris » notamment un hôtel, manoir ou terre de Nigeon. C'est là que mourut, en 1331, Guy comte de Penthièvre, frère germain de Jean III. (Lobineau, *Hist.*, p. 307).

La Petite Bretagne, Nigeon et les autres domaines voisins passèrent à Jeanne de Penthièvre. En 1360, Charles de Blois et Jeanne mariant leur fille Marie à Louis II d'Anjou lui donnèrent en héritage « Nigeon et autres biens voisins » en réservant expressément la Petite Bretagne. (Lobineau, *Hist.* p. 360 et mieux, *Pr.* 500).

(— Voici les termes du contrat : « ... le manoir ou chastel de Nigeon et toutes les autres terres et appartenances que nous avons ès dits lieux et droits chacun desdits lieux ou ailleurs entour Paris, excepté le manoir de Petite-Bretagne avec ses appartenances adjacentes. » —)

Le traité de Guérande (1363) ne faisant par expresse attribution de ces biens aux Penthièvre, ils appartinrent au duc Jean IV. Ils étaient sous la main du roi, qui remit la Petite Bretagne et Nigeon au duc (1366). (Lobineau, *Hist.* p. 503. Nantes. *Inv. Somm.* E. 90).

Quatre-vingts ans plus tard, la Petite Bretagne n'appartenait plus au duc François I•r puisque le roi, pour qu'il eût un hôtel en ville, lui donna l'hôtel de Nesle pour lui et ses successeurs mâles.

Mais à cette époque le duc devait encore posséder Nigeon puisque, quand il maria Jeanne, batarde de François 1er, à Jean Morhier, seigneur de Villiers, François II lui donna la terre de Nigeon. A la mort de Jeanne peu d'années après, le même duc donna Nigeon à Jean Malaisié, puis le rendit à Morhier et à ses enfants (Morice. *Pr.* III. 538,) en donnant à Malaisié une rente de 12 livres sur la seigneurie de Montfort. (12 octobre 1486).

Sur l'hôtel de Nesle, sa situation et sa vaste étendue, voir Poullain de Sainte-Foix, *Essais sur Paris*, I. p. 181 et suiv.— Faisait partie « de l'hôtel » de Neste, la tour fameuse dans la chronique scandaleuse du XIV• siècle : elle était en face de la tour du Louvre. L'institut en occupe la place.

L'hôtel de Nesle avait été acquis de la maison de Nesle, par Philippe-le-Bel en 1308. Le duc de Berry, frère de Charles VI l'avait possédé. Sa mort (1416) le fit rentrer aux mains de roi. Il ne fut pas longtemps aux mains du duc François 1er qui mourut (1450) ne laissant que des filles.

Donné plusieurs fois par les rois et revenu au domaine, il fut définitivement vendu par Charles IX en 1571, à Louis de Gonzague duc de Nevers, puis acquis en 1650 par Henri de Guénégaud, qui prit sur les jardins la rue portant encore son nom.

69 (page 237).

Le nom de Rouault a été porté par plusieurs familles nobles de Bretagne. Cette circonstance a suffi pour que l'on ait imaginé que le maréchal était breton. On a même imprimé qu'il était né « à Plestan » c•n de Jugon, arr. de Dinan. (*Géog. hist. des Côtes du Nord*, 1890.) Rouault, seigneur de Gamaches en Picardie, n'était pas plus breton que Geoffroy de Masny (dit par Froissard Mauny. ci-dessus p. 21 et *Appendice Mauny* n° 23). Rouault fit la campagne de 1449 et celle de Formigny dans l'armée bretonne, mais par congé du roi, comme le maréchal de Lohéac, et autres. (Gruel. p. 222) et le connétable de Richemont lui-même.

70 (page 238).

17 juin est la date donnée par Lobineau. (*Hist.* p. 638) par Morice (D. Taillandier) qui le copie (*Hist.* II. p. 25.) L'acte publié par Lobineau. *Pr.* 1099-1101, porte *XVII juin.* Morice, *Pr*, II, 1453 a donné la date en chiffres *27 juin.* Si l'on remarque que le traité fut ratifié par le roi le *26 juin* au château des Roches-Tranchelion près de Chinon c^on de l'Ile Bouchard (Lobineau, *Hist.* p. 638.), la date du 17 juin sera forcément préférée à celle du 27.

71 (page 240).

On peut voir dans une salle de la mairie de Verneuil le *portrait* de Jean Bertin avec cette inscription :

« Jean Bertin, meunier, né à Verneuil en 1400, indigné des horreurs que les Anglais commettaient — dans sa patrie, résolut de s'en venger en — livrant cette ville aux Français. Il donna avis — à Floquet, bailli d'Evreux et commandant — les troupes de Charles VII, de se rendre auprès — de cette place ; et le dimanche, 19 juillet — 1449, pendant que ceux qui faisaient le guet — étaient à la messe. Bertin dressa — des échelles et les Français les escaladèrent — sans danger. Presque tous les Anglais — furent tués et ceux qui échappèrent — se refugièrent dans la *Tour grise* ; le — château le lendemain fut pris d'assaut par les fossés. Cet homme intrépide — et plein de courage mourut en cette ville en 1467. »

72 (page 245).

Les insurgés se réunissaient sous la conduite de gentilshommes. Dans le pays de Vire un de ces chefs était Michel d'Amphernet. — Celui-ci était petit-fils de Richard et fils de Bertrand.

Richard fut fait chevalier et prisonnier à Crécy (1346) ; plus tard, il défendit Vire ; mais il fut fait prisonnier. La ville paya sa rançon. — Bertrand, chevalier, chambellan du roi de Navarre, devait son prénom au connétable du Guesclin son parrain.

La « rébellion » de Michel datait du règne de Henri V, qui le dépouilla de sa baronnie de Montchauvet. Un arrêt des assises de Caen (1451) le remit en possession. En 1452, il préside la montre des nobles de Vire. Chambellan et maître d'hôtel du connétable.

Dans le même temps Guillaume-d'Amphernetd (d'Enfernet... c'est le même nom) était trésorier des guerres. (Morice. Pr. II, 492.... 1385-87.).

Ces vaillants hommes ont des descendants directs en Bretagne.

73 (page 245).

Il y aurait intérêt à établir le chiffre des deux armées en présence.

On compte que l'armée anglaise était de 4000 ou 5000 hommes au débarquement, et qu'elle reçut 1800 hommes de renfort : elle était donc en tout de 5800 ou 6800 hommes.

Nous avons relevé huit indications de nombre variant entre 5000 et 7000. La moyenne donne 5824. L'amiral Coétivy compte cinq ou six mille.

Il dit que l'armée française au début de l'action était de moitié moindre, soit de 2500 ou 3000 hommes.

Le connétable n'avait pas plus de 2000 hommes. Lobineau lui donne 300 lances (1800 hommes), sans parler des archers. Chartier dit 200 ou 220 lances, 1200 ou 1320 hommes, plus 8.0 archers. Soit en tout 2000 ou 2120 hommes.

Après l'arrivée du connétable, l'armée française était donc au moins de 4300 et au plus de 5120 hommes, encore moindre que l'armée anglaise.

74 (page 247).

Le seigneur de Boussac. Jean de Brosse seigneur de Sainte-Sévère et Boussac, fils du maréchal de Boussac ami de Richemont (ci-dessus p. 67.) Jean de Brosse avait épousé Nicole de Blois, fille aînée de Charles, sire d'Avaugour (ci-dessus *Appendice*, n° 10) qui allait hériter le comté de Penthièvre de son oncle Jean de Blois, seigneur de l'Aigle. Ci-dessous n° 89.

« *Le seigneur de Derval*. — M. Cosneau (p. 406) écrit le sire d'*Orval*. » L'éditeur de Gruel écrit *de Dorval*. Il faut avec d'Argentré, Lobineau, etc, écrire *Derval* (aujourd'hui chef-lieu de canton, arrondissement de Châteaubriant.) Il s'agit ici de Jean de Châteaugiron, seigneur de Derval, gendre du comte de Laval, pour avoir épousé Hélène de Laval, fille d'Isabeau de Bretagne, et par son mariage neveu du duc et petit neveu du connétable. Grand chambellan de Bretagne sous Pierre II (1451), créé un des neuf barons en 1451. C'est à lui que l'historien Le Baud dédia son histoire. (V. l'estampe publiée par Lobineau. *Hist.* en regard de la page 822.)

Orval est une seigneurie du Bourbonnais (aujourd'hui département du Cher) appartenant alors à la maison d'Albret. — (Ci-dessous n° 85.) Arnault Amanieu d'Albret en avait alors le titre. (M. Cosneau, notamment p. 271 note 1431 etc.)

75 (page 247).

Après avoir dit les adieux de Kermoysan au connétable Gruel dit (p. 224) :

« Et ainsi tira son chemin et alla coucher à Grandville. » Est-ce à dire que l'armée fit en un jour le trajet de Dol à Grandville, 70 ou 75 kil. ?. — Non, les jours suivants, de Grandville à Coutances, de Coutances à Saint-Lô, elle ne fera que 32 ou 35 kil. Il est probable que Gruel compte la première étape du lieu où Kermoysan prit congé du connétable, peut-être à moitié chemin.

76 (page 249).

M. Cosneau dit (p. 407) que le comte de Clermont envoya 100 lances (environ 600 hommes, pour défendre au besoin les paysans.— Lobineau (p. 641) parle de Couvran et de Rouault envoyés pour surveiller les Anglais et qui tombant sur l'arrière-garde y mirent un grand désordre Ils prenaient l'armée en queue parce qu'ils étaient partis trop tard. C'est en tête qu'il fallait la prendre pour l'arrêter, et la livrer à la marée montante.

77 (page 249).

M. Cosneau (p. 407) dit que, le 14 au soir, le comte de Clermont fit avertir le connétable : et il ajoute que le connétable arriva à l'aube du 15, c'est-à-dire vers cinq heures. Saint-Lô n'est qu'à six lieues de Carentan. Le messager avait-il donc mis toute la nuit à faire ces six lieues ?

D'Argentré (f° 646, v° s) et Lobineau (p. 641) disent que le comte avait suivi les Anglais, le 14 ; et que c'est seulement le 15 au matin dès la pointe du jour (cinq heures), que voyant les Anglais supérieurs en nombre il avertit le connétable : or le connétable était averti et donnait l'alarme à cette heure.

Contradiction. Mais ce qui est certain c'est que l'avis parvenait trop tard au connétable.

78 (page 254-5).

Morice. *Pr.* II, 1521. Ci-dessus, p. 255-56, nous avons donné quelques phrases de la lettre de l'amiral à son frère M. de la Tousche.

Il est surprenant que Lobineau ne conteste pas l'honneur de la victoire au comte de Clermont et ajoute : « Ce fut aussi le sentiment du connétable puisque par civilité il alla coucher à Trévières laissant le comte coucher sur le champ de bataille. » *Hist.* p. 642.

Est-ce qu'un acte de pure *civilité* emporte la reconnaissance de la victoire du comte de Clermont ?

CHAPITRE XIV

79 (page 257).

D. Morice (Taillandier, *Hist.* II, p. 34) dit que le connétable passa trois jours à Bayeux. Il y était encore le 3, date de la ratification signée par lui de la capitulation de Valognes. (M. Cosneau, *Appendice*, n° XCVII, p. 631-633). Il était donc arrivé à Bayeux le 31 mai ; et il en partit le 3 juin.

Le connétable ne prit pas la route directe de Bayeux à Caen (27 kil.). Il passa par Tilly-sur-Seulles (15 kil. de Bayeux et 20 de Caen. Cheux est sur la route de Tilly à Caen : (7 kil. de Tilly et 13 de Caen).

Dans l'histoire de M. Cosneau, il a été imprimé (p. 416) Cheux à *douze* lieues de Caen : erreur typographique, il faut lire deux lieues (anciennes).

Lire sur ce point Gruel (p. 226) « La vigile du sacre se partit Mgr le connestable de Bayeux pour aller mettre le siège devant Caen et alla loger sur les champs à deux lieues de Caen et à un village nommé Chens (lire Cheux); et n'en partit point jusqu'au lendemain du sacre. Et le vendredi matin se rendirent à lui ceux (l'armée) qui avoient été à Formiguy, Mgr de Clermont, etc. »

Pâques étant cette année le 5 avril, le *sacre*, jeudi de la Fête-Dieu, était le 4 juin. Le connétable part la vigile (3 juin et repart de Cheux le lendemain du sacre (5 juin).

79 bis (p. 267).

Il faut abandonner la fable des *neuf anciennes baronnies*. Avant l'acte de Pierre II, tous les seigneurs relevant prochement du duc étaient *barons* du duc. — Mais il y avait en Bretagne *neuf* évêques pairs ecclésiastiques. Par symétrie on imagina *neuf* barons pairs laïques. On en fit deux listes quelque peu différentes. C'est une de ces listes que Pierre II adopta. Trois des baronnies portées sur cette liste étant réunies au domaine ducal, il allait en créer trois autres pour compléter le nombre *neuf* « afin que l'état de sa seigneurie ne soit pas diminué ». — Mais ce calcul fut trompé. Bientôt plusieurs baronnies furent réunies dans les mêmes mains. En vain François II rétablit ou créa Lanvaux (4 septembre 1485), Avaugour (Goello) (24 septembre 1480), Coëtmen et La Hunaudaye (6 septembre 1487) ; en vain les sires de Pont-l'Abbé et de Pont-Château s'ajoutèrent de leur propre autorité à la liste, portant ainsi le nombre des *neuf* barons à quinze, jamais neuf barons ne siégèrent ensemble.

Cf. M. de la Borderie, *Etude historique sur les neuf barons de Bretagne*.

Un fait bien curieux c'est la réunion dans les mêmes mains des neuf baronnies de 1451. Sept furent pour un temps en la possession de la maison de Laval. Léon restait au vicomte de Rohan et Ancenis aux Rieux. Pour plus de détails, cf. *Pont-l'Abbé et Pont-Château aux Etats de Bretagne* par J. Trévédy, (1898).

80 (page 267).

Morice. *Pr.* II, 1564. — Albert Le Grand dit les deux frères « fils du comte de Nantes »(!) La Chronique de Saint-Brieuc les dit « fils d'un prince de Bretagne ». Vie de saint Donatien et Rogatien par Albert Le Grand, p. 281. Cit. de son éditeur de Kerdanet.

C'est peut-être de l'indication du *Chronicon Briocense* que Pierre II s'autorisait pour voir des parents dans les *martyrs nantais*. Leur martyre est de 302 : le duc aurait eu quelque peine à établir une parenté même éloignée ; mais rien n'est impossible aux généalogistes.

En réalité les deux frères « appartenaient à l'aristocratie gallo-romaine ». M. de La Borderie, *Hist. de Bretagne*, I. 188 et suiv.

81 (page 268).

Les trois créations sont des 10, 22, 23 mai ; ces dates marquent le rang dans lequel les barons devront siéger. Tristan de Quintin infatué de sa dignité nouvelle se mit en tête de siéger avant les deux autres. (Morice, *Pr.* II. 1565.) Ceux-ci opposèrent les dates des lettres ; et le duc réserva sa décision. Mais Quintin a toujours siégé après Derval et Malestroit.

Jean du Perrier, fils de Geoffroy et de Plésou de Quintin, avait hérité la seigneurie de Geoffroy de Quintin, frère de sa mère (1428). Il avait des enfants de deux mariages, dont Geoffroy, né du premier. A l'instigation de sa seconde femme, il se mit à vendre ses seigneuries pour faire beaucoup d'argent : moyen très simple de dépouiller ses enfants du premier lit. Ceux-ci portèrent plainte au conseil du duc ; et, en 1437, une transaction intervint. Jean, sous la réserve de l'usufruit, se démit de toutes ses terres, y compris Quintin dont son fils Geoffroy, prit possession et titre.

Mais quand il mourut (1444) son fils aîné Tristan était mineur. Son aïeul tenta de faire annuler sa renonciation de 1437 ; mais la mère de Tristan appela à la défense de son fils son tuteur le connétable. Celui-ci assigna devant le sénéchal de Rennes président de Bretagne ; et, le 13 juin

1444, le président « corrobora les premières défenses de vendre... »

Jean du Perrier avait « décliné pour suspection » la compétence du sénéchal de Rennes; mais à la fin de 1445 il se résigna à reconnaître la sentence.

Dix ans plus tard, revenant d'un voyage en Terre-Sainte, il passa à Rome, se fit relever par le Pape de cet engagement, et reprit la guerre contre son petit-fils devenu majeur. Le connétable intervint en faveur de son ancien pupille; enfin, en 1455, Jean du Perrier abandonnant la lutte se retira dans son château du Perrier, (commune de Kermoroc'h, canton de Bégard, arrondissement de Guingamp, Côtes-du-Nord). Il y vécut en paix pendant six années. (1461). *Nouvelle généalogie des seigneurs de Quintin* du XIIIe au XVIe siècle, dans *Mémoires de la Soc. Arch. des Côtes-du-Nord*, 2e série, t. III. (1889, p. 235 et suiv.) par M. de la Borderie. On voit encore les ruines du château.

82 (page 268).

Texte de la Constitution : Art 26 selon Sauvageau. II. p. 37 (2e pagination). — Art. XVIII selon Morice. *Pr.* II-1587-88.

« Voulons et ordonnons que nos procureurs généraux et particuliers, et pareillement les procureurs des prélats, barons et autres (seigneurs), chacun en sa juridiction, — soient tenus doresnavant plédoyer les causes des pauvres et misérables personnes, moyennant que ces pauvres fassent foi (c'est à dire preuve) ou qu'il soit notoire de leur pauvreté ; — et, si les dits procureurs étaient absents et que espoir que la cause pourrait toucher au duc et à son office, est commandé aux juges contraindre l'un des autres avocats assistants à la cour. »

83 (page 274).

M. Cosneau dit (p. 430) : « Arthur fut banni du duché ». La condamnation au bannissement, que lui-même avait exécutée à l'avance, aurait été bien insuffisante. — Arthur avait été « forbanni ». D'Argentré. *Hist.* 1. 656 v° F. Sur la déclaration de *forban.* cf. T. A. Coutume, chap. 109 et 118 notamment.

Le *forban* était prononcé après *neuf défauts*. La sentence était affichée et le forbanni était appelé par « ban et cri ». Il avait cinq ans pour se représenter : après quoi, il était réputé banni non du duché, mais du ressort du siège qui avait rendu la sentence. De ce jour, il encourait cette peine : « il perd meubles et héritages pour sa vie ». C'est à dire que la jouissance de ses biens est attribuée au duc ou au seigneur dont la justice a prononcé.

En donnant tous ses biens aux célestins Arthur forbanni éludait (ou essayait d'éluder) la pénalité encourue.

84 (page 274).

Sur quoi Lobineau : « Dieu ne punit pas toujours les plus grands crimes en ce monde. » (*Hist.* p. 649.) — et d'Argentré : « Voilà des traits de fortune et de la patience de Dieu ! » 657 r° B.

En parlant ainsi, nos historiens ne semblent pas admettre le repentir du célestin-archevêque. Il faut lire la donation aux célestins. Si le langage d'Arthur est sincère, il permettrait de croire à son repentir. — Mais, repenti ou non, sa nomination comme archevêque était un scandale.

Si la complicité du sire de Montauban pouvait être douteuse, celle d'Arthur était certaine. Mais Louis XI n'était pas scrupuleux. On dirait qu'en élevant les Montauban aux honneurs il a payé le service qu'ils ont rendu à la France en empêchant Gilles et des fils de celui-ci de perpétuer la descendance masculine des Montfort.

85 (page 274).

Catherine d'Albret, seconde femme de Richemont, avait un frère nommé Amanieu. C'est lui dont il s'agit : il épousa Isabeau de la Tour veuve de Guillaume de Blois, jeune frère du comte de Penthièvre, — dont la fille aînée Françoise épousa Alain d'Albret neveu d'Amanieu.

Amanieu n'était pas neveu de Jean de Blois comte de Penthièvre ni son beau-frère, ni sire d'Albret, titre qui appartenait à son père Charles II, et qui à sa mort (1471) passa à son petit fils Alain, fils de Jean, Vte de Tartas, mort avant son père (1467). — Amanieu était sire d'Orval. (Ci-dessus n° 74.)

87 (page 276).

Cf. le 36ᵉ douzain des *Lunettes des Princes* :
S'en celuy temps je fus jeune, et enrièvre,
Servant dames à Tours, à Meun-sur-Yèvre...

Aujourd'hui Mehun-sur-Yèvre, chef lieu de canton, arr. de Bourges, où se voient les ruines du château où se plaisait Charles VII et où il mourut.

Ces deux vers se rapportent en même temps à ce premier voyage de Pierre II à Tours (1452) ; à un second voyage du même duc qui (1455) suivit la cour de Bourges à Mehun. (Morice. *Pr.* II. 1686) ; — enfin au voyage d'Arthur III à Tours (1457.)

Selon Levot (*Biog. bretonne*, II. p. 467.) il y eut dans la vie de Meschinot des choses extraordinaires. Il le fait naître en 1430 et mourir en 1491. Il avait donc 61 ans au plus. Or, selon Levot, il aurait servi comme maître d'hôtel Jean V, François 1ᵉʳ, Pierre, Arthur III, François II, la reine Anne, Charles VIII et même Louis XII. Or Jean V est mort en 1442, quand Meschinot avait 12 ans ; et la reine n'a épousé Louis XII que le 8 janvier 1499, huit ans après la mort de Meschinot. Le poète aurait donc été maître d'hôtel dès son berceau et huit ans après sa mort.

J'ai donné une brève notice sur Meschinot en 1890... Ne la lisez pas ; mais lisez l'étude de M. de la Borderie : *Jean Meschinot, sa vie et ses œuvres, ses satires contre Louis XI* (1896).

88 (page 279).

Isabeau se tint parole. Elle vécut en Bretagne plus de quarante ans, jusqu'à sa mort, et ordonna sa sépulture à Saint-Pierre de Vannes. (Fondation en cette église, 13 octobre 1494. Morice, *Pr.* III, 773). Elle est décédée avant 1500. (Mémoires du vicomte de Rohan, son gendre, 5 mars 1499 (1500 n. s.) Morice, *Pr.* III, 833). — (Ci-dessus, n° 53.)

Il y eut en même temps en Bretagne trois duchesses douairières : 1° Isabeau d'Ecosse, veuve de François 1ᵉʳ, morte entre 1494 et 1500 ; — 2° Françoise d'Amboise, veuve de Pierre II, morte carmélite au couvent des Couets près Nantes, en 1485 ; — 3° Catherine de Luxembourg, veuve d'Arthur III, morte selon les uns en 1489 (P. Anselme, I,

p. 219, 1re éd.), selon d'autres en 1476 (Moréri, v° *Luxembourg*), selon d'autres et plus certainement vers 1493). Pour la punir de résider en Bretagne, près de François II rebelle, Louis XI confisqua tous ses biens, y compris la pension que lui faisait son frère le comte de Saint-Pol (1468). (Lobineau. *Hist.* p 703.)

C'est le souvenir de ces trois veuves de nos ducs que gardait le nom de rue des *Trois-Duchesses* porté par une rue de Vannes jusqu'en 1792. A cette époque, les titres de noblesse étant supprimés, on imposa à la rue le nom de la *Bienfaisance*, qu'elle porte encore.

89 (page 281).

Il s'agit de Jean de Brosse, seigneur de Sainte-Sévère et de Boussac, fils du maréchal de Boussac (ci-dessus, p. 67) qui avait épousé Nicole de Blois. — (Ci-dessus n° 74.)

Jean de Blois, seigneur de Laigle, était devenu comte de Penthièvre et vicomte de Limoges à la mort de son frère (1437). L'année suivante, il acquérait de Charles d'Orléans, père de Louis XII, le comté de Périgord.

Après sa mort (1452 et non 1454, Morice, *Gén. de Penthièvre)*, le comté de Penthièvre fut recueilli par sa nièce Nicole, fille aînée de Charles, seigneur d'Avaugour, (3° frère) ; Limoges et le Périgord passèrent à Guillaume de Blois (4° frère), auquel Nicole vraiment insatiable les disputa en vain. En 1455, il mourut laissant ces deux seigneuries à sa fille aînée Françoise, mariée à Alain d'Albret.

Après elle les deux seigneuries passèrent 1° à son fils Jean, roi de Navarre du chef de sa femme ; puis 2° à Henri, son fils, puis 3° à sa fille Jeanne qui épousa Antoine de Bourbon ; enfin 4° à leur fils Henri, notre roi Henri IV, qui les réunit à la couronne.

Pour plus de détails. Cf. *Seigneuries des ducs de Bretagne hors de Bretagne*, p. 9-21.

90 (page 283).

D'Argentré f° 659 v°. Lobineau ne nomme pas Giffart ; mais il nomme La Marzelière. Il s'agit de Pierre Olivier Giffart fait chevalier par le connétable à Montereau (1437), chambellan de Pierre II (1453), chevalier de l'Hermine (1454).

La Marzelière était aussi chambellan du duc et très en faveur. (Morice. *Pr*. II, 7314-15. 1642).

Le fils d'Olivier Giffart épousa Plézou, dame de la Marzelière (1471) et prit les noms et armes de la Marzelière.

Les Giffart possédaient (commune actuelle de Saint-Sulpice des Landes, arrondissement de Redon) le château de la Roche, dit de la Roche-Giffart. En 1598, le château appartenait à René de la Chapelle, seigneur de Fougeray, chevalier de Saint-Michel, officier très estimé du maréchal d'Aumont et qui s'était distingué au siège de Crozon (1592). Il fut tué en 1598, comme il assiégeait, avec Saint-Luc, son château de Fougeray pris par les Ligueurs.

91 (page 281).

M. de Couffon (II. p. 945) nomme *deux* amiraux du Quelenec : 1° 1433. Jean du Quelenec. 2° 1484, Jean fils du précédent. Il pense qu'une nomination d'un Jean du Quelenec, en 1457, est la renomination du premier. (T. I, p. 361).

M. de Courcy, après en avoir mentionné *un* seulement (v° *du Quelenec*, III, p. 5), Jean amiral en 1453, en place *deux* dans sa liste des amiraux de Bretagne. (III. p. 315) 1433 — 1° Jean etc. 2° 1488. Jean, fils du précédent.

Levot (*Biog. bretonne*) n'en connaît qu'un : « On le croit né en 1425 ; il était devant Bordeaux en 1453 (à 28 ans) ; il fut destitué en 1489 (à 64 ans) ».

Nous croyons pouvoir compter *trois* amiraux du Quelenec fils de l'un de l'autre et ayant même prénom et même titre.

Jean du Quelenec épousa Tiphaine du Faou (1375) : La mort de ses frères la fit héritière de la vicomté du Faou (1404) qu'elle laissa par sa mort (1417) à

1° Jean du Quelenec, son fils aîné, marié à Louise du Juch. Il est amiral et capitaine de Brest, en 1431, lorsque Jean V lui enleva la capitainerie de Brest dont il l'indemnisa. (Morice. *Pr*. II. 1261). C'est lui qui bloquait Bordeaux en 1453.

2° Jean du Quelenec son fils, né vers 1425, institué amiral ! 28 décembre 1457, (Morice. *Pr*. II. 1714) épouse Marie de Poulmic ; il meurt en fonction entre les 17 avril 1484 et 1485 (n. s.). puisque son fils obtient, le 17 avril 1485 (n. s.) exemption du rachat. (Morice. *Pr*. III. 460).

3° Jean du Quélénec (même titre) nommé le 10 avril 1484 (1485 n. s.) « en remplacement d'autre Jehan du Quélénec, aussi amiral ». (Morice, *Pr*, III 460). Il fut destitué par la duchesse Anne en 1489, et mourut en 1522.

On a dit que ce dernier était le petit-fils du second. Mais il n'y a pas place pour deux générations entre 1425, naissance du second amiral, et 1485, nomination du troisième. Supposez Jean II né en 1425, marié en 1450, et mariant son fils en 1475. Ce fils ne peut avoir un fils amiral en 1485.

Le troisième amiral semble un fils puîné : il avait un frère aîné, Guyon, qui mourut avant son père ; et la vicomté du Faou passa du père au fils cadet.

Au temps où la charge d'amiral passait ainsi comme par héritage aux chefs de la maison du Quelenec vicomtes du Faou, un Quelenec d'une branche cadette, François, seigneur de Bienassis (c⁵ et c⁰⁰ de Pléneuf arr., de Saint-Brieuc,) armait en course. François du Quelenec, sous le nom de *capitaine François*, écumait la Manche, que la guerre fût ou non déclarée entre l'Angleterre et la Bretagne. Un jour pourtant, en 1485, la prise de deux navires appartenant à de riches armateurs de Londres fit scandale. Le roi d'Angleterre intervint : et le duc François II fit enquérir contre le *capitaine François*; mais seulement pour la forme puisque celui-ci continua ses courses pendant vingt années.

Il était le digne émule de Coëtanlem de Morlaix, qui devint plus tard amiral en Portugal.

Sur ces prédécesseurs de Surcouf cf. *Société Arch. du Finistère* XIII. p. 257. *Jean et Nicolas Coëtanlem et le capitaine François* par le regretté Luzel.

92 (page 285).

Mariage de Jeanne de Laval, fille de Guy XIV et d'Isabelle de Bretagne, morte en 1453, avec René d'Anjou, roi de Sicile. — C'est elle que les titres de Laval nomment « la reine Jeanne de Laval ». — Mariage de Yolande, fille des mêmes, veuve du comte de Porhoët mort devant Fougères (1449) avec Guillaume d'Harcourt. — Mariage de Alain IX, vicomte de Rohan (père du comte de Porhoët (ci-dessus, p. 244,) avec Perronnelle de Maillé, cousine de la duchesse Françoise. — Fiançailles de Jean de Rohan (fils de Alain IX de Marie de Lorraine (2° mariage) héritier de la vicomté de Rohan, âgé de deux ans seulement, avec Marie de Bretagne, fille puînée de François 1er.

93 (page 286).

Voici leurs noms donnés par Lobineau. (*Hist.* p. 657) et par Morice (*Pr.* II. 1689).

Olivier de Rostrenen, Guyon de Kerguiris, Olivier de Kernerc'hriou, Kergouet, Quenec'hquivillic, Le Moêl.

Remarquer Olivier de Rostrenen qui semble le neveu de Pierre lieutenant du connétable (ci-dessus p. 79, 82, etc ;) — Charles de Quenec'hquivillic, dont un parent, Amaury, jurisconsulte et diplomate allait être président de Bretagne et témoin du traité de mariage d'Anne de Bretagne avec Louis XII ; — et Guyon de Kerguiris dont un homonyme était, en 1421, grand écuyer du duc Jean V.

94 (page 291).

Sur ce point lire les instructions données à Roland de Carné, envoyé en ambassade au roi. (Morice. *Pr.* II. 1693-95.) — La pièce n'est pas datée : elle est placée entre deux actes de 1456 ; et de son contexte il résulte qu'elle est postérieure au 1er juin et antérieure au 8 août (1456).

Entr'autres griefs le duc se plaint des « grands maux, pilleries et dommages que les Anglais ont faits par mer sur le pays... de Bretagne » ; et l'ambassadeur dira « comme la charge de la défense de la mer est chue sur le duc et ses sujets, sans que le roi, ni les rois d'Espagne, d'Écosse et autres puissances lui fassent nul secours... » § VIII. (1695.

Mais voici un autre grief que d'un mot le roi peut, doit et va sans doute redresser. « Remontrer au roi l'inconvénient qui peut advenir par les sauf-conduits qui chacun jour se baillent aux Anglais pour fréquenter la mer par l'amiral de France et ses lieutenants et qui sont si amples qu'en vertu d'iceux les Anglais peuvent en tous habillemens de guerre et comme en flotte d'armée descendre ès ports de Bretagne... et y faire de grands maux et outrages sous ombre desdits sauf-conduits, ce qui ne fut jamais accoutumé les bailler en cette forme.

« ...Plaise au roi en parler à son amiral pour que ordre y

soit mis en manière que tels sauf-conduits plus ne se donnent; mais seulement à marchands pour user de fait de marchandise... comme le duc de Bretagne les baills... et non autrement. »

CHAPITRE XV

95 (page 301).

Après la dernière croisade de Saint-Louis (1270) des chevaliers bretons continuèrent des pèlerinages armés. Exemples :

Jean, Vte du Faou, qui mourut à Avignon, en revenant « pour la seconde fois de Terre-Sainte où il avait combattu les infidèles. » (Nécrol. des Cordeliers de Quimper n° 147 de notre publication).

Yves de Quelen, seigneur du Vieux-Chastel, mourut en 1475. Il est inhumé au couvent des Cordeliers de Quimper, et l'acte porte qu'il est *inhumé lui quinzième dans le tombeau de ses pères qui tous araient été en Terre-Sainte.* Parmi ses quatorze prédécesseurs, il faut compter son trisaïeul Eon ou Eudon parti (1249, 1re croisade de Saint-Louis, avec ses trois frères qui périrent à la Massoure. Vingt ans plus tard, le même repartit (1270, 2e croisade de Saint-Louis) avec ses quatre fils dont trois moururent devant Tunis. — Après les deux croisades de Saint-Louis sept autres Quelen allèrent combattre en Palestine, entre 1270 et 1475.

D'autres partaient comme pèlerins pieux : ainsi Renaud de Cordebeuf, Cheverue, du Boschet, Guillaume Le Roux, auxquels Arthur III délivra « une lettre de pas (nous dirions aujourd'hui un passeport) adressée à tous princes et seigneurs de la loi de Mahomet ». Le duc chargea ces pèlerins d'offrandes pour le Saint-Sépulchre. (Lobineau. *Hist.* p. 668.)

Ces relations avec « les seigneurs de la loi de Mahomet sont curieuses. A son retour de la cour (septembre 1455) le duc Pierre II reçut à Vannes la visite de « deux chevaliers des parties de Barbarie ». Compte de Guillaume Le Roux. Morice. *Pr.* II. 1686.

96 (page 305).

Ces deux cas d'appel au parlement de France sont spécifiés dans un acte daté d'Angers, 1231 : un traité imposé par le roi Saint-Louis à Pierre de Dreux. D'Argentré ayant foi à cet acte l'a publié en le critiquant très justement. (*Hist.* liv. IV, chap. XVII.) Au contraire, Lobineau, après Le Baud, a vu dans cet acte un faux et il le démontre. (*Hist.* p. 231). Morice a donné (*Pr.* I. 1678-79) les actes relatifs aux trèves conclues entre Saint-Louis et Pierre de Dreux ; mais il n'a pas mentionné cet acte que sans doute il tient pour faux. De même M. de la Borderie (III. p. 323-324.)

Il n'est pas moins vrai que cet acte eut un succès complet, puisqu'il fonda en Bretagne sinon comme droit du moins comme usage, l'appel en ces deux cas au parlement de France. Cet usage reconnu par les ducs, pratiqué au temps de d'Argentré est attesté par Hévin. (*Consultations*, p. 6).

D'après cela, l'erreur de d'Argentré est excusable ; mais la mienne ne l'est pas, après la réfutation de Lobineau à laquelle je n'avais pas pris garde d'abord. (Voir *Organisation judiciaire de la Bretagne avant 1789*. p. 197. 1855).

J'ai eu le malheur de croire d'Argentré sur parole, et j'ai osé écrire : « Saint-Louis, si sévère observateur de la justice, n'avait-il pas vu les objections que fait d'Argentré contre la validité du traité ? et, s'il les a vues, comment a-t-il passé outre ? »

Je saisis l'occasion de faire amende honorable au saint roi.

Les souverains de Bretagne prenaient le titre de duc depuis Alain Barbetorte (938-952) ; mais jusqu'à la fin du XIIIe siècle, les « lettres royaux » ne leur donnaient que le titre de comte. En 1297, le roi Philippe-le-Bel ayant reçu un puissant secours de Jean II contre les Anglais en Guyenne donna à celui-ci le titre de duc, et le « créa pair de France au même titre que le duc de Bourgogne ». (Lobineau, *Hist.* p. 256), comme si la Bretagne avait été jamais détachée du royaume, ainsi que l'avait été la Bourgogne en 1032 !

Jean II se laissa prendre : il accepta la pairie comme une récompense et une faveur, quand elle pouvait être une cause de sujétion. Il s'empressa de prêter serment en qualité de pair. Mieux avisés, ses successeurs, comme Pierre II et Arthur III, répudièrent la pairie ; mais le titre de duc resta. Lire dans la *Revue de Bretagne, de Vendée et d'Anjou*, 1900 novembre, p. 321-338. *Origines, nature des Droits de la Couronne de France sur la Bretagne*, par M. P. de Berthou.

97 (page 309).

Gruel (p. 528) : « Plût à Dieu que jamais n'eût été à Vendôme, car oncques puis ne fut sain... et plusieurs font grand doute que sa mort fut avancée. »

Le Baud (p. 535) dit simplement : depuis le voyage Vendôme « il ne fut plus sain ».

Alain Bouchard : « Et pour ce que en cette court il avoit quelques malveillans, l'on poursuiva qu'on lui avoit fait manger quelque mauvais morceau. » Ed. des Bibl., bretons, f° 209, v°.

D'Argentré : « Et pour ce que lors il y avait en cour quelques uns de ses ennemis, on soupçonna fort qu'il avait été empoisonné. »

Lobineau, p. 669 : « Il n'eut plus de santé jusqu'à sa mort que l'on prétend qui fut avancée par le poison : les auteurs n'ont osé dire par qui il fut donné, et il y aurait de la témérité à le vouloir deviner. » — Et p. 671 : « Ainsi mourut de chagrin et de poison un prince... » etc.

98 (page 312).

Il faut lire (*Revue de Bretagne et de Vendée*, 1863, t. X p. 148 et suiv.) la description donnée par M. P. de l'Isle du Dréneuc du tombeau d'Arthur III. En 1792, après la vente des couvents des chartreux et des carmes les tombeaux d'Arthur et de François II, furent démolis avec soin pour être rétablis à la cathédrale. Mais ils n'y furent pas transportés, « heureusement, dit M. de l'Isle, car ils n'auraient pas échappé à la rage des vandales qui dévastèrent l'église l'année suivante ». Le tombeau de François II, sauvé par un architecte, M. Crucy, a été relevé ; le tombeau d'Arthur III n'a pas été retrouvé.

TABLE

CHAPITRE Ier
Débuts de Richemont. Bataille d'Azincourt (1393-1415).... 2

CHAPITRE II
Captivité en Angleterre. (1415-1422)...... 13

CHAPITRE III
Richemont connétable. (1422-1425)...... 35

CHAPITRE IV
Débuts du connétable. (1425-1427)...... 55

CHAPITRE V
Exil. — Bataille de Patay. — Nouvel exil. (1427-1433). 75

CHAPITRE VI
Journée de Sillé. — Paix d'Arras. (1433-1435)... 95

CHAPITRE VII
Paris recouvré. (1436)........... 112

CHAPITRE VIII
Expéditions dans l'Ile de France (1436-1440)... 125

CHAPITRE IX
La Praguerie (1440-1442).......... 149

CHAPITRE X
Expédition de Guyenne. — Trêve de Tours. (1442-1444). 168

CHAPITRE XI
Réformes militaires. (1444-1448)....... 186

CHAPITRE XII
Réconciliation des maisons de Montfort et de Penthièvre. — Gilles de Bretagne. (1448-1450)... 195

CHAPITRE XIII
Conquête de la Normandie. (1449-1450) 230

CHAPITRE XIV
Richemont gouverneur de Normandie. — Conquête de la Guyenne. — Fin de la guerre de Cent ans. (1450-1457). 263

CHAPITRE XV
Le duc Arthur III. (1457-1458). 292

ÉPILOGUE 313

APPENDICE

Notes et éclaircissements.

Chapitre Ier.	Notes	1 à 7	pages	329 à 333
—	II	—	8 à 15	—	333 à 338
—	III	—	16 à 20	—	339 à 341
—	IV	—	21 à 25	—	341 à 343
—	V	—	26 à 33	—	344 à 346
—	VI	—	34 à 36	—	347 à 349
—	VII	—	37 à 40	—	350 à 351
—	VIII	—	41 à 45	—	351 à 354
—	IX	—	46 à 52	—	354 à 359
—	X	—	52 à 55	—	359 à 361
—	XI	—	56 à 57	—	362 » »
—	XII	—	58 à 67	—	362 à 369
—	XIII	—	68 à 78	—	369 à 374
—	XIV	—	79 à 94	—	374 à 384
—	XV	—	95 à 98	—	384 à 386

ERRATA

Page 53. — J'ai écrit : « L'épée de connétable qui dans sa main sera plus utile à la France qu'elle ne fut jamais. »

L'expression a trahi ma pensée : il faut m'expliquer.

J'ai voulu dire que Richemont après Jeanne d'Arc débarrassera la France des Anglais d'une manière définitive. Mais je n'oublie pas que l'épée de connétable tenue par du Guesclin a déchiré le traité de Brétigny, dont l'exécution déjà commencée eût assuré le morcellement de la France. Sans du Guesclin, on peut le dire, Jeanne d'Arc et Richemont n'auraient rien trouvé à sauver. — Voir ci-dessus Epilogue page 323.

Page 80. — Note omise : Lettre de Guy de Laval à sa grand mère et sa mère.

Lettre écrite, le 8 juin 1429, de Selles en Berry, par Guy de Laval et son frère André, le futur maréchal de Lohéac, pour annoncer à leurs mères leur arrivée à l'armée. Elle a été imprimée non sans fautes par D. Morice. Pr. 1224-1226. Il faut la lire dans Quicherat, (*Procès de Jeanne d'Arc.* v. p. 106.) — C'est là que M. Bertrand de Broussillon l'a prise pour l'imprimer de nouveau, avec des notes, dans son érudit ouvrage : *La Maison de Laval... Le cartulaire de Laval*, publié par la Commission historique et archéologique de la Mayenne. Bulletin 1898, 2ᵉ série. T. XIV p. 170-174.

Vannes. — Imprimerie LAFOLYE.

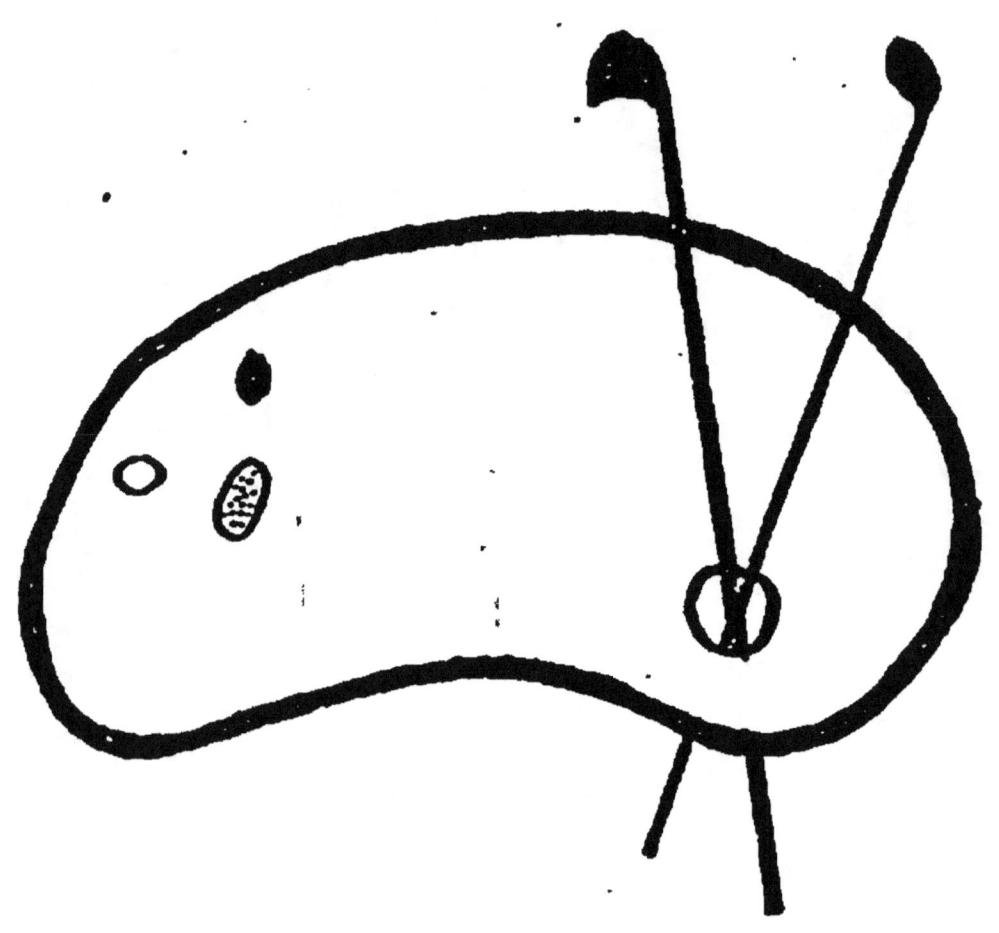

ORIGINAL EN COULEUR
NF Z 43-120-8

www.ingramcontent.com/pod-product-compliance
Lightning Source LLC
Chambersburg PA
CBHW052043230426
43671CB00011B/1768